北大社·"十四五"普通高等教育本科规划教材
高等院校汽车专业"互联网+"创新规划教材

汽车电气设备
（第4版）

主　编　凌永成　周　旭
主　审　王岩松

内 容 简 介

本书全面、系统地阐述了汽车电气设备在现代汽车上的应用情况,在简单介绍汽车电气系统的特点和发展趋势之后,着重阐述蓄电池、交流发电机、起动系统、点火系统、照明信号系统、仪表信息系统、安全与舒适系统的结构、工作原理及使用和维修等基础知识,并对汽车电路分析等内容作了充分的介绍。

本书可作为高等学校汽车、车辆工程类专业的教材,也可作为高等职业技术学院和高等工程专科学校汽车运用与维修类专业的教材,还可作为汽车工程技术人员和汽车维修人员的参考用书。

图书在版编目(CIP)数据

汽车电气设备 / 凌永成,周旭主编. -- 4 版. 北京:北京大学出版社,2024.8. --(高等院校汽车专业"互联网+"创新规划教材). --ISBN 978-7-301-35429-2

Ⅰ.U463.6

中国国家版本馆 CIP 数据核字第 2024RN3888 号

书　　　名	汽车电气设备(第 4 版)
	QICHE DIANQI SHEBEI(DI-SI BAN)
著作责任者	凌永成　周　旭　主编
策 划 编 辑	童君鑫
责 任 编 辑	关　英
数 字 编 辑	蒙俞材
标 准 书 号	ISBN 978-7-301-35429-2
出 版 发 行	北京大学出版社
地　　　址	北京市海淀区成府路 205 号　100871
网　　　址	http://www.pup.cn　新浪微博:@北京大学出版社
电 子 邮 箱	编辑部 pup6@pup.cn　总编室 zpup@pup.cn
电　　　话	邮购部 010-62752015　发行部 010-62750672　编辑部 010-62750667
印 刷 者	三河市北燕印装有限公司
经 销 者	新华书店
	787 毫米×1092 毫米　16 开本　18 印张　438 千字
	2007 年 8 月第 1 版　2010 年 3 月第 2 版
	2016 年 7 月第 3 版
	2024 年 8 月第 4 版　2024 年 8 月第 1 次印刷
定　　　价	59.80 元

未经许可,不得以任何方式复制或抄袭本书之部分或全部内容。
版权所有,侵权必究
举报电话:010-62752024　电子邮箱:fd@pup.cn
图书如有印装质量问题,请与出版部联系,电话:010-62756370

第 4 版前言

党的二十大报告中指出,教育、科技、人才是全面建设社会主义现代化国家的基础性、战略性支撑。全面建设社会主义现代化国家,教育是基础,科技是关键,人才是根本。人才的培养,离不开教学和教材。教材是教学之本,也是教学质量稳步提升的基本保障。教材内容必须与时俱进,紧跟技术发展的步伐,反映工程技术领域的新结构、新工艺、新特点和新趋势。

随着近年来国内外汽车技术的迅猛发展,本书第 3 版的部分内容已显陈旧,需要删减和更新;同时,许多汽车新技术需要补充和加强。为此,编者对本书第 3 版进行了全面修订。

本书第 4 版是按照教育部关于应用型本科和"卓越工程师教育培养计划"的总体目标,结合汽车类专业的实际需求编写的。

本书共 9 章,全面、系统地阐述了汽车电气设备在现代汽车上的应用情况。在简单介绍汽车电气系统的特点和发展趋势之后,着重阐述蓄电池、交流发电机、起动系统、点火系统、照明信号系统、仪表信息系统、安全与舒适系统的结构、工作原理及使用和维修等基础知识,并对汽车电路分析等内容作了充分的介绍。

本书在内容上与沈阳大学凌永成主编的《汽车电子控制技术》相互呼应、互为补充。在课程安排上,应先开设"汽车电气设备"课程,再开设"汽车电子控制技术"课程。

本书是按照 48 学时编写的。学校在选用本书作为教材时,可根据教学大纲适当增减学时。

本书条理清晰、层次分明、语言简练、图文并茂、重点突出、详略得当,简化了冗长的理论分析,强化了汽车新技术和实用技术的介绍,内容取舍以充分满足汽车电气工程师知识结构的要求为出发点,特别注重理论与实践的紧密结合,内容具有极强的针对性和实用性,旨在切实培养和提高学生的技术应用能力,是一本具有鲜明特色的实用性规划教材。

本书由凌永成和周旭主编,具体编写分工如下:第 1~4 章由沈阳大学凌永成编写,第 5~6 章由内蒙古农业大学牛文学编写,第 7 章由黄河科技学院王铭杰编写,第 8~9 章由辽宁开放大学周旭编写。

上海工程技术大学王岩松教授作为主审,对全书进行了认真审阅,并提出了许多宝贵意见,使本书体系更为完整、结构更为严谨,在此深表谢忱。

编者在编写本书的过程中,得到了许多专家和同行的支持,并参考和借鉴了国内外公开出版的文献,在此一并致谢。

限于编者水平,书中难免存在不足或疏漏之处,恳请广大读者批评指正,以便再版时修订。

资源索引

编 者
2024 年 3 月

目 录

第 1 章 绪论 …………………… 1
1.1 汽车电气设备的作用 ………… 1
1.2 汽车电气系统的特点 ………… 1
1.3 电动汽车电气系统的特点 …… 3
复习思考题 ………………………… 4

第 2 章 蓄电池 …………………… 5
2.1 蓄电池的作用与分类 ………… 6
 2.1.1 蓄电池的作用 …………… 6
 2.1.2 对蓄电池的要求 ………… 6
 2.1.3 蓄电池的分类 …………… 7
2.2 铅酸蓄电池的结构与型号 …… 8
 2.2.1 铅酸蓄电池的结构 ……… 8
 2.2.2 铅酸蓄电池的型号
   与选用 ………………… 13
2.3 蓄电池的工作原理与工作特性 … 14
 2.3.1 蓄电池的工作原理 ……… 14
 2.3.2 蓄电池的工作特性 ……… 15
2.4 蓄电池的容量及其影响因素 … 18
 2.4.1 蓄电池的容量 …………… 18
 2.4.2 影响蓄电池容量的
   因素 …………………… 19
2.5 蓄电池的充电 ………………… 21
 2.5.1 蓄电池的充电设备 ……… 21
 2.5.2 蓄电池的充电方法 ……… 23
 2.5.3 蓄电池的充电种类 ……… 24
2.6 改进型铅酸蓄电池 …………… 26
 2.6.1 干荷电式铅酸蓄电池 …… 26
 2.6.2 免维护蓄电池 …………… 27
 2.6.3 胶体式铅酸蓄电池 ……… 28
 2.6.4 宝马汽车用蓄电池
   技术 …………………… 29
2.7 蓄电池的使用与维护 ………… 31
 2.7.1 蓄电池的使用 …………… 31
 2.7.2 蓄电池的维护 …………… 33
复习思考题 ………………………… 35

第 3 章 交流发电机 ……………… 36
3.1 交流发电机的结构与工作原理 … 36
 3.1.1 汽车用交流发电机的
   分类 …………………… 36
 3.1.2 交流发电机的结构 ……… 39
 3.1.3 交流发电机的工作
   原理 …………………… 46
3.2 交流发电机的工作特性与型号 … 50
 3.2.1 交流发电机的工作
   特性 …………………… 50
 3.2.2 交流发电机的型号 ……… 53
3.3 交流发电机的检测 …………… 53
 3.3.1 交流发电机的车上
   检查 …………………… 53
 3.3.2 交流发电机的拆卸
   与不解体检测 ………… 56
3.4 交流发电机调节器 …………… 57
 3.4.1 交流发电机调节器的
   作用与工作原理 ……… 57
 3.4.2 集成电路式交流发电机
   调节器 ………………… 58
 3.4.3 交流发电机调节器的
   型号 …………………… 61
 3.4.4 交流发电机调节器
   技术 …………………… 62
3.5 交流发电机的正确使用与检修 … 65
 3.5.1 交流发电机的正确
   使用 …………………… 65
 3.5.2 交流发电机的检修 ……… 66
复习思考题 ………………………… 67

第 4 章 起动系统 ………………… 68
4.1 起动系统概述 ………………… 68
 4.1.1 起动系统的作用 ………… 68
 4.1.2 起动系统的组成 ………… 69
 4.1.3 起动机的结构及分类 …… 69
 4.1.4 起动机的型号 …………… 71
4.2 起动机用直流电动机 ………… 71
 4.2.1 直流电动机的工作
   原理 …………………… 71
 4.2.2 直流电动机的结构 ……… 72

4.2.3 直流电动机的工作
特性 …………………… 75
4.2.4 起动机与发动机、蓄电池的
匹配 …………………… 76
4.3 起动机的传动机构与控制机构 … 78
4.3.1 起动机的传动机构 ………… 78
4.3.2 起动机的控制机构 ………… 81
4.4 起动系统控制电路 …………… 83
4.4.1 起动开关直接控制起动系统
控制电路 ……………… 83
4.4.2 起动继电器控制起动系统
控制电路 ……………… 83
4.4.3 起动复合继电器控制起动
系统控制电路 ………… 84
4.4.4 车载计算机控制起动
系统控制电器 ………… 85
4.5 典型起动机工作原理分析 …… 86
4.5.1 电磁控制式起动机 ………… 86
4.5.2 减速起动机 ………………… 88
4.5.3 永磁减速式起动机 ………… 90
4.6 起动系统的使用及故障诊断
与排除 …………………………… 91
4.6.1 起动系统的使用 …………… 91
4.6.2 起动系统故障诊断
与排除 ………………… 92
复习思考题 ………………………… 95

第5章 点火系统 ……………… 96

5.1 点火系统概述 ………………… 96
5.1.1 点火系统的结构 …………… 96
5.1.2 汽油发动机连续运转(正常
着车)的必备条件 ……… 97
5.1.3 对点火系统的基本
要求 …………………… 97
5.1.4 点火系统的发展历程 ……… 98
5.1.5 点火系统的分类 ………… 100
5.2 无触点电子点火系统的
结构与工作原理 ……………… 101
5.2.1 无触点电子点火系统的
结构 …………………… 101
5.2.2 无触点电子点火系统的
工作原理 ……………… 113
5.3 无触点电子点火系统的使用与
维护 …………………………… 127

5.3.1 注意事项 ………………… 127
5.3.2 维护项目 ………………… 128
5.3.3 调整点火正时 …………… 128
5.4 无触点电子点火系统的检修 … 130
5.4.1 无触点电子点火系统常见
故障分析 ……………… 130
5.4.2 无触点电子点火系统元件
检修 …………………… 131
复习思考题 ………………………… 135

第6章 照明信号系统 ………… 136

6.1 汽车灯具 ……………………… 136
6.1.1 汽车灯具的种类与
用途 …………………… 136
6.1.2 对汽车灯具的要求 ……… 140
6.1.3 照明信号系统控制
电路 …………………… 140
6.2 前照灯及其控制电路 ………… 141
6.2.1 前照灯的基本要求 ……… 141
6.2.2 前照灯的结构与工作
原理 …………………… 141
6.2.3 前照灯的防眩目装置 …… 143
6.2.4 前照灯类型 ……………… 145
6.2.5 前照灯的检测与调整 …… 150
6.2.6 前照灯控制电路与智能化
灯光系统 ……………… 153
6.3 汽车信号系统 ………………… 156
6.3.1 转向灯及危险报警
装置 …………………… 156
6.3.2 倒车信号装置 …………… 159
6.3.3 电喇叭 …………………… 163
复习思考题 ………………………… 167

第7章 仪表信息系统 ………… 168

7.1 汽车仪表 ……………………… 168
7.1.1 汽车仪表概述 …………… 168
7.1.2 汽车仪表的结构与工作
原理 …………………… 169
7.1.3 汽车仪表常见故障
分析 …………………… 181
7.2 汽车报警装置 ………………… 183
7.2.1 汽车报警装置的作用 …… 183
7.2.2 监视器及控制电路 ……… 186
7.2.3 报警灯及报警灯开关 …… 187

7.2.4 常见汽车报警灯电路 … 191
7.3 汽车电子仪表 … 193
　7.3.1 汽车电子仪表的优点 … 193
　7.3.2 电子显示器件 … 194
　7.3.3 汽车电子仪表的维护 … 197
7.4 汽车信息系统 … 198
　7.4.1 汽车信息系统的特点 … 198
　7.4.2 典型汽车信息系统简介 … 199
　7.4.3 汽车平视显示器系统 … 200
7.5 汽车导航系统 … 202
　7.5.1 汽车导航系统的作用 … 202
　7.5.2 全球定位系统 … 202
　7.5.3 汽车全球定位系统的组成 … 203
　7.5.4 典型汽车导航系统简介 … 204
复习思考题 … 205

第8章 安全与舒适系统 … 206

8.1 风窗刮水清洗设备 … 206
　8.1.1 电动刮水器 … 206
　8.1.2 风窗清洗装置 … 214
　8.1.3 风窗除霜(雾)装置 … 215
8.2 电动辅助装置 … 216
　8.2.1 电动车窗 … 216
　8.2.2 电动天窗 … 220
　8.2.3 电动座椅 … 224
　8.2.4 电动门锁 … 228
　8.2.5 感应式电动尾门 … 232

8.2.6 电动后视镜 … 235
复习思考题 … 237

第9章 汽车电路分析 … 238

9.1 汽车电路的组成 … 238
　9.1.1 连接导线 … 238
　9.1.2 开关 … 241
　9.1.3 保护装置 … 248
　9.1.4 继电器 … 252
　9.1.5 中央接线盒 … 253
9.2 汽车电路的识图 … 255
　9.2.1 汽车电气装置的图形符号、文字符号 … 255
　9.2.2 汽车电路的表达方法 … 259
　9.2.3 汽车电路的接线规律 … 265
　9.2.4 汽车电路识图方法 … 268
9.3 典型汽车电路分析 … 269
　9.3.1 汽车整车电路的全面分析 … 269
　9.3.2 汽车各个系统的电路分析 … 269
9.4 汽车电路检修 … 273
　9.4.1 汽车电气系统的工作条件 … 273
　9.4.2 汽车电气系统故障种类 … 274
　9.4.3 检修汽车电路注意事项 … 275
　9.4.4 汽车电路诊断方法 … 275
复习思考题 … 277

参考文献 … 278

第 1 章 绪 论

教学提示

汽车电气设备是汽车的重要组成部分，随着汽车用电设备的日益增多，电压升级是大势所趋。

教学要求

本章主要介绍汽车电气设备的作用及汽车电气系统的特点和发展趋势，要求学生了解汽车电气系统的发展趋势，熟悉汽车电气系统的特点。

1.1 汽车电气设备的作用

汽车电气设备（electrical equipment）是汽车的重要组成部分，其性能直接影响汽车的动力性、经济性、可靠性、安全性、排气净化及舒适性。例如，为使汽车发动机获得最高的经济性，需要点火系统在最适当的时间点火；为使发动机可靠起动，需要采用电力起动机；为保证汽车工作可靠、行驶安全，需要指示仪表、信号装置和照明灯具等电器正常工作。

蓄电池、发电机、起动机、点火系统、照明信号系统、仪表信息系统等传统的汽车电气设备是汽车的基础组成部分，也是汽车电子控制系统的基础。

多年来，汽车电气设备一直在汽车上发挥着重要的作用。基础电气设备将向提高品质和性能的方向发展，辅助电气设备将向进一步拓展种类、扩大应用范围的方向发展。

1.2 汽车电气系统的特点

由汽车电气设备组成的系统称为汽车电气系统，与其他电气系统不同，汽车电气系统具有以下特点。

1. 双电源

汽车电气系统采用双电源（蓄电池和交流发电机），两者相互配合、协同工作。即使是在极端条件下(如发电机损坏而无法发电)，仅靠蓄电池供电，汽车也能续驶一定里程。

2. 低电压

汽车电气系统的额定电压(rated voltage)有6V、12V、24V三种。汽油发动机汽车普遍采用12V蓄电池，而柴油发动机汽车多采用24V蓄电池(由两个12V蓄电池串联而成)，摩托车多采用6V蓄电池。关于汽车运行中的实际工作电压，12V的电气系统一般为14V，24V的电气系统一般为28V。

3. 直流供电

现代汽车发动机是靠电力起动机起动的，起动机由蓄电池供电，因而蓄电池充电必须用直流电源，故汽车电气系统为直流电源系统。虽然交流发电机发出的是交流电，但经过整流器整流，变成直流电后供全车用电。

4. 单线制

单线制也称单线连接，是汽车电气系统的突出特点。它是指汽车上所有电气设备的正极均采用导线连接；而负极直接或间接通过导线与金属车架或车身的金属部分相连。

任何一个电路中的电流都是从电源的正极出发，经导线流入电气设备，再由电气设备自身或负极导线搭铁，通过车架或车身流回电源负极而形成回路。

由于单线制导线用量少、线路清晰、接线方便，因此被现代汽车所广泛采用。

5. 负极搭铁

采用单线制时，蓄电池的一个电极需接至金属车架或金属车身上，俗称"搭铁"。 蓄电池的负极接金属车架或金属车身称为负极搭铁，蓄电池的正极接金属车架或金属车身称为正极搭铁。

如果单纯从构成电流回路的层面来说，汽车既可以采用负极搭铁，又可以采用正极搭铁。早期汽车上广泛采用正极搭铁，但经研究发现，采用负极搭铁对车架金属或车身金属的化学腐蚀较轻，对无线电干扰小，而且对点火系统的点火电压要求低(更有利于火花塞跳火)。因此，**包括我国在内的许多国家都规定汽车电气系统统一采用负极搭铁。**

6. 并联连接

各种电气设备均采用并联连接，汽车上的两个电源(蓄电池与发电机)之间及所有电气设备之间都是正极接正极、负极接负极，采用并联连接。

由于采用并联连接，因此汽车在行驶过程中，当某一支路的电气设备损坏时，并不影响其他支路电气设备的正常工作。

7. 设有保护装置

为了防止因电源短路(火线搭铁)或电路过载而烧坏线束，电路中一般设有保护装置，如熔断器(短路保护)、易熔线(过载保护)等。

8. 汽车低压导线有颜色和编号特征

为了便于区别各电路的连接,汽车所有低压导线必须为不同颜色的单色线或双色线,并在每根导线上编号,编号由生产厂家统一编定。

9. 由相对独立的分支系统组成

汽车电气系统由相对独立的系统组成,一般包括以下几部分。

(1) 电源系统。

电源系统由蓄电池、发电机、电压调节器及工作状况指示装置(电流表、电压表、充电指示灯)等组成。

(2) 起动系统。

起动系统由起动机、起动继电器、起动开关及起动保护装置等组成。

(3) 点火系统。

点火系统由点火线圈、分电器、电子点火器、火花塞、点火开关等组成。

(4) 照明信号系统。

照明信号系统由前照灯、雾灯、示廓灯、转向灯、制动灯、倒车灯、电喇叭、控制继电器和开关等组成。

(5) 仪表报警系统。

仪表报警系统由仪表、传感器、报警灯、指示灯及控制器等组成。在高档汽车上,仪表报警系统已经发展为仪表信息系统。

(6) 辅助装置系统。

辅助装置系统由为提高车辆安全性、舒适性、经济性等功能的电气装置组成。辅助装置系统因车型不同而有所差异,一般包括风窗刮水/清洗装置、风窗除霜/防雾装置、音响装置、车窗电动升降装置、电动座椅调节装置及中央电控门锁等。

1.3 电动汽车电气系统的特点

近年来,以混合动力汽车、纯电动汽车、燃料电池电动汽车为代表的电动汽车(新能源汽车)技术发展很快。由于电动汽车需要采用大功率电动机驱动车辆行驶,并且空调系统的驱动方式与传统内燃机汽车区别较大,因此,电动汽车电气系统的电压发生了很大的变化。

除常规的照明信号系统、仪表信息系统及电动车窗、刮水器、座椅调节等电气设备依然采用低电压外,电动汽车的高压蓄电池(动力电池)、驱动电动机、电动空调压缩机、制动能量回收系统等均采用高电压。

电动汽车技术还处于早期开发、探索阶段,出于技术继承性(本公司内部)和技术竞争(不同公司之间)的原因,在电动汽车的电源系统、车载充电器、电动机驱动系统、DC/DC(直流/直流)变换器系统、空调压缩机驱动系统等领域,主要汽车制造商采用的电压等级有所不同(如 DC 144V、DC 288V、DC 317V、DC 346V、DC 400V、DC 576V 等),尚未在全球范围内形成统一标准，还有待进一步规范。

同时，电动汽车高压蓄电池总成的搭铁方式与传统内燃机汽车蓄电池的搭铁方式不同。传统内燃机汽车蓄电池的负极通过粗大的搭铁线直接搭铁；而电动汽车高压蓄电池总成经过不小于5MΩ的高阻抗搭铁，以避免高压蓄电池漏电，确保车内乘员安全。

复习思考题

1. 简述汽车电气设备的作用。
2. 简述汽车电气系统的特点。
3. 简述汽车电气系统的发展趋势。

【在线答题】

第2章 蓄电池

教学提示

蓄电池是一种可逆的直流电源。起动型铅酸蓄电池在汽车上应用极为普遍，免维护蓄电池的使用也日益广泛。

教学要求

本章主要介绍蓄电池的结构、工作原理、使用与维护，要求学生了解蓄电池的工作原理，熟悉蓄电池的结构，掌握蓄电池的使用与维护。

汽车电源系统用于向汽车用电设备提供低压直流电，以保证汽车在行驶中和停车时的用电需要。

蓄电池和发电机共同构成汽车电源系统。此外，汽车电源系统包括电压调节器（用于动态调节交流发电机的输出电压）、电流表或其他充电状态指示装置（电压表或充电指示灯）、点火开关等，如图 2.1 所示。

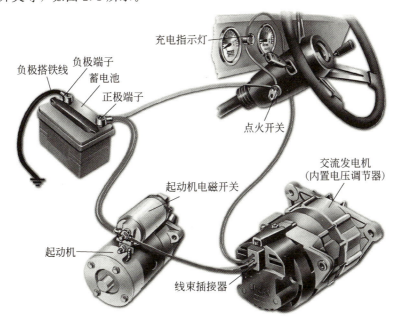

图 2.1　汽车电源系统

2.1 蓄电池的作用与分类

2.1.1 蓄电池的作用

蓄电池(accumulater，俗称"电瓶"，图 2.2)是一种可逆的直流电源，有放电和充电两种工作状态。在放电状态下，蓄电池可将化学能转换为电能；在充电状态下，蓄电池可将电能转换为化学能。

在汽车上，蓄电池和发电机并联连接(图 2.3)，两者协同工作，共同为汽车电气设备供电。在发电机正常工作时，全车电气设备均由发电机供电，与此同时，蓄电池将发电机的多余电能转换为化学能并储存起来(蓄电池处于充电状态)。

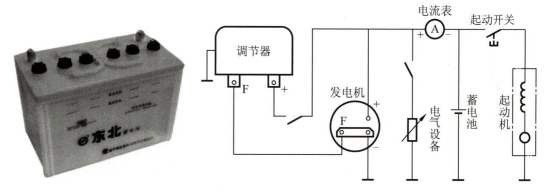

图 2.2 蓄电池　　　　　　　图 2.3 蓄电池和发电机并联连接

蓄电池的具体作用如下。

(1) 发动机起动时，蓄电池向起动机、点火系统及燃油喷射系统供电。

(2) 发动机低速运转、发电机电压较低时，蓄电池向电气设备和交流发电机磁场绕组供电。

(3) 发电机出现故障而不发电时，蓄电池向电气设备供电。

(4) 发电机过载时，蓄电池协助发电机向电气设备供电。

(5) 发动机熄火停机时，蓄电池向电子时钟、汽车电子控制单元(ECU)、音响设备及汽车防盗系统供电。

此外，因为蓄电池相当于一个大容量的电容器，所以它不仅能够保持汽车电气系统的电压稳定，还能吸收电气系统中出现的瞬时过电压，保护电子元件。

2.1.2 对蓄电池的要求

起动发动机时，蓄电池必须能在短时间(5～10s)内向起动机连续提供强大的起动电流：汽油发动机一般需要 200～600A 的起动电流；柴油发动机一般需要 500～1000A，甚至更大的起动电流。所以，对汽车用蓄电池的基本要求是容量大、内阻小，以保证蓄电池具有足够的起动能力。

起动型铅酸蓄电池的突出特点是内阻小、起动性能好、电压稳定，还有成本低、原料丰富等优点，所以它在汽车上应用广泛。

2.1.3 蓄电池的分类

汽车用蓄电池有铅酸蓄电池(lead-acid accumulater)和碱性蓄电池(alkaline accumulater)两大类。

汽车用铅酸蓄电池又可分为普通式铅酸蓄电池、干荷电式铅酸蓄电池、湿荷电式铅酸蓄电池、免维护式铅酸蓄电池和胶体式铅酸蓄电池等。

蓄电池在汽车上的安装位置根据车型和结构而定，原则上离起动机越近越好。大多数汽车的蓄电池装在发动机舱内(图2.4)，也有些装在后备箱内(图2.5)，还有些装在后排座椅下方；货车的蓄电池以空载时质量平衡为原则，一般装在车架前部的左侧或右侧；客车的蓄电池多装在车厢内。

图2.4 蓄电池装在发动机舱内

图2.5 奥迪A4蓄电池装在后备箱内

蓄电池用特制的金属框架和防震垫来固定(图2.6)。

图2.6 蓄电池的固定方式

2.2 铅酸蓄电池的结构与型号

2.2.1 铅酸蓄电池的结构

现代汽车用铅酸蓄电池由六只单体电池串联而成,每只单体电池的电压为2V,串联后的蓄电池电压为12V。国内外汽油发动机汽车均选用12V蓄电池;多数柴油发动机汽车电源电压设计为24V,由两只12V蓄电池串联供电。

铅酸蓄电池的结构如图2.7所示,其构件主要有正负极板、隔板、电解液(图中未标)、外壳、接线柱、联条等。

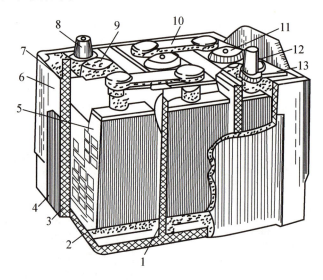

1—隔壁;2—凸筋;3—负极板;4—隔板;5—正极板;6—电池壳;7—防护板;8—负接线柱;
9—通气孔;10—联条;11—加液螺塞;12—正接线柱;13—单体电池盖。

图 2.7 铅酸蓄电池的结构

1. 极板

极板(plate)是蓄电池的核心构件,由栅架和活性物质组成,如图2.8所示。

栅架(图2.9)是由铅锑合金浇铸而成的,活性物质涂覆在其上。加锑的目的是提高栅架的机械强度和浇铸性能。但是,锑有副作用:会加速氢的析出进而加快电解液消耗;锑还易从正极板栅架中解析出来,引起蓄电池自放电和栅架腐蚀,缩短蓄电池的使用寿命。

国内外大多采用低锑合金栅架,含锑量为2%~3%。为降低蓄电池的内阻,改善蓄电池的起动性能,目前生产的汽车蓄电池多采用放射形栅架,其结构如图2.10所示。

极板上的工作物质称为活性物质,主要由铅粉、添加剂与一定密度的稀硫酸混合而成。为防止工作物质龟裂和脱落,铅膏中还掺有玻璃纤维等牵引附着物。

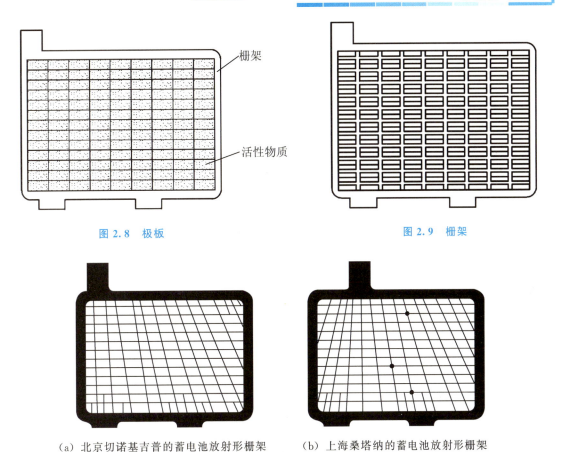

图 2.8 极板

图 2.9 栅架

（a）北京切诺基吉普的蓄电池放射形栅架　（b）上海桑塔纳的蓄电池放射形栅架

图 2.10　放射形栅架结构

极板分为正极板和负极板。先将涂上铅膏后的生极板经热风干燥，再放入稀硫酸中充电，便得正极板和负极板（图 2.11）。

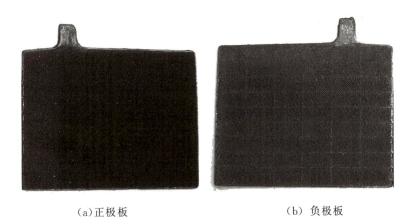

（a）正极板　　　　　　　　（b）负极板

图 2.11　正极板和负极板

正极板（positive plate）上的活性物质为二氧化铅（PbO_2），呈棕红色；负极板（negative plate）上的活性物质为海绵状纯铅（Pb），呈青灰色。

国产蓄电池极板的厚度为 1.8～2.4mm，国外大多采用 1.1～1.5mm 厚的薄型极板（正极板比负极板厚）。采用薄型极板可提高蓄电池的比容量和起动性能。

将一片正极板和一片负极板浸入电解液，可获得约 2.1V 的电动势。为增大蓄电池的比容量，可将多片正、负极板分别并联，用横板焊接成正、负极板组，横板上有极柱，极板组间留有空隙。

安装时，各片正、负极板相互嵌合，中间插入隔板后装入蓄电池，单格内便形成单体蓄电池极板组，如图 2.12 所示。在每个单体蓄电池极板组中负极板总比正极板多一片。因为正极板活性物质比较疏松，而且正极板处的化学反应剧烈，反应前后活性物质体积变化较大，所以正极板夹在负极板之间，可使其两侧放电均匀，从而减轻正极板翘曲并减少活性物质脱落。

2. 隔板

为了减小蓄电池的内阻和尺寸，蓄电池的正、负极板应尽可能靠近。为了防止相邻正、负极板接触而短路，正、负极板之间要用隔板隔开。**隔板应具有多孔性，以便电解液渗透，还应具有良好的耐酸性和抗氧化性。**

隔板的材料有木材、微孔橡胶和微孔塑料等。其中，微孔塑料隔板的孔径小、孔率高、薄且柔、生产效率高、成本低，应用广泛。

安装时，隔板带槽的一面应朝向正极板，并且沟槽必须与外壳底部垂直。因为正极板在充、放电过程中化学反应剧烈，沟槽既能使电解液上下流通，又能使气泡沿槽上升，还能使脱落的活性物质沿槽下沉。

有些生产厂家用微孔塑料袋做成袋式隔板（因其形似信封，故也称信封式隔板，图 2.13）并套在正极板上，可以有效防止活性物质脱落。

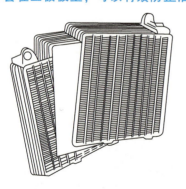

图 2.12 单体蓄电池极板组

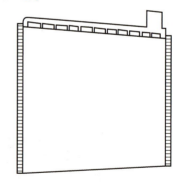

图 2.13 袋式(信封式)隔板

3. 电解液

电解液（electrolyte，俗称"电瓶水"，图 2.14）**是用纯净硫酸和纯净蒸馏水按一定比例配制而成的稀硫酸溶液。**

电解液的密度对蓄电池的性能和使用寿命影响很大。为了提高蓄电池容量并降低电解液的冰点，电解液的密度应大一些。但电解液密度过大，会使其流动性变差，反而降低蓄电池的比容量，而且会加剧隔板和极板的损坏，缩短蓄电池的使用寿命。

电解液的密度随地区和气候条件而定。我国幅员辽阔，气候条件复杂，不同地区和气候条件下电解液的质量密度见表 2-1，选用时可参考。

图 2.14　常见的蓄电池电解液

表 2-1　不同地区和气候条件下电解液的质量密度

地区	蓄电池完全充足电时电解液的质量密度/$(g \cdot cm^{-3})$	
	冬季	夏季
冬季气温低于-40℃的地区	1.30	1.26
冬季气温为-40~-30℃的地区	1.28	1.24
冬季气温为-30~-20℃的地区	1.27	1.24
冬季气温为-20~0℃的地区	1.26	1.23
冬季气温在0℃以上的地区	1.23	1.23

4. 外壳

外壳(enclosure)用来盛装电解液和极板组，使蓄电池构成一个整体。外壳材料有硬橡胶和塑料两种。

外壳为整体式结构，壳内由隔壁分成三个或六个互不相通的单格，底部有凸筋，用来支承极板组。凸筋之间的空隙可以储存极板脱落的活性物质，避免正、负极板短路。

每个单格的盖板中间有加液孔，可以用来检查液面高度和测量电解液的密度，平时用加液螺塞(图 2.15)拧紧后盖住加液孔。加液螺塞中心的通气孔应保持畅通，使蓄电池在电化学反应中放出的气体随时逸出。

【拓展图文】

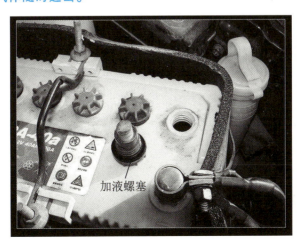

图 2.15　加液螺塞

极板组上部装有防护板,以防测量电解液密度、液面高度或添加电解液时损坏极板组上部。单格盖板与外壳之间的间隙用封口胶密封,封口胶应能保证在65℃下不溢流,并且在-30℃下不产生裂纹。塑料外壳用整体式盖板,盖板与壳体间采用热封合法封合。

5. 接线柱

铅酸蓄电池首尾两极板组的横板上焊有接线柱(terminal post,也称极桩),接线柱外形有侧孔形、圆锥形和L形三种,如图2.16所示。

 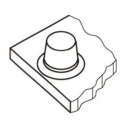 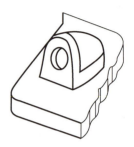

(a)侧孔形　　　　　(b)圆锥形　　　　　(c)L形

图2.16　铅酸蓄电池的接线柱外形

如图2.17所示,正接线柱连接起动机和电流表的电线,负接线柱连接车身或车架的搭铁电线。

图2.17　大众速腾乘用车蓄电池接线柱(极桩)

为了便于区分,正接线柱附近标有"+"或"P"记号(图2.18),负接线柱附近标有"-"或"N"记号(图2.19),有些蓄电池正接线柱上涂有红色油漆。

图2.18　正接线柱附近标有"+"记号　　　　图2.19　负接线柱附近标有"-"记号

6. 联条

联条(cell connector) 的作用是将单体蓄电池串联起来,提高整个蓄电池的端电压。联条一般由铅锑合金铸造而成,硬橡胶外壳蓄电池的联条位于电池上方,塑料外壳蓄电池采用穿壁式联条,如图 2.20 所示。

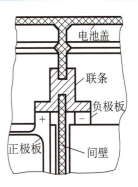

图 2.20　穿壁式联条

2.2.2　铅酸蓄电池的型号与选用

1. 铅酸蓄电池的型号

按照 JB/T 2599—2012《铅酸蓄电池名称、型号编制与命名办法》的规定,铅酸蓄电池型号由三部分组成,其内容及排列如下。

串联的单体蓄电池数 ── 蓄电池用途、结构特征代号 ── 标准规定的额定容量

(1) 串联的单体蓄电池数。串联的单体蓄电池数是指该电池总成所包含的单体蓄电池数目,用一位阿拉伯数字表示。

(2) 蓄电池用途代号。根据主要用途划分,用一个汉语拼音字母表示,如起动用铅酸蓄电池用"Q"表示,代号"Q"是"起"的汉语拼音首字母。

(3) 蓄电池结构特征代号。蓄电池结构特征代号为附加部分,用一个汉语拼音字母表示,仅在同类用途的产品有某种特征,而在型号中又必须加以区别时采用。当产品同时具有两种特征时,应按表 2-2 所示顺序将两个代号并列标注。

表 2-2　常见蓄电池结构特征代号

序号	1	2	3	4	5	6	7	8	9
结构特征	干荷电式	湿荷电式	免维护	微型阀控式	排气式	密封式	胶体式	卷绕式	阀控式
代号	A (干,gan)	H (湿,shi)	W (维,wei)	WF(微阀,wei fa)	P (排,pai)	M (密,mi)	J (胶,jiao)	JR(卷绕,juan rao)	F (阀,fa)

(4) 额定容量。额定容量是指 20h 放电率额定容量,用阿拉伯数字表示,单位为 A·h,在型号中可省略。有时在额定容量后面用一个字母表示特殊性能,如"G"表示高起动率,"S"表示塑料外壳,"D"表示低温起动性好。

(5) 铅酸蓄电池的型号举例。

6-Q-105:表示由 6 个单体串联,额定电压为 12V,额定容量为 105A·h 的起动用蓄电池。

6-QAW-100:表示由 6 个单体串联,额定电压为 12V,额定容量为 100A·h 的起动用干荷电式免维护蓄电池。

6-QA-40S:表示由 6 个单体串联,额定电压为 12V,额定容量为 40A·h 的起动用干荷电式塑料外壳蓄电池。

2. 蓄电池的选用

与选用其他汽车外购件一样，要先选"型"，再选"号"。选用汽车蓄电池，首先要选起动型，然后选电压和额定容量。主要根据起动机要求的电压和额定容量选择蓄电池，一般应满足连续起动三次以上的要求。每辆汽车尽量选用一个蓄电池。若电压不够，则选用两个蓄电池并将其串联，每个蓄电池的电压都为总电压的二分之一；但注意新、旧蓄电池不可混用。

2.3 蓄电池的工作原理与工作特性

2.3.1 蓄电池的工作原理

【拓展视频】

铅酸蓄电池在充、放电过程中的化学反应是可逆的，其电化学反应方程式可简化为

$$\underset{\text{正极板}}{PbO_2} + \underset{\text{负极板}}{Pb} + \underset{\text{电解液}}{2H_2SO_4} \underset{\text{充电}}{\overset{\text{放电}}{\rightleftharpoons}} \underset{\text{正极板}}{PbSO_4} + \underset{\text{负极板}}{PbSO_4} + \underset{\text{电解液}}{2H_2O} \tag{2-1}$$

铅酸蓄电池的反应原理如图2.21所示。当接通外电路负载蓄电池放电时，正极板上的PbO_2和负极板的Pb均变成$PbSO_4$，电解液中的H_2SO_4减少，H_2O增多，电解液密度下降。

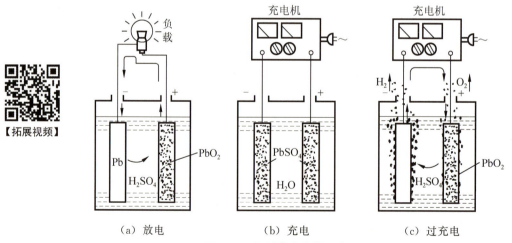

(a) 放电 (b) 充电 (c) 过充电

图2.21 铅酸蓄电池的反应原理

当接上充电机给蓄电池充电时，正、负极板上的$PbSO_4$分别恢复成原来的PbO_2和Pb，电解液中的H_2O减少，H_2SO_4增多，电解液密度上升。

在蓄电池处于过充电时，水会被电解，其反应式为

$$2H_2O \xrightarrow{\text{电解}} O_2\uparrow + 2H_2\uparrow \tag{2-2}$$

因此，在电解液中会析出大量的气泡。

在接通电气设备时，蓄电池作为电源向外供电，将内部的化学能转换为电能。当存电

不足而又将蓄电池与其他具有适当电压的直流电源并联时,蓄电池又能充电。

2.3.2 蓄电池的工作特性

蓄电池的工作特性主要包括静止电动势、内阻、充电特性和放电特性。

1. 静止电动势

蓄电池处于静止状态(不充电也不放电)时,正、负极板间的电位差(开路电压)称为静止电动势。其值与电解液的密度和温度有关,当密度为 $1.05 \sim 1.30 \text{g/cm}^3$ 时,静止电动势 E 可用下述经验公式计算,即

$$E = 0.85 + \rho_{25℃} \tag{2-3}$$

式中,$\rho_{25℃}$——25℃时电解液的密度(g/cm^3)。

实测电解液密度应按下式换算成25℃时的密度,即

$$\rho_{25℃} = \rho_t + \beta(t - 25) \tag{2-4}$$

式中,ρ_t——实测电解液密度(g/cm^3);

t——实测电解液温度(℃);

β——密度温度系数,$\beta = 0.00075 \text{g/(cm}^3 \cdot ℃)$,即温度每升高1℃,密度降低 0.00075g/cm^3。

铅酸蓄电池电解液的密度在充电时增高,放电时降低,一般在 $1.12 \sim 1.30 \text{g/cm}^3$ 变化,因此每个单体蓄电池的静止电动势相应地在 $1.97 \sim 2.15\text{V}$ 变化。

2. 内阻

电流流过蓄电池时受到的阻力称为蓄电池的内阻。蓄电池的内阻包括极板、隔板、电解液和联条的电阻。在正常状态下,蓄电池的内阻很小,所以能够供给几百甚至上千安培的起动电流。

极板电阻很小,并且随活性物质的变化而变化,充足电时电阻最小,随着放电程度的不断增大,特别是在放电终了时,由于活性物质转变为导电性能较差的硫酸铅,因此极板电阻大大增大。

隔板电阻与材料有关,木质隔板多孔性能差,所以其电阻比微孔橡胶隔板和塑料隔板的电阻大。

电解液的电阻与其密度和温度有关,如 6-Q-75 型蓄电池在温度为40℃时的电阻为 0.01Ω,而在-20℃时的电阻为 0.019Ω。可见,电解液电阻随温度降低而增大。

电解液电阻与密度的关系如图 2.22 所示。由图可见,**电解液密度为 1.2g/cm^3(15℃)时其电阻最小**。同时,在该密度下,电解液的黏度较小。电解液密度过高或过低时,电解液的电阻都会增大。

因此,适当采用低密度电解液和提高电解液温度(如冬季对蓄电池采取保温措施),对降低蓄电池内阻、提高其起动性能十分有利。

3. 充电特性

蓄电池的充电特性是指在恒流充电过程中,蓄电池的端电压 U_c 和电解液密度 $\rho_{25℃}$ 随充电时间 t_c 变化的规律。图 2.23 所示为 6-QA-60 型干荷电式铅酸蓄电池以 3A 电流充电时的特性曲线。

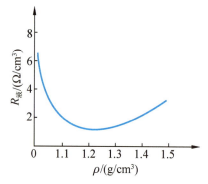

图 2.22　电解液电阻与密度的关系

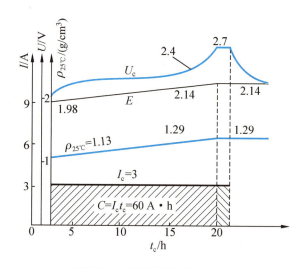

图 2.23　6-QA-60 型干荷电式铅酸蓄电池以 3A 电流充电时的特性曲线

在充电过程中,电解液密度基本呈线性规律逐渐上升。这是因为采用恒流充电,充电机每单位时间向蓄电池输入的电量相等,每单位时间内电解液中生成硫酸的量也基本相等。

在充电过程中,蓄电池的端电压的变化规律可分为以下四个阶段。

(1) 第一阶段。充电开始时,蓄电池的端电压上升较快。这是因为极板活性物质孔隙内部的水迅速消耗,孔隙外部的水还未来得及渗入补充,极板内部电解液密度迅速上升。

(2) 第二阶段。蓄电池的端电压上升较平稳,直至单体电压达 2.4V。在该阶段,每单位时间内极板内部消耗的水与外部渗入的水基本相等,处于动态平衡状态。

(3) 第三阶段。蓄电池的端电压达 2.4V 以后迅速上升至 2.7V。在该阶段,电解液中的水开始电解,正极板表面逸出氧气,负极板表面逸出氢气,电解液中冒出气泡,出现"沸腾"现象。

(4) 第四阶段。过充电时,蓄电池的端电压不再上升。为了保证蓄电池充分充电,一般需要过充电 2～3h。

由于过充电时剧烈地放出气泡会导致活性物质脱落,造成蓄电池比容量降低、使用寿命缩短,因此应尽量避免长时间过充电。因为过充电时蓄电池逸出的氢气、氧气的混合气体易燃、易爆,所以在过充电时的蓄电池附近应避免出现明火。

蓄电池充电终了的特征如下。
(1) 蓄电池的端电压和电解液密度上升到最大值，并且 2～3h 内不再上升。
(2) 蓄电池电解液中产生大量气泡，出现"沸腾"现象。

4. 放电特性

蓄电池的放电特性是指在恒流放电过程中，蓄电池的端电压 U_f 和电解液密度 $\rho_{25℃}$ 随放电时间 t_f 变化的规律。图 2.24 所示为 6-QA-60 型干荷电式铅酸蓄电池以 3A 电流放电时的特性曲线。

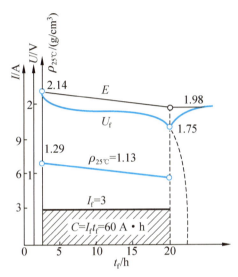

图 2.24 6-QA-60 型干荷电式铅酸蓄电池以 3A 电流放电时的特性曲线

电解液密度随放电时间的延长呈线性规律减小。因为在恒流放电中，单位时间内的硫酸消耗量为定值。蓄电池的放电程度和电解液密度减小值成正比。电解液密度每下降 $0.04g/cm^3$，蓄电池大约释放 25% 额定容量的电量。

放电过程中，蓄电池端电压的变化规律可分为以下三个阶段。

(1) 第一阶段。放电开始时，蓄电池的端电压由 2.14V 迅速下降到约 2.1V。这是因为放电前渗入极板活性物质孔隙内部的硫酸迅速反应变为水，而极板外部的硫酸还来不及向极板孔隙内渗透，极板内部电解液密度迅速下降，蓄电池的端电压迅速下降。

(2) 第二阶段。蓄电池的端电压由 2.1V 呈线性规律缓慢下降。这是因为该阶段单位时间极板孔隙内部消耗的硫酸量与孔隙外部向极板孔隙内部渗透补充的硫酸量相等，处于动态平衡状态。

(3) 第三阶段。放电接近终了时，蓄电池的端电压迅速下降到 1.75V。这是因为极板表面形成的大量硫酸铅堵塞了孔隙，使其渗透能力下降；同时，单位时间的渗透量小于极板内硫酸的消耗量，极板内的电解液密度迅速下降(对应的电压称为终止电压，对应的状态称为放电终了)。此时应停止放电，如果继续放电，蓄电池的端电压就会在短时间内急剧下降到零，使蓄电池过度放电，导致其产生硫化故障，缩短其使用寿命。

蓄电池放电到终止电压时应停止放电，极板孔隙中的电解液与整个容器中的电解液相互渗透，趋于动态平衡，蓄电池的端电压会有所回升。

蓄电池放电终了的特征如下。

(1) 单体蓄电池电压下降到放电终止电压(以 20h 放电率放电时终止电压为 1.75V)。

(2) 电解液密度下降到最小允许值 ($1.10 \sim 1.12 g/cm^3$)。

单体蓄电池的放电终止电压与放电电流有关,放电电流越大,连续放电时间越短,允许的放电终止电压也就越低,它们的关系见表 2-3。

表 2-3 单体蓄电池的放电终止电压与放电电流的关系

放电电流/A	$0.05C_n$	$0.1C_n$	$3C_n$
连续放电时间	20h	10h	1min
单体蓄电池的放电终止电压/V	1.75	1.70	1.40

注:C_n 为蓄电池的 20h 放电率额定容量。

2.4 蓄电池的容量及其影响因素

2.4.1 蓄电池的容量

1. 20 小时率额定容量

根据 GB/T 5008.1—2023《起动用铅酸蓄电池 第 1 部分:技术条件和试验方法》的规定,将完全充足电的蓄电池保持在 25℃±2℃ 的环境中,以 20 小时率放电电流 I_n 持续放电至蓄电池端电压下降到 10.50V±0.05V。在此过程中,蓄电池输出的总电量称为该蓄电池的 20 小时率额定容量,记为 C_n,单位为安培小时(A·h)。I_n 为 20 小时率放电电流,其值为 $C_n/20$,单位为安培(A)。

20 小时率额定容量表征蓄电池在常温条件下,为汽车电气设备提供电流的能力。蓄电池的 20 小时率额定容量越大,其为汽车电气设备提供电流的能力越强,该蓄电池接受汽车发电机为其充电的能力(充电接受能力)越强。

2. 额定储备容量

根据 GB/T 5008.1—2023《起动用铅酸蓄电池 第 1 部分:技术条件和试验方法》的规定,将完全充足电的蓄电池保持在 25℃±2℃ 的环境中,以 25A 的放电电流持续放电至蓄电池端电压下降到 10.50V±0.05V。在此过程中,蓄电池的持续放电时间称为该蓄电池的额定储备容量,记为 C_{rn},单位为分(min)。

蓄电池的额定储备容量表征汽车在充电系统失效(发电机因故障而不发电)时,蓄电池能为照明信号系统和点火系统等电气设备提供 25A 恒定电流的能力。汽车装备的蓄电池的额定储备容量越大,该汽车在充电系统失效状态下的续驶能力越强。

3. 低温起动能力

蓄电池的低温起动能力表征在发动机进行低温起动过程中,蓄电池为起动机提供起动电流的能力,用低温起动电流表示。蓄电池的低温起动能力有-18℃低温起动能力和-29℃低温起动能力两种定义方法。

（1）－18℃低温起动能力。

根据 GB/T 5008.1—2023《起动用铅酸蓄电池 第1部分：技术条件和试验方法》的规定，将完全充足电的蓄电池保持在－18℃的环境中，按照规定的操作流程，以某一放电电流进行强烈放电。放电至10s时，蓄电池端电压不低于7.5V；放电至30s时，蓄电池端电压不低于7.2V；放电至90s时，蓄电池端电压不低于6.0V。

能满足上述要求的最大放电电流称为该蓄电池的－18℃低温起动电流，记为 I_{cc}，单位为A。蓄电池的－18℃低温起动电流 I_{cc} 数值越大，该蓄电池的－18℃低温起动能力越强。

（2）－29℃低温起动能力。

根据 GB/T 5008.1—2023《起动用铅酸蓄电池 第1部分：技术条件和试验方法》的规定，将完全充足电的蓄电池保持在－29℃的环境中，按照规定的操作流程，以某一放电电流进行强烈放电。放电至10s时，蓄电池端电压不低于7.5V；放电至30s时，蓄电池端电压不低于7.2V；放电至90s时，蓄电池端电压不低于6.0V。

能满足上述要求的最大放电电流称为该蓄电池的－29℃低温起动电流，记为 $I_{cc,L}$，单位为A。蓄电池的－29℃低温起动电流 $I_{cc,L}$ 数值越大，该蓄电池的－29℃低温起动能力越强。

4. 起动用铅酸蓄电池的型号命名方式

根据 GB/T 5008.2—2023《起动用铅酸蓄电池 第2部分：产品品种规格和端子尺寸、标记》的规定，起动用铅酸蓄电池的型号命名方式如下。

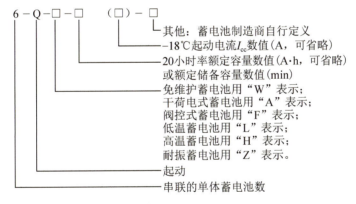

示例1：6-QWLZ-100(650)表示6个单体蓄电池串联的额定容量为100A·h的免维护、低温、耐振用－18℃起动电流为650A的铅酸蓄电池。

示例2：6-QWLZ-179min(650)表示6个单格蓄电池串联的储备容量为179min的免维护、低温、耐振用－18℃起动电流为650A的铅酸蓄电池。

2.4.2　影响蓄电池容量的因素

蓄电池容量标志着供电能力。蓄电池容量越大，可提供的电能越多，供电能力就越大；反之，蓄电池容量越小，供电能力则越小。

影响蓄电池容量的主要因素有构造因素和使用因素。

1. 构造因素对蓄电池容量的影响

（1）极板厚度的影响。极板越薄，活性物质的多孔性越好，电解液越易渗透，活性物质的利用率越高，蓄电池容量就越大。在外壳容量不变的情况下，采用薄型极板可以增加极板，从而增大蓄电池容量。因此，蓄电池越来越多地采用薄型极板。

（2）极板面积的影响。极板上活性物质的实际表面积(极板几何尺寸的计算表面积的几百倍)越大，同时参加化学反应的活性物质越多，蓄电池的放电性能就越好。

提高极板活性物质表面积的方法有两种：一种是增加极板，另一种是提高活性物质的多孔率。

国产蓄电池极板面积统一，若已知单体极板数量，则蓄电池容量可按式(2-5)计算，即

$$C_e = 7.5(N-1) \qquad (2-5)$$

式中，C_e——20 小时率实际容量（A·h）；

N——正、负极板总片数。

（3）同性极板中心距的影响。减小同性极板中心距，可以减小蓄电池内阻。因此，在保证具有足够电解液的前提下尽可能减小同性极板中心距，以增大蓄电池容量。同性极板中心距既与极板和隔板的厚度有关，又与安装技术有关。

2. 使用因素对蓄电池容量的影响

（1）放电电流的影响。放电电流越大，蓄电池容量就越小。因为放电电流增大，单位时间极板内电解液的消耗量就越大。由于极板表面迅速生成的硫酸铅会堵塞孔隙，阻碍电解液向极板内层渗透，因此极板内电解液密度下降，蓄电池的端电压下降，容量减小。

起动机工作时，蓄电池要释放强大的起动电流，必须严格控制起动时间。每次起动时间不得超过5s，再次起动应间隔15s以上，以使电解液渗入极板内层，提高蓄电池的电动势和容量。

（2）电解液温度的影响。电解液温度升高时，分子运动速度增大，电解液渗透能力增强，电解液电阻减小。电化学反应增强，蓄电池容量有所增大。

电解液温度降低时，蓄电池容量减小。这是因为电解液温度降低时，其黏度增大，渗透能力减弱；同时，电解液电阻增大，蓄电池的内部电压降增大，端电压随之迅速降低，容量减小。电解液温度每下降1℃，蓄电池容量约下降1%。

冬季起动时，蓄电池的端电压会下降很多，往往导致发动机转速低，点火困难，难以起动。因此，冬季应注意蓄电池的保温工作。

电解液温度超过40℃后，正、负极板易拱曲变形，同时会诱发蓄电池自放电。因此，夏季应注意使蓄电池通风良好。

（3）电解液密度的影响。适当增大电解液的密度，可以提高电解液的渗透速度及蓄电池的电动势，并可以使其容量增大。但电解液密度过高，会使电解液的黏度增大，电解液向孔隙内渗透的速度降低，蓄电池的内阻增大，端电压和容量减小。当电解液密度过低时，电解液中离子减少，也会减小蓄电池容量。

电解液的密度稍低有利于提高蓄电池的放电电流和容量，延长蓄电池的使用寿命。因此，冬季（在不结冰的前提下）应尽可能降低电解液的密度。

2.5 蓄电池的充电

2.5.1 蓄电池的充电设备

蓄电池的充电设备是指某种直流电源。汽车上采用的蓄电池充电设备是由发动机驱动的交流发电机，充电室采用的蓄电池充电设备多为硅整流充电机、晶闸管整流设备等。

1. 硅整流充电机的型号

硅整流充电机的型号由以下五部分组成。

(1) 元件种类代号。"G"表示硅元件，"KG"表示晶闸管元件。
(2) 用途代号。"C"表示充电用。
(3) 元件的冷却方式代号。"A"表示自然冷却，"S"表示水冷却，"F"表示强迫冷却，"J"表示油冷却。
(4) 额定整流电流值(A)。用阿拉伯数字表示。
(5) 额定整流电压值(V)。用阿拉伯数字表示。

例如，GCA－60/72 表示额定电流为 60A、额定电压为 72V 的硅整流自然冷却充电机；KGCA－15/36 表示额定电流为 15A、额定电压为 36V 的晶闸管整流自然冷却充电机。

2. 硅整流充电机的特点

图 2.25 所示为硅整流充电机的典型主电路。硅整流充电机主要由交流电源与硅二极管组成，通过整流电路将交流电转变为直流电，以供蓄电池充电用。目前使用较多的是 GCA 系列硅整流充电机，专供汽车修理厂及蓄电池充电站为蓄电池补充电能。

硅整流充电机操作简单、维修方便；整流效率高(一般为 98%～99.5%)；许可工作温度高(最高可达 140℃)；体积小、质量轻；硅二极管整流特性好，抗老化性强，使用寿命长，一般可做到半永久性使用。

硅整流充电机一般为箱式，其外形如图 2.26 所示，其指示灯、开关按钮及测量仪表均装在面板上，变压器、硅元件、熔断器、接触器和过电压保护装置均装于箱内，便于携带。

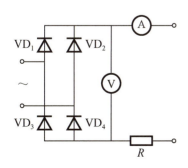

图 2.25 硅整流充电机的典型主电路

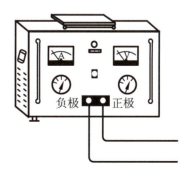

图 2.26 硅整流充电机的外形

3. 晶闸管整流设备

晶闸管整流设备在汽车维护保养中广泛使用。KGCA－20A/100VⅢ型晶闸管整流设备的正面如图 2.27 所示,其背面如图 2.28 所示。

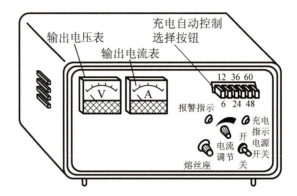

图 2.27　KGCA－20A/100VⅢ型晶闸管整流设备的正面

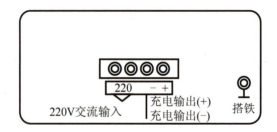

图 2.28　KGCA－20A/100VⅢ型晶闸管整流设备的背面

(1) 主要性能指标。

① 输出电流在 0～20A 连续可调。

② 输入电压为 150～250V。

③ 充电自动控制有 6V、12V、24V、36V、48V、60V 六挡。

(2) 使用方法。

① 交流输入用三根铜导线分别对应连接 220V 交流电源及搭铁。

② 将被充电蓄电池连接(一般接为串联)成电池组,然后将电池组的正、负极对应连接充电机输出接线柱的正、负极(一般连接两正极的导线为红色)。

③ 使用自动控制方式时,若为一只 12V 的蓄电池充电,则应按下 12V 按键;若为两只 12V 的蓄电池串联充电,则应按下 24V 按键;依此类推。

④ 若不使用自动控制,则不按充电自动控制选择按钮。

(3) 充电过程。

① 电路连接完毕,采用自动控制方式时,先将电流调节旋钮逆时针旋至极限位置(充电电流为零),再按下相应键。开启电源开关后,旋动电流调节旋钮,输出电流表指示充电电流,充电指示灯点亮。蓄电池充足电后,该晶闸管整流设备自动停止充电,并发出报警声。

② 若不选用自动控制方式,则蓄电池充足电时,操作人员根据蓄电池特征判断是否关机。

③ 若电路或晶闸管整流设备自身发生故障，则故障报警灯自动点亮，同时发出报警声。

2.5.2 蓄电池的充电方法

蓄电池的充电方法有定流充电、定压充电和快速脉冲充电等。

1. 定流充电

在充电过程中，保持充电电流恒定的充电方法称为定流充电。硅整流充电机和晶闸管整流设备都可方便地实现定流充电。采用定流充电可以将不同电压等级的蓄电池串联充电，如图 2.29 所示。定流充电电流应按容量最小的蓄电池来选择，小容量蓄电池充足电后，应及时摘除，然后给大容量蓄电池充电。

定流充电的优点是可以选择充电电流，既适用于蓄电池的初充电，又适用于补充充电和去硫充电，而且有益于延长蓄电池的使用寿命；但其充电时间较长，并且需要经常调整充电电流。

2. 定压充电

在充电过程中，保持充电电压恒定的充电方法称为定压充电。汽车上的充电系统采用电压调节器实现定压充电。采用定压充电的蓄电池并联充电，如图 2.30 所示。

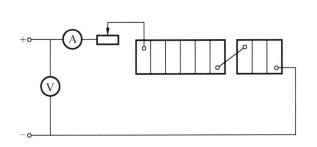

图 2.29　定流充电

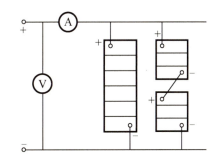

图 2.30　定压充电

定压充电电压选择：一般每只单体蓄电池约需 2.5V，即 6V 蓄电池需要充电电压约 7.5V，12V 蓄电池需要充电电压约 15V。定压充电的特点是充电效率高，在充电开始的 4~5h 可获得 90%~95% 的电量，大大缩短充电时间。

定压充电电压选择合适时，蓄电池充足电后，充电电流自动趋于零，使充电自动停止，不必人工调整和照管。由于定压充电的电流不能调整，因此不能确保蓄电池完全充足电，也不能用于蓄电池的初充电和去硫充电。

3. 快速脉冲充电

常规充电(定流充电、定压充电)完成一次初充电需 60~70h，补充充电约需 20h。由于充电时间太长，给使用带来不便，因此单纯用增大电流的方法充电时温升过快，产生大量气泡，造成活性物质脱落、使用寿命缩短。

快速脉冲充电采用自动控制电路对蓄电池进行正、反向脉冲充电，可以提高充电效率，使用中的蓄电池补充充电只需 0.5~1.5h。

(1) 快速脉冲充电过程。

快速脉冲充电的电流波形如图 2.31 所示。

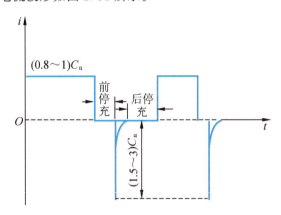

图 2.31　快速脉冲充电的电流波形

整个过程由脉冲充电控制电路自动控制，其具体控制过程如下。

① 充电初期，采用大电流充电［相当于额定容量为 $(0.8\sim1)C_n$ 的电流］，使蓄电池在较短时间内达到额定容量的 60% 左右。当单体蓄电池电压上升到 2.4V，电解液开始分解而冒出气泡时，控制电路产生作用，停止大电流充电。

② 先停止充电 24～30ms（前停充），再放电或反充，使蓄电池反向通过一个较大的脉冲电流，以消除极板孔隙中的气泡，然后停止放电 25ms（后停充）。

③ 进行循环脉冲充电。其循环过程是正脉冲充电→前停充→负脉冲瞬间放电→后停充→正脉冲充电→充足电。

(2) 快速脉冲充电的特点。

① 充电时间短。新蓄电池初次充电一般不超过 5h，旧蓄电池补充充电时间更短，只需 0.5～1.5h，大大提高了充电效率。

② 省电、节能，消耗电能仅为常规充电的 80%～85%。

③ 对蓄电池的使用寿命有一定影响，仍需进一步改进。

一般来讲，经快速充电的蓄电池只是提高了充电容量，并未充足电。若想充足电，则需用小电流或正常充电电流进行最后充电。多数快速充电设备都装有节温器，充电时将其插入蓄电池的注液口。当电解液温度超过一定温度（通常为 50℃）时，设备会自动停电。

2.5.3　蓄电池的充电种类

1. 初充电及其充电步骤

使用新蓄电池或更换过极板的蓄电池前进行的首次充电称为初充电。初充电的目的是还原普通极板在存放期间被氧化的活性物质。因此，初充电对蓄电池的使用性能影响很大，若初充电不彻底，则导致蓄电池永久性充电不足，致使蓄电池容量不足、使用寿命缩短。初充电一般采用定流充电。初充电的一般充电步骤如下。

(1) 按蓄电池制造厂的规定加注一定密度的电解液（电解液加入前温度不得超过 30℃），静置 6～8h，将液面调整到高于极板 10～15mm 位置处。只有电解液温度低于

25℃时才能进行充电。

（2）接通充电电路，为避免过热，第一阶段应选 $C_n/15$ 的充电电流，充电至电解液开始冒出气泡，单体蓄电池电压上升到 2.4V 为止；第二阶段将充电电流减半，继续充电至电解液剧烈冒出气泡（"沸腾"现象），单体蓄电池电压达 2.7V，电解液密度和单体电压连续 2～3h 稳定不变为止，全部充电时间为 60～70h。

（3）在充电过程中应经常测量电解液温度，若上升到 40℃，则应将充电电流减半；若继续上升到 45℃，则应立即停止充电，并采用人工冷却方法（可采用强制通风或将蓄电池置于冷却水槽中），待其冷却至 35℃ 以下再充电。在充电过程中，如果减小充电电流，则应适当延长充电时间。

（4）初充电临近完毕时，应测量电解液密度，如不符合规定，应用蒸馏水或密度为 $1.40g/cm^3$ 的电解液进行调整，调整后，应再充电 2h；若电解液密度仍不符合规定，则应再调整并充电 2h，直至电解液密度符合要求为止，然后拧上加液孔盖，把蓄电池表面清洁干净。

2. 补充充电及其充电步骤

蓄电池使用后的充电称为补充充电。蓄电池在汽车上由发电机对其进行定压充电，由于定压充电不能保证蓄电池彻底充足电，因此蓄电池容量下降。为防止蓄电池产生硫化，每隔两个月进行一次补充充电。**蓄电池存电不足的特征**如下。

(1) 电解液密度下降到 $1.20g/cm^3$ 以下。
(2) 冬季放电超过额定容量 C_n 的 25%，夏季放电超过额定容量 C_n 的 50%。
(3) 灯光暗淡，起动无力，喇叭沙哑。

补充充电的充电步骤与初充电基本相同。第一阶段以 $C_n/10$ 的充电电流，充电到电解液开始冒出气泡，单体蓄电池电压上升到 2.4V 为止；第二阶段将充电电流减半，充电到电解液"沸腾"，单体蓄电压到达 2.7V，电解液密度上升到最高值，而且 2～3h 保持不变，此即充电结束。平时补充充电一般需要 13～17h。

3. 快速脉冲充电及充电步骤

快速脉冲充电前，应检查电解液密度，并根据其全充电状态时的密度计算蓄电池的剩余容量，以确定充电时间，并将充电设备上的定时器调到相应时间。

多数快速充电设备都装有温度传感器，将其插入蓄电池加液口，当电解液温度超过 50℃ 时，快速充电设备会自动停充。快速充电时间与电解液密度的关系见表 2-4。

表 2-4 快速充电时间与电解液密度的关系

电解液密度	剩余容量/(%)	快速充电时间/min	电解液密度	剩余容量/(%)	快速充电时间/min
全充电时的密度 1.260	100	0	1.175～1.200	50	30
1.225～1.260	75 以上	10	1.150～1.175	50	45
1.200～1.225	50	15	低于 1.150	25 以下	60

不能对下列蓄电池进行快速脉冲充电。

（1）新蓄电池。

(2) 液面高度不达标的蓄电池。
(3) 各单体蓄电池电解液密度不均匀、电压差大于0.2V的蓄电池。
(4) 电解液浑浊并带褐色的蓄电池。
(5) 极板硫化的蓄电池。
(6) 充电时电解液温度超过50℃的蓄电池。

4. 去硫充电及其充电步骤

蓄电池产生硫化后,其内阻将显著增大,开始充电时充电电压较高(严重硫化者高于2.8V),温升也较快。对严重硫化的蓄电池,只能报废;对硫化程度较轻的蓄电池,可以通过充电予以消除。这种消除硫化的充电工艺称为去硫充电,去硫充电的充电步骤如下。

(1) 倒出蓄电池内的电解液,用蒸馏水冲洗两次后,加入足够的蒸馏水。
(2) 接通充电电路,将充电电流调到初充电第二阶段的充电电流值进行充电。当电解液密度上升到$1.15g/cm^3$时,倒出电解液,换蒸馏水再次充电,直到电解液密度不再上升为止。
(3) 以20小时率额定容量放电至单体蓄电池电压降到1.75V时进行上述充电,充后又放电,如此充、放电循环,直到蓄电池输出容量达到额定容量C_n的80%以上后,即可再次投入使用。

5. 蓄电池充电时的注意事项

蓄电池充电时的注意事项如下。
(1) 严格遵守充电规则。
(2) 配制和注入电解液时,要严格遵守安全操作规则和器皿的使用规则。
(3) 充电前,应接好蓄电池线,导线连接必须可靠,防止发生火花;停止充电时,应先切断充电设备的交流电源。
(4) 在充电过程中,要经常测量各单体蓄电池的电压和电解液密度,及时判断充电程度和技术状况。
(5) 充电时要打开蓄电池加液孔盖,使氢气、氧气顺利逸出,并保持充电场所通风良好,以免发生事故。
(6) 初充电应连续进行,不可长时间中断。
(7) 在充电过程中,要注意测量各单体蓄电池的温升,以免温度过高影响蓄电池的使用性能,也可采用风冷和水冷的方法降温。
(8) 要在充电场所安装通风设备,在冬季严禁使用明火取暖,充电设备和蓄电池应隔室放置。

2.6　改进型铅酸蓄电池

2.6.1　干荷电式铅酸蓄电池

普通铅酸蓄电池的负极板在储运过程中,其活性物质微粒表面易被氧化,新蓄电池灌入电解液时就会损耗一部分。为还原这部分物质，需进行比较烦琐的初充电。

干荷电式铅酸蓄电池负极板的活性物质在铅中配有一定比例的抗氧化剂，如松香、羊毛脂、油酸、有机聚合物和脂肪酸等。经深化处理后，活性物质形成较深的海绵状结构，再经防氧化浸渍处理，极板表面附着一层较薄的保护膜，可提高其抗氧化性，最后经惰性气体或进行真空干燥处理。

经过以上处理，负极板上的海绵状纯铅在空气中长期干态储存而不被氧化，达到负极板在干燥状态下长期保存(一般为 1~2 年)电荷的目的。

干荷电式铅酸蓄电池均采用穿壁式联条、整体塑料容器结构(图 2.32)，现已大批量生产，基本上取代了普通铅酸蓄电池。

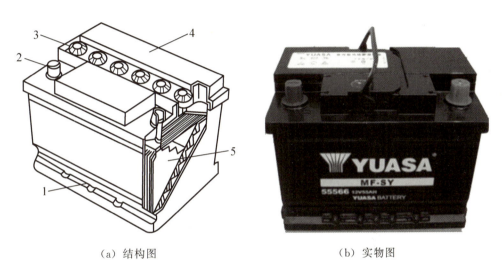

(a) 结构图　　　　　　　　(b) 实物图

1—下固定槽；2—接线柱；3—加液螺塞；4—外壳；5—极板组。

图 2.32　干荷电式铅酸蓄电池

初次使用干荷电式铅酸蓄电池时，需将加液螺塞旋开，疏通通气孔(采用蜡封口或封条贴封)，加入标准电解液至规定高度，记录其密度和温度，将蓄电池静置 20min，然后测量电解液的温度和密度，如温度上升不到 6℃、密度下降不到 $0.01g/cm^3$，则蓄电池可以使用。若超过以上规定差值，则应按合适的充电率对蓄电池充电。干荷电式铅酸蓄电池除不必长时间初充电外，其使用与维护要求与普通铅酸蓄电池完全一致。

在下列情况下，应对干荷电式铅酸蓄电池进行补充充电，并使其达到充足电状态。

(1) 注入电解液后，超过 48h 不使用者。

(2) 蓄电池干态储存超过一年有效期者。

2.6.2　免维护蓄电池

免维护蓄电池(maintenance-free battery)在许多方面与普通铅酸蓄电池不同，除几个非常小的通气孔外，其余部分全部密封，除需要保持表面清洁外，无须做其他维护工作。免维护蓄电池的典型结构如图 2.33 所示。

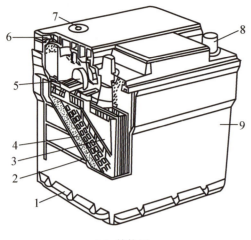

(a) 结构图　　　　　　　　　　　　(b) 实物图

1—下固定槽；2—铅钙栅架；3—袋式隔板；4—活性物质；5—穿壁式联条；
6—消焰排气阀；7—内装式密度计；8—冷锻式接线柱；9—外壳。

图 2.33　免维护蓄电池的典型结构

免维护蓄电池栅架不含锑，避免发生普通铅酸蓄电池常发生的故障，如自行放电、过量充电、水分消耗过快和热破坏等。其中，过量充电是普通铅酸蓄电池冒气泡的主要原因。热破坏是指蓄电池工作温度过高时出现的或者充电系统调节失效加之电解液温度升高造成的栅架腐蚀、活性物质脱落等现象。

免维护蓄电池栅架材料使用铅钙合金，使蓄电池在充电末期达到更高的电动势，并且使过充电时的水分消耗减少 80% 以上。

免维护蓄电池内部常配有内装式密度计。其以不同颜色显示蓄电池的存电情况及液面高度。

免维护蓄电池在设计上还有以下特点：高强度低阻值薄(1.1～1.5mm) 栅架、密封外壳、穿壁式联条、平底结构大储液室、袋式隔板。免维护蓄电池比普通铅酸蓄电池体积小、质量轻。

免维护蓄电池通气孔采用新型安全通气装置，可避免蓄电池内的酸气与外部的火花直接接触，从而防止爆炸。通气塞中装入催化剂——钯，可帮助排出的氢、氧离子结合生成水并回到电池中。这种通气装置还可以使蓄电池顶部和接线柱保持清洁，避免接线柱腐蚀，保证接线牢固可靠。

免维护型蓄电池具有下列优点。

(1) 使用中无须添加蒸馏水。

(2) 接线柱不会腐蚀。

(3) 自放电少，使用寿命长，使用时一般无须进行补充充电(3.5～4 年，短途车可行驶 80000km，长途车可行驶 400000～480000km)。

(4) 比普通铅酸蓄电池的起动电流大。

2.6.3　胶体式铅酸蓄电池

胶体式铅酸蓄电池的结构如图 2.34 所示。

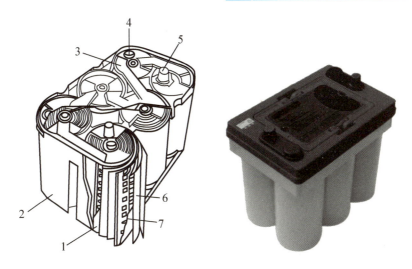

(a) 结构图　　　　　　　　　　(b) 实物图

1—胶体电解液；2—外壳；3—联条；4—通气塞；5—接线柱；6—极板；7—隔板。

图 2.34　胶体式铅酸蓄电池的结构

胶体式铅酸蓄电池具有下列特点。

(1) 蓄电池极板及隔板呈螺旋紧密捆绑状，极板反应面积增大(比普通铅酸蓄电池几乎大一倍)、低温起动电流高、起动性能好。

(2) 胶体状电解液黏附于极薄的纤维隔板网上，在 −40℃ 低温下不会结冰，在高温 65℃ 下不会漏液、漏气，能以任何角度固定电池。

(3) 自放电很少。可在不使用状态下至少放置 10 个月，放置 250 天后仍能保持至少 50% 的额定容量。

(4) 过充电性能好。能在 1h 内以 100A 的大充电电流应急充足电。

2.6.4　宝马汽车用蓄电池技术

1. AGM 免维护蓄电池

在宝马汽车上一般配装铅钙合金栅架 AGM(absorbed glass mat) 免维护蓄电池(具有吸附电解液功能的玻璃纤维网袋式隔板)，安装在后备箱右侧，其外形如图 2.35 所示。与普通铅酸蓄电池相比，AGM 免维护蓄电池的使用寿命更长，也更可靠。

2. 智能蓄电池传感器

智能蓄电池传感器 (intelligent battery sensor，IBS)是自带微型控制器的传感器。IBS 持续测量蓄电池端电压、蓄电池充/放电电流和蓄电池电解液温度，监控蓄电池的工作状态和健康状态。

IBS 直接安装在蓄电池的负极上，其分解示意图如图 2.36 所示。IBS 的电源通过一根单独的导线供应。IBS 通过串行数据接口(BSD)与宝马汽车车载计算机[数字式发动机电子控制单元(DME)或数字式柴油发动机电子控制单元(DDE)]通信，这种通信有助于监控蓄电池的工作状态和健康状态。

1—连接起动机的导线；2—连接智能蓄电池传感器的导线；
3—正极导线（给发动机和变速器电控系统供电）；
4—B+导线（连接智能蓄电池传感器电子装置）；5—B+导线（连接辅助加热器）；
6—B+导线（连接电器接线盒）；7—蓄电池负极线（搭铁）。

图 2.35　AGM 免维护蓄电池及其安装位置

1—蓄电池接线柱；2—分流器；3—间隔垫圈；4—螺栓；5—接地线。

图 2.36　IBS 分解示意图

3. 安全蓄电池端子

在宝马汽车上，蓄电池正极上连接安全蓄电池端子，用于紧急状态下（如剧烈碰撞后燃油泄漏可能导致的爆炸）的断电防护。安全蓄电池端子的结构如图 2.37 所示。

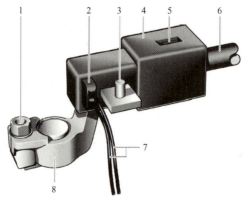

1—夹紧螺钉；2—导线接头；3—B+端子；4—保护罩；5—锁止爪；
6—蓄电池导线；7—控制导线；8—安全蓄电池端子。

图 2.37　安全蓄电池端子的结构

在正常情况下，蓄电池导线与正极端子保持连接状态。当发生紧急情况（如剧烈碰撞后安全气囊引爆）时，电子控制单元会在极短的时间（约 0.22ms）内发出起爆指令，使装在安全蓄电池端子内部的推进剂点火爆炸，断开安全蓄电池端子，并使蓄电池导线与 B+ 端子保持断开状态，以确保安全；但并非全车断电，车载电话、危险报警灯等装置依然有电。

安全蓄电池端子断开的动作顺序如图 2.38 所示。

【拓展图文】

（a）安全蓄电池端子处于初始状态

（b）受电子控制单元触发，推进剂点火爆炸

（c）安全蓄电池端子断开

（d）蓄电池导线与 B+ 端子保持断开状态

图 2.38　安全蓄电池端子断开的动作顺序

2.7　蓄电池的使用与维护

2.7.1　蓄电池的使用

蓄电池的性能与使用寿命不仅取决于其结构和质量，而且与其使用条件和维护质量密切相关。加强蓄电池的日常维护、合理使用蓄电池对延长蓄电池的使用寿命特别重要。

1. 蓄电池的拆装

（1）蓄电池正、负极接线柱的识别。

① 新蓄电池上有"+"（或"P"）符号的接线柱为正极，有"-"（或"N"）符号的接线柱为负极。修理后一般涂红漆的为蓄电池正极，涂其他色漆的为蓄电池负极。

② 看接线柱自然颜色，深褐色的为正极，浅灰色的为负极。

③ 检查接线柱表面硬度，用平口螺钉旋具（一字旋具）在接线柱表面轻划，较坚硬的为正极，反之为负极。

④ 用万用表电压挡检测，将万用表置于相应的电压挡位，测量蓄电池电压：当指针偏摆正常时，红表笔对应的为正极，黑表笔对应的为负极。

⑤ 可用图 2.39 所示的简易低压试灯测试判定极性。

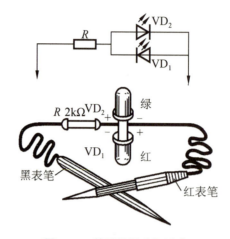

图 2.39　简易低压试灯测试

（2）蓄电池的拆卸。

将点火开关置于断开位置，使全车电气设备与电源断开。拆卸时，应先拆负极接线柱上的搭铁线，后拆正极接线柱上的起动机线。

若发现蓄电池接线柱螺栓锈蚀难以取出，切忌用锤子或钳子敲打，以免极柱断裂或极板活性物质脱落；可用热水冲洗，拧开螺栓，用夹头拉器将夹头取下。取下电池时应小心轻放，避免撞击而损坏外壳。

维修带故障自诊断功能的计算机系统，在拆蓄电池导线前，应确认故障码，或在点烟器上插上专用辅助电源，并将点火开关的"ACC"挡接通。

（3）蓄电池的安装。

安装蓄电池时，应认清正、负极，保证负极搭铁。先接起动机（正极）线，再接搭铁（负极）线，以防扳手跌落搭铁引起蓄电池短路放电。安装接头前，应用细砂纸清洁接线柱和接线柱夹头。

连接接线柱夹头前，应在螺栓上涂凡士林或润滑脂，以防氧化生锈，便于以后拆卸。若接线柱小，夹头大，则需要加衬垫，最好用铅皮或铜皮，并且只垫半圈。若整圈垫，则易氧化腐蚀而导致接触不良。

2. 蓄电池的正确使用

为降低汽车的运行成本、延长蓄电池的使用寿命，使用蓄电池时应注意"三抓"和"五防"。

（1）"三抓"含义。

一抓及时充电。

① 应在 24h 内将放完电的蓄电池送到充电车间充电。

② 正在使用的蓄电池一般每两个月进行一次补充充电，蓄电池的放电程度为：冬季不得超过 25%，夏季不得超过 50%。

③ 带电解液存放的蓄电池，每两个月进行一次补充充电。

二抓正确操作使用。

① 不超时连续使用起动机，每次起动时间不得超过 5s，如果一次未能起动发动机，则应休息 15s 以上，再二次起动。连续三次起动不成功，应查明原因，排除故障后起动发动机。

② 蓄电池应轻搬轻放，切不可随便敲打或在地上拖拽，要在汽车上牢固固定蓄电池，以防行车时因颠簸而受损。

三抓清洁维护。

① 经常清除蓄电池表面的灰尘、污物，保持蓄电池外表清洁。
② 极柱和导线连接要牢固，出现氧化物时应及时清除，并涂上润滑脂。
③ 经常疏通蓄电池通气孔。

（2）"五防"含义。

一防充电电流过大和长时间过充电；二防过度放电；三防电解液液面过低；四防电解液密度过高；五防电解液内混入杂质。

2.7.2 蓄电池的维护

1. 蓄电池的日常维护

为了使蓄电池经常处于完好的技术状态，应对使用中的蓄电池做好下列维护工作。

（1）观察蓄电池外壳是否有裂纹、电解液是否泄漏，并进行适当处理。

（2）检查蓄电池的安装是否牢固，接线柱是否松动，接线是否紧固。

（3）经常清除蓄电池上的灰尘、泥土，以及接线柱和接线柱夹头上的氧化物（图 2.40），并涂上润滑脂。

图 2.40　蓄电池接线柱和接线柱夹头上的氧化物

（4）定期检查蓄电池的电解液密度及液面高度。

一般每行驶 1000km 或冬季行驶 10～15 天、夏季行驶 5～6 天，检查一次电解液的液面高度。橡胶壳蓄电池液面高度应高出极板保护网 10～15mm，如图 2.41 所示。

塑料壳蓄电池的外壳呈半透明状，液面应在生产厂家标明的最高刻度线与最低刻度线之间（图 2.42）。电解液不足时，应及时添加蒸馏水。若液面降低是由溅出、倾倒电解液造成的，则应补充相应密度的电解液并充电调整。

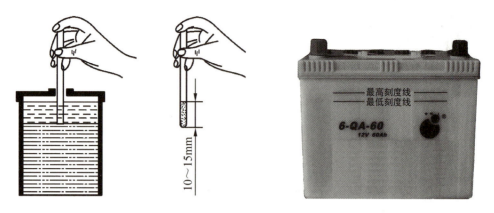

图 2.41 检查电解液的液面高度　　图 2.42 电解液液面高度的最高刻度线和最低刻度线

(5) 检查蓄电池的放电程度，若发现存电不足，则应及时进行补充充电。

2. 蓄电池放电程度的检查

(1) 通过内装式密度计检查电解液密度。

广泛使用的免维护蓄电池均设有内装式密度计(又称蓄电池电量指示器，俗称"电眼"或"魔眼"，如图 2.43 和图 2.44 所示，其内部装有一颗能反光的绿色塑料小球，其升降随电解液密度及液面高度而变化，可以从玻璃观察窗口中看到代表不同状态的颜色。

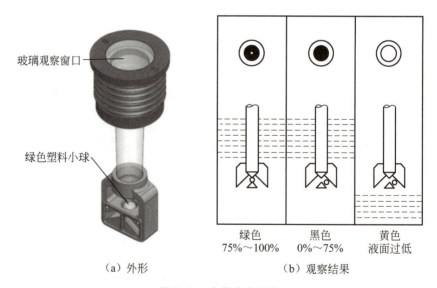

图 2.43 内装式密度计

① 当电解液密度大于 $1.22g/cm^3$ (存电 75% 额定容量)时，绿色塑料小球上升到顶部，并与玻璃棒的下端接触，此时能从玻璃观察窗口看见绿色，说明电解液密度正常且蓄电池存电充足。

② 当看不见绿色圆点(变为黑色)时，表明绿色塑料小球降到底部，说明电解液密度过小且蓄电池存电不足。

③ 当电解液消耗过多、液面下降到低于内装式密度计时，玻璃观察窗口将显示黄色(或白色)；出现此现象时，必须更换蓄电池。

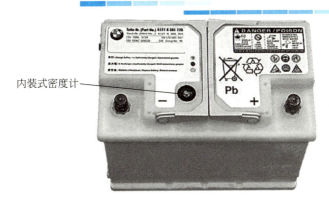

图 2.44　宝马汽车蓄电池的内装式密度计

（2）用万用表测量蓄电池的电动势。

用万用表测量蓄电池的电动势，若 12V 标称电压的蓄电池电动势低于 12V，则说明蓄电池过量放电；若电动势为 12.2～12.5V，则说明蓄电池部分放电；若电动势高于 12.5V，则说明蓄电池存电足。

复习思考题

1. 简述车用蓄电池的作用和结构。
2. 车用蓄电池的 20 小时率额定容量是如何定义的？
3. 蓄电池的充电方法有哪些？
4. 在对蓄电池进行补充充电时，需要注意哪些问题？
5. 改进型蓄电池有哪些？
6. 免维护蓄电池的特点有哪些？

【在线答题】

第3章　交流发电机

教学提示

交流发电机及其调节器配合工作，为除起动机外的所有电气设备供电，并向蓄电池充电。晶体管式交流发电机调节器和集成电路式交流发电机调节器的应用极为广泛。

教学要求

本章主要介绍交流发电机及其电压调节器的结构组成、工作原理，要求学生了解交流发电机及其调节器的工作原理，熟悉交流发电机的结构与工作特性，掌握交流发电机的正确使用与检修。

目前，汽车用交流发电机主要由三相同步交流发电机和二极管整流器组成，一般称为硅整流交流发电机，简称交流发电机。

交流发电机与蓄电池协同工作，共同构成汽车电源系统（参见图2.1）。交流发电机及其调节器配合工作，其主要任务是对除起动机外的所有电气设备供电，并向蓄电池充电。

3.1　交流发电机的结构与工作原理

3.1.1　汽车用交流发电机的分类

1. 按总体结构分

（1）普通交流发电机。

普通交流发电机(图3.1)的应用最为普遍，如 JF132 型交流发电机、JF1522A 型交流发电机等。

（2）整体式交流发电机。

整体式交流发电机(integrate alternator，图3.2 和图3.3)**是内装电压调节器的交流发电机**，如 JFZ1813Z 型交流发电机。

图 3.1 普通交流发电机

图 3.2 整体式交流发电机（匹配起亚普莱特） 图 3.3 整体式交流发电机（匹配国产斯太尔）

（3）带泵交流发电机。

带泵交流发电机（图 3.4）是带有真空泵的交流发电机，如 JFWBZ27 型交流发电机（图 3.5）。在柴油发动机汽车上，由于进气系统没有真空，为了确保真空制动助力器能够正常工作，因此把发电机的轴做得长一些，以驱动一个真空泵。除了带有真空泵，带泵交流发电机的其他结构与普通发电机相同。

【拓展图文】

图 3.4 带泵交流发电机 图 3.5 JFWBZ27 型交流发电机

（4）无刷交流发电机。

无刷交流发电机（brushless alternator）是无电刷、集电环结构的交流发电机，如福建省仙游电机股份有限公司生产的 JFW14X 型交流发电机和山东省龙口中宇机械有限公司生产的 JFWBZ27 型交流发电机。

（5）永磁交流发电机。

永磁交流发电机(permanent magnet alternator，图 3.6 和图 3.7)**是转子磁极采用永磁材料的交流发电机。**

图 3.6　YJFW168 型永磁交流发电机　　　图 3.7　添锦牌永磁交流发电机

2. 按磁场绕组搭铁方式分

（1）**内搭铁式交流发电机。**

内搭铁式交流发电机磁场绕组的一端与发电机外壳连接，如 JF132 型交流发电机。

（2）**外搭铁式交流电发机。**

外搭铁式交流发电机磁场绕组的一端经电压调节器后搭铁，如 JF152D 型交流发电机、JF1522A 型交流发电机。

3. 按装用的二极管数量分

（1）六管交流发电机。

六管交流发电机的整流器由六只硅二极管组成，其应用广泛，如 JF132 型交流发电机、JF1522A 型交流发电机、JF152D 型交流发电机等。

（2）八管交流发电机。

八管交流发电机是指具有两个中性点二极管(neutral-point diode)**的交流发电机，其整流器总成有八只二极管，**如 JFZ1542 型交流发电机。

（3）九管交流发电机。

九管交流发电机是指具有三个磁场二极管的交流发电机，其整流器总成有九只二极管，如 JFZ14L 型交流发电机。

（4）十一管交流发电机。

十一管交流发电机是指具有中性点二极管和磁场二极管的交流发电机，其整流器总成有十一只二极管，如 JFZ1813Z 型交流发电机、JFZ1913Z 型交流发电机。

4. 按冷却方式分

按发电机的冷却方式不同，汽车用交流发电机可以分为风冷(air-cooled)式交流发电机和水冷(water-cooled)式交流发电机。其中，风冷式交流发电机的应用较多。

(1) **风冷式交流发电机**。

风冷式交流发电机按通风方式分为单风扇式交流发电机和双风扇式交流发电机。单风扇式交流发电机的原理是风扇安装在交流发电机的前端,风扇旋转产生的轴向空气流经发电机内部,对定子绕组进行冷却。双风扇式交流发电机的原理是在转子两端各装有一个风扇,产生轴向空气流和径向空气流。

(2) **水冷式交流发电机**。

在高档乘用车上,出于降低运行噪声和增强冷却效果考虑,多采用水冷式交流发电机(图 3.8)。

图 3.8　宝马汽车配装的水冷式交流发电机

3.1.2　交流发电机的结构

普通交流发电机主要由转子总成、定子总成、整流器、前端盖、后端盖、电刷、电刷架、带轮、风扇等组成。图 3.9 所示为国产 JF 系列交流发电机的结构。图 3.10 所示为国产 JF 系列交流发电机的解体示意图。

1. 转子总成

转子总成(rotor assembly,图 3.11)**是交流发电机的磁场部分,其作用是产生磁场。**转子总成主要由两块低碳钢爪形磁极(磁爪)、磁轭、磁场绕组、转子轴和集电环等组成,其结构如图 3.12 所示。

每块磁爪上都有六个鸟嘴形磁极,两块磁爪相对放置并交错压装在转子轴上,形成六对磁极(一般称为爪极)。在其空腔内装有导磁用的铁芯,称为磁轭,其上装有用高强度漆包线绕制的线圈,称为磁场绕组(field winding)。

磁场绕组的两根引出线分别焊接在与轴绝缘的两道集电环上,集电环与装在后端盖上的两个电刷接触,当电刷与直流电源相接时有电流通过磁场绕组(称为发电机的磁场电流),从而产生磁场,使一块爪极被磁化为 N 极,另一块爪极被磁化为 S 极,形成相互交错的六对磁极。把爪极凸缘的外形做成鸟嘴的形状,使发电机工作时,尽可能在定子铁芯内部形成近似于正弦变化的交变磁场。

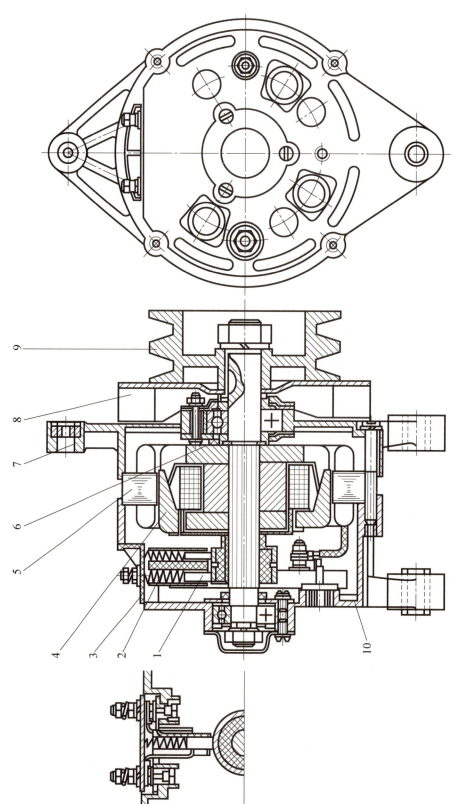

图3.9 国产JF系列交流发电机的结构

1—电刷；2—弹簧；3—盖板；4—转子总成；5—定子总成；6—定位垫圈；7—前端盖；8—风扇；9—带轮；10—后端盖。

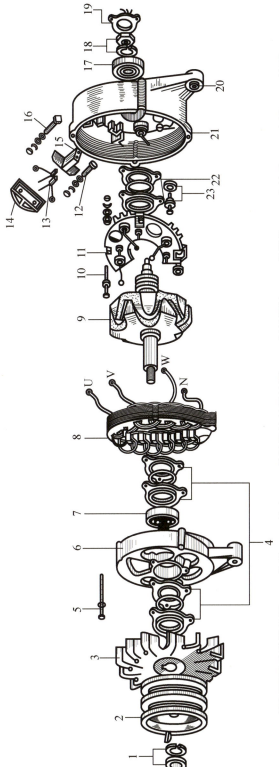

图3.10 国产JF系列交流发电机的解体示意图

1—紧固螺母及弹簧垫圈；2—带轮；3—风扇；4—前轴承油封及护圈；5—组装螺栓；6—前端盖；7—前轴承；8—定子；9—转子；10—"十"（电枢）接线柱；11—散热板；12—"一"（搭铁）接线柱；13—电刷架及压缩弹簧；14—电刷架纸垫圈；15—电刷套；16—"F"（磁场）接线柱；17—后轴承；18—转轴固定螺母及弹簧垫圈；19—后轴承垫圈；20—安装臂钢套；21—后端盖；22—后端盖轴承油封及护圈；23—散热板固定螺栓。

图 3.11 转子总成

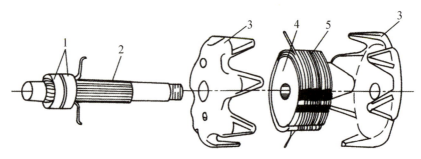

1—集电环；2—转子轴；3—磁爪；4—磁轭；5—磁场绕组。

图 3.12 转子总成的结构

2. 定子总成

图 3.13 定子总成

定子总成（stator assembly，图 3.13）**也称电枢，由定子铁芯和定子绕组组成，其作用是产生三相交变电动势。**定子铁芯一般由一组相互绝缘且内圆带有嵌线槽的环状硅钢片或低碳钢片叠压制成，定子槽内嵌有三相对称绕组。三相对称绕组是用高强度漆包线在专用模具上绕制的。为了在三相对称绕组中产生大小相等、频率相同且相位相差 120°的对称电动势，每相对称绕组的线圈数及每个线圈的匝数都是完全相同的。

例如，JF11 型交流发电机的定子总槽数为 36 个，每相对称绕组占用的槽数为 12 个，每个线圈放置在两个槽中，故每相对称绕组是由六组线圈串联而成的。如果每个线圈为 13 匝，则每相对称绕组共有 78 匝。三相对称绕组的接法可分为星形连接和三角形连接两种。

如图 3.14(a)所示，星形连接是每相对称绕组的一根线头都接至公共接点，另外三根线头分叉成 Y 形。所以，星形连接又称 Y 形联结。因为星形连接有低速发电性能好的优点，所以目前汽车用发电机多采用星形连接。

如图 3.14(b)所示，三角形连接是三相对称绕组的首尾线头彼此相接，就像三角形，故称三角形连接。三角形连接的优点是发电机内部损失小，在高转速时能产生较大的输出电流，主要用在高转速时要求有高输出功率的交流发电机上。但是，三角形连接的缺点是低转速时输出电压较低。

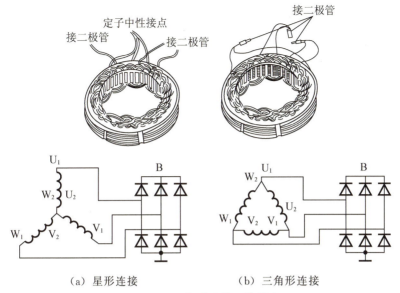

(a) 星形连接　　　　　(b) 三角形连接

图 3.14　三相对称绕组的接法

3. 整流器

整流器(rectifier，图 3.15)**的作用是把交流发电机产生的三相交流电转变成直流电输出。整流器一般由六只整流二极管和散热板组成。**

交流发电机用整流二极管分为正极二极管和负极二极管两种。

正极二极管的中心引线为正极，外壳为负极，管壳底部一般有红字标记。三只正极二极管的外壳压装或者焊接在铝合金散热板的三个孔中，共同组成发电机的正极。由固定散热板的螺栓通至外壳外(元件板与外壳绝缘)，作为交流发电机的输出接线柱"B"(或者标"＋"或"电枢"字样的接线柱)。

图 3.15　整流器

负极二极管的中心引线为负极，外壳为正极，管壳底部一般有黑字标记。三只负极二极管的外壳压装或焊接在另一散热板(此散热板与后端盖相接)上，或者直接压装在后端盖的三个孔中，和发电机的外壳共同组成发电机的负极。

汽车用交流发电机的二极管是汽车专用的，其整流原理与其他二极管相同，但外形结构与一般二极管不同。图 3.16 所示为常用的压装型大功率二极管，其安装示意图如图 3.16 (a) 所示。

图 3.17 所示为小功率二极管的外形，常见的小功率二极管有圆柱形小功率二极管、豆形小功率二极管、焊装型小功率二极管、压装型小功率二极管及组合型小功率二极管等。

二极管命名及其符号代表的含义如下。

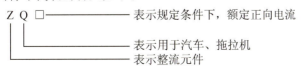

例如，ZQ10表示汽车用整流二极管，额定正向电流为10A。

散热板总成如图3.16（b）所示。有些交流发电机的整流器是单独的，其外形有矩形、马蹄形、半圆形和圆形等，一般装在后端盖的外侧，称为外装式整流器。维修时，无须将发电机解体，只要打开防尘罩就可将其取出。

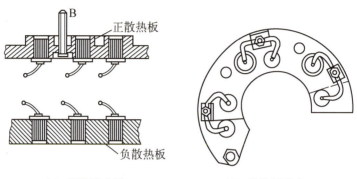

（a）安装示意图　　　　（b）散热板总成

图3.16　常用的压装型大功率二极管

4. 前端盖、后端盖、电刷、电刷架

端盖（end braket）的作用是支承转子总成并封闭内部构造。交流发电机的前端盖、后端盖均由铝合金铸造而成，其上置有通风口，用以通风散热。铝合金为非导磁材料，可以减少漏磁，提高交流发电机的工作效率。另外，它有质量轻、散热性能好等优点。

前端盖、后端盖上均装有滚珠轴承，用以支承转子总成。后端盖内装有电刷与电刷架（图3.18），两只电刷装在电刷架中的导孔内，借助弹簧的弹力与集电环保持接触。

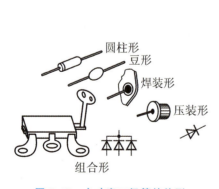

图3.17　小功率二极管的外形

图3.18　电刷与电刷架

国产电刷的结构有两种。一种结构是在发电机外部拆装电刷，称为外装式电刷，如图3.19(a)所示，此种结构检修方便，应用较多；另一种结构是电刷不能直接在发电机外部拆装，需将发电机解体后拆下，称为内装式电刷，如图3.19(b)所示。

两个电刷中，一个电刷与发电机外壳绝缘，称为绝缘电刷，其引线接到发电机后端盖外部的接线柱"F"上，称为发电机的磁场接线柱；另一个电刷搭铁，称为搭铁电刷。

搭铁电刷的搭铁方式有两种：引线用螺钉固定在后端盖上（标记为"－"）直接搭铁，即内搭铁；搭铁引线与发电机机壳绝缘，接到后端盖外部的绝缘接线柱上（标记为"F"），通过调节器搭铁，即外搭铁。

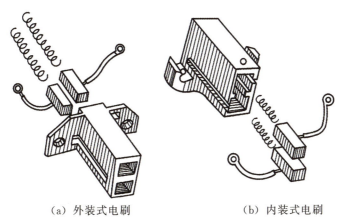

（a）外装式电刷　　　　　（b）内装式电刷

图 3.19　国产电刷的两种结构

5. 带轮、风扇

带轮的作用是利用传动带将发动机的转矩传递给发电机的转子轴，通常由铸铁或低碳钢制造，利用半圆键装在风扇外侧的轴上，再利用弹簧垫圈和螺母紧固。

风扇的作用是在交流发电机工作时，强制通风冷却交流发电机内部，风扇为叶片式，一般由厚度为 1.5mm 的钢板冲制而成，或由铝合金压铸而成。

交流发电机的通风原理如下：在交流发电机的前端盖和后端盖上分别有出风口和进风口，当曲轴驱动带轮旋转时，带动风扇叶片旋转产生空气流，空气流高速流经发电机内部进行冷却，单向轴向通风的冷却系统如图 3.20(a)所示。

有些新型的交流发电机将传统的外装单风扇改为两个风扇并分别固定在交流发电机的转子极爪两侧，使交流发电机由单向轴向通风改为双向轴向进风、径向排风的冷却系统[图 3.20（b）]，这样增强了冷却效果，为提高交流发电机的输出功率、减小体积提供了条件。

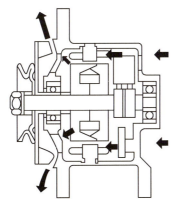 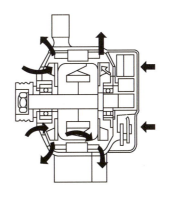

（a）单向轴向通风的冷却系统　　　　（b）双向轴向进风、径向排风的冷却系统

图 3.20　交流发电机的通风原理

3.1.3 交流发电机的工作原理

1. 发电原理

图 3.21 所示为交流发电机的工作原理示意图。交流发电机的定子绕组按一定规律分布在其定子槽中,彼此相差 120°(电角度),并且匝数相等。三相对称绕组的末端连在一起,呈星形连接。

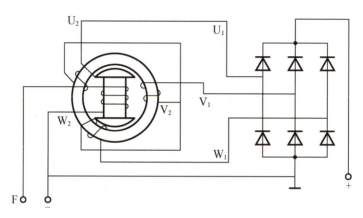

图 3.21 交流发电机的工作原理示意图

当磁场绕组接通直流电时,磁场产生,转子轴上的两块爪形磁极被磁化,一块为 N 极,另一块为 S 极。其磁路为转子的 N 极—气隙(转子与定子之间)—定子铁芯—气隙—转子的 S 极。交流发电机转子由发动机通过传动带驱动旋转。根据电磁感应原理,当转子旋转时,磁力线与定子绕组产生相对运动,在定子绕组中产生交流电动势。

因为定子绕组是由三相对称绕组组成的,所以在三相对称绕组中产生的交流电动势频率相同、幅值相等、相位互差 120°。交流发电机每相对称绕组的电动势有效值 E 与转子转速 n 及磁极磁通量 Φ 成正比,即

$$E = Cn\Phi \tag{3-1}$$

式中,E——每相对称绕组中电动势的有效值(V);

C——发电机结构常数;

n——发电机转速(r/min);

Φ——磁极磁通量(Wb)。

2. 整流原理

硅整流器利用二极管的单向导电性将交流电转变为直流电。

(1) 六管交流发电机整流电路。

硅整流器一般用六只硅二极管组成三相全波整流电路。在图 3.22(a)所示的三相桥式全波整流电路中,三只正极二极管 VD_1、VD_2、VD_3 的负极(外壳)通过散热板连接,它们的正极分别与三相对称绕组的首端相连。这三只二极管的导通条件如下:在某瞬间,电压最高的相(相对其他两相而言)的二极管导通。

三只负极二极管 VD_4、VD_5、VD_6 的负极与三相对称绕组的首端相连,其正极(外壳)

通过散热板或后端盖连接。这三只二极管的导通条件如下：在某瞬间，电压最低的相（相对其他两相而言）的二极管导通。

在交流发电机运转过程的每个时间区间，总有一相电压最高，一相电压最低，整流器的六只二极管中，始终保持一对二极管（一个正极管、一个负极管）导通，负载 R 两端得到的是两相间的线电压。依此类推，六只二极管中每对轮流导通，在负载 R 上得到一个较平稳的脉动直流电压，每个周期内有六个波形，如图 3.22(b) 所示。

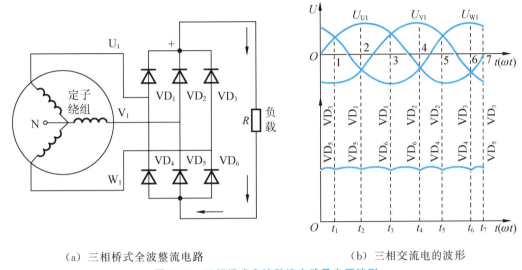

（a）三相桥式全波整流电路　　　　　（b）三相交流电的波形

图 3.22　三相桥式全波整流电路及电压波形

在三相桥式全波整流电路中，因为三只正极管和三只负极管是轮流工作的，所以流过每只二极管的平均电流 I_p 仅为负载电流 I_f 的三分之一。

有些交流发电机带有中心抽头，它从三相对称绕组的中性点引出，其接线柱标记为"N"。中性点与发电机外壳（搭铁）之间的电压称为中性点电压，其数值等于发电机输出电压的一半。中性点电压用途很广，常用来控制充电指示灯和继电器（如空调继电器、磁场继电器等）。

许多交流发电机用增加二极管的方法提高交流发电机的性能，常见的有增加两只二极管的八管交流发电机、增加三只二极管的九管交流发电机和增加五只二极管的十一管交流发电机。

（2）八管交流发电机整流电路。

八管交流发电机整流电路（图 3.23）是在定子绕组的星形连接点引出连接线并加装两只二极管（称为中性点二极管），与原有的六只二极管组成八管交流发电机，这样可以提高交流发电机的输出功率，以适应现代汽车电气设备增加、用电量增大的要求。

试验表明，在不改变交流发电机结构的情况下，在定子绕组的中性点处加装中性点二极管后，交流发电机的输出功率比额定功率高 10%～15%，并且转速越高，输出功率提高越明显。

（3）九管交流发电机整流电路。

在有些交流发电机中，除了有普通交流发电机用来整流的六只二极管，还有加装的三只功率较小的二极管，组成九管交流发电机。三只功率较小的二极管专门用来供给磁场电流，所以又称磁场二极管。

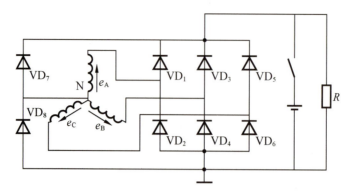

图 3.23 八管交流发电机整流电路

图 3.24 所示为九管交流发电机整流电路。磁场二极管输出与交流发电机"B"(电枢)接线柱相等的电压,它既能供给发电机励磁电流,又能控制充电指示灯。

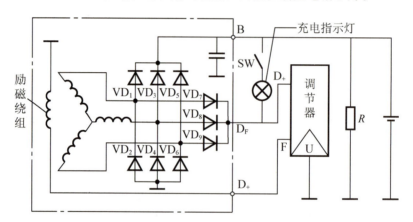

图 3.24 九管交流发电机整流电路

接通点火开关 SW,蓄电池电流经点火开关 SW—充电指示灯—调器—励磁绕组—搭铁,构成回路。此时充电指示灯亮,指示励磁电路接通并由蓄电池供电。

在交流发动机起动后,随着其转速的升高,"D_+"端电压随之升高,充电指示灯两端的电位差降低,充电指示灯亮度降低。当交流发电机电压升高到蓄电池充电电压时,"B"端电位与"D_+"端电位相等,此时充电指示灯两端电位差降低到零,充电指示灯熄灭,指示交流发电机正常工作,励磁电流由交流发电机自身经磁场二极管和负极二极管整流后供给。

当交流发电机转速降低时,"D_+"端电压降低,充电指示灯两端的电位差增大,充电指示灯逐渐变亮,指示放电。当交流发电机高速运转使充电系统发生故障而导致发电机不发电时,由于"D_+"端无电压输出,因此充电指示灯两端的电位差增大,充电指示灯亮,警告驾驶人及时停车排除故障。

(4) 十一管交流发电机整流电路。

有些交流发电机由六只整流二极管、两只中性点二极管和三只磁场二极管组成,这样就有十一只二极管,故称十一管交流发电机整流电路,如图 3.25 所示。

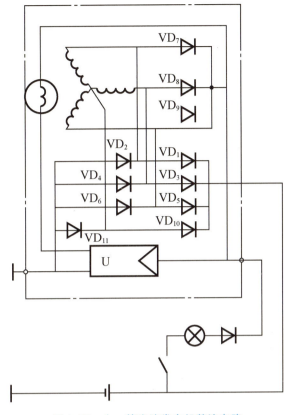

图 3.25　十一管交流发电机整流电路

由于十一管交流发电机不仅可以增大交流发电机的输出功率，还可以用充电指示灯来指示交流发电机工作状况，因此在德系车（如大众速腾、迈腾、途安、奥迪等）中应用极为广泛。

3. 励磁方式

向交流发电机的磁场绕组供电使其产生磁场的过程称为励磁（excitation），也称激磁。交流发电机磁场绕组的励磁方式有两种：一种是由蓄电池供电，称为他励（他激）；另一种是由交流发电机自身所发电能供电，称为自励（自激）。

当交流发电机转速很低时，采用他励方式。由于转子磁极的剩磁很弱，在低转速下仅靠剩磁产生的电动势不能使二极管导通，因此交流发电机不能采用自励发电，必须由蓄电池供给交流发电机磁场绕组电流，使交流发电机具有较强的磁场，以使其电动势迅速提高。

当交流发电机的转速达到一定值时，交流发电机发电产生的电压达到或超过蓄电池电压，其开始向蓄电池充电。同时，励磁电流仅由交流发电机提供，交流发电机由他励发电转为自励发电。

3.2 交流发电机的工作特性与型号

3.2.1 交流发电机的工作特性

硅整流交流发电机的传动比大，汽油发动机的硅整流交流发电机的传动比为1∶8，柴油发动机为1∶5，其转速变化范围也大。由硅整流交流发电机的端电压变化规律可以知道，要研究和表征硅整流交流发电机的工作特性，应以转速为基础进而分析各有关量的变化。

交流发电机的工作特性有输出特性、空载特性和外特性，其中以输出特性最为重要。

1. 输出特性

交流发电机的输出特性（out put characteristic）也称负载特性或输出电流特性。输出特性是指在交流发电机保持输出电压一定（U＝const）时，交流发电机输出电流与转速之间的关系。一般对标称电压为12V的硅整流交流发电机，其输出电压恒定为13.5V；对标称电压为24V的硅整流交流发电机，其输出电压恒定为27V。通过试验可以测得一条 $I=f(n)$ 的输出特性曲线，如图3.26所示。

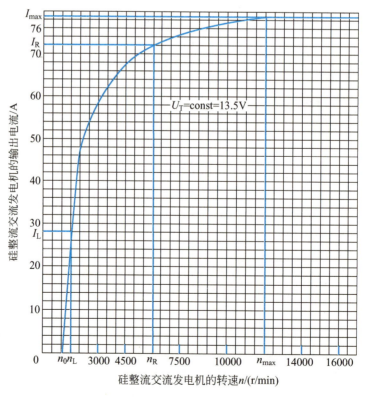

图 3.26　硅整流交流发电机的输出特性曲线

汽车用交流发电机的输出特性可用空载转速 n_A、零电流转速 n_0、最小工作电流 I_L、额定电流 I_R 和最大电流 I_{max} 等指标描述。

(1) 空载转速 n_A。

空载转速 n_A 是指交流发电机转速逐渐升高到充电指示灯（或电流表）指示充电开始时的转速。交流发电机的实际转速 n 低于空载转速 n_A 时，其端电压低于蓄电池电压，交流发电机不能对外（车载电气设备）输出电流。只有当 $n > n_A$ 时，交流发电机才能对外输出电流。

空载转速 n_A 是选择交流发电机与发动机之间传动比的主要依据，以确保发动机在急速运转状态下，交流发电机的转速能超过其空载转速 n_A。

(2) 零电流转速 n_0。

零电流转速 n_0 是指交流发电机电压达到规定的试验电压，但尚无电流输出时的转速。在交流发电机的输出特性曲线上，该点与横坐标相交，参见图 3.26。

汽车用交流发电机的空载转速 n_A 与零电流转速 n_0 接近。在数值上，零电流转速 n_0 略大于空载转速 n_A，几乎相等。

(3) 最小工作电流 I_L。

最小工作电流 I_L 是指交流发电机在试验电压 U_T、转速 $n_L = 1500 r/min$ 时的输出电流。转速 n_L 称为最小工作转速，其值相当于发动机怠速运转时交流发电机的转速。

最小工作电流 I_L 表征交流发电机的低速充电性能。由于汽车用蓄电池的容量越来越小，因此要求发动机在怠速运转时为蓄电池充电。交流发电机的最小工作电流 I_L 数值越大，其低速充电性能就越好。

(4) 额定电流 I_R。

额定电流 I_R 是指交流发电机在试验电压 U_T、额定转速 n_R 时输出的最小电流。额定电流 I_R 的数值由交流发电机制造厂规定，并标示在交流发电机的铭牌上。额定转速 n_R 是交流发电机在环境温度为 $23℃ \pm 5℃$ 和试验电压 U_T 下，输出额定电流时允许的最高转速。汽车行业标准规定，交流发电机的额定转速 $n_R = 6000 r/min$。

(5) 最大电流 I_{max}。

最大电流 I_{max} 是指交流发电机在试验电压 U_T、最高工作转速 n_{max} 时的输出电流。最高工作转速是交流发电机在环境温度为 $23℃ \pm 5℃$、试验电压 U_T 和输出最大电流条件下，至少正常并连续工作 15min 的转速。

汽车行业标准规定的交流发电机的最高工作转速：对于标称电压为 12V 的交流发电机，$n_{max} = 15000 r/min$；对于标称电压为 24V 的交流发电机，$n_{max} = 12000 r/min$。但其实际最高工作转速由交流发电机制造厂根据交流发电机的实际情况确定，一般均高于行业标准，常见的最高工作转速有 15400 r/min、16000 r/min 和 18200 r/min 等。

由图 3.26 可见，当交流发电机输出电流增大到一定值后，随着转速继续升高，虽然定子绕组中的感应电动势增大，但是定子绕组阻抗增大，使内压降增大；同时电枢反应（定子绕组电流产生的磁场对转子磁场的影响）使感应电动势降低，输出电流不再增大。

交流发电机自身具有限制其最大输出电流的功能（限流保护功能），可避免电气设备接通过多、输出电流过大导致交流发电机过载而损坏。

对于空载转速 n_A 和额定转速 n_R，交流发电机产品说明书中均有规定。在使用中，只要测得这两个数据，并与设计值进行比较，就可判断交流发电机的输出特性。

2. 空载特性

交流发电机的空载特性(no-load characteristic)是指在无负荷($I=0$)时，交流发电机端电压与转速之间的变化规律。根据试验结果，可以绘出一条交流发电机的空载特性曲线[$U=f(n)$]，如图 3.27 所示。

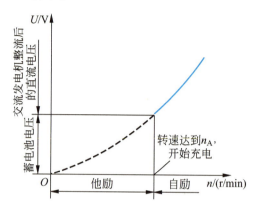

图 3.27　交流发电机的空载特性曲线[$U=f(n)$]

从图 3.27 中可以看出，随着交流发电机转速的升高，其端电压上升较快，由他励转入自励发电，交流发电机能向蓄电池进行补充充电，进一步证实了交流发电机低速充电性能好的优点。空载特性是判定交流发电机充电性能的重要依据。

3. 外特性

交流发电机的外特性(external characteristic)是指转速保持一定($n=\text{const}$)时，交流发电机端电压与输出电流之间的关系。在经不同恒定转速的试验后，可以绘出一组相似的交流发电机的外特性曲线[$U=f(I)$]，如图 3.28 所示。

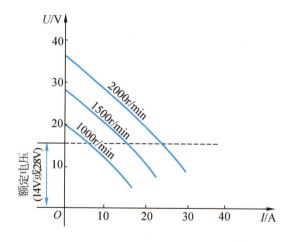

图 3.28　交流发电机的外特性曲线[$U=f(I)$]

从图 3.28 中可以看出，交流发电机的转速对端电压的影响较大，其转速越高，端电压越高，输出电流就越大。

但当保持在某转速时，交流发电机的端电压随输出电流的增大而下降，并受转速和负荷变化的影响较大。因此，必须配用交流发电机调节器以保持恒定电压值。

当交流发电机处于正常工作状态且高速运转时，如果突然失去负荷，则其端电压会沿外特性曲线急剧升高，这时交流发电机中的硅二极管及交流发电机调节器中的电子元件将有被击穿的危险。因此，应该尽力避免外电路短路现象的发生。

3.2.2　交流发电机的型号

根据 QC/T 73—1993《汽车电气设备产品型号编制方法》的规定，汽车交流发电机的型号如下。

（1）产品代号。用两个或三个大写汉语拼音首字母表示，交流发电机的产品代号有 JF、JFZ、JFB、JFW 四种，分别表示交流发电机、整体式交流发电机、带泵交流发电机和无刷交流发电机。

（2）电压等级代号。用一位阿拉伯数字表示：1 表示 12V，2 表示 24V，6 表示 6V。

（3）电流等级代号。用一位阿拉伯数字表示，其含义见表 3-1。

（4）设计序号。按产品的先后顺序，用一位或两位阿拉伯数字表示。

（5）变型代号。交流发电机以调整臂的位置作为变型代号。从驱动端看，Y 表示调整臂在右边，Z 表示调整臂在左边，调整臂在中间时不加标记。

表 3-1　交流发电机的电流等级代号

电流等级代号	1	2	3	4	5	6	7	8	9
电流/A	≤19	≥20～29	≥30～39	≥40～49	≥50～59	≥60～69	≥70～79	≥80～89	≥90

例如，JFZ1913Z 型交流发电机的含义为：电压等级为 12V，输出电流等于或大于 90A，第 13 次设计，调整臂位于左边的整体式交流发电机。

3.3　交流发电机的检测

3.3.1　交流发电机的车上检查

1. 检查传动带的外观

肉眼观察传动带有无磨损、传动带与带轮啮合是否正确，如有裂纹或磨损过度，应及时更换同种规格型号的传动带，V 形传动带应两根同时更换。

2. 检查传动带的挠度

传动带过松会造成带轮与传动带之间打滑，使交流发电机的输出功率降低，冷却液温度过高；传动带过紧易使传动带早期疲劳损坏，加速水泵及交流发电机轴承磨损。因此，应定期检查传动带的挠度。

传动带挠度的检查方法如下：在交流发电机带轮和风扇带轮之间用 30～50N 的力按下传动带，如图 3.29 所示，传动带的挠度应为 10～15mm。若传动带过松或过紧，则应松开交流发电机的前端盖与撑杆的紧定螺栓,扳动交流发电机进行调整,挠度调整合适后,重新旋紧紧定螺栓。

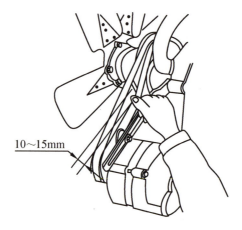

图 3.29 传动带挠度的检查方法

许多乘用车交流发电机的 V 形传动带上装有张紧轮如大众速腾、途安,丰田卡罗拉,等等。装张紧轮的 V 形传动带的挠度要求与不装张紧轮的 V 形传动带的挠度要求不同。如图 3.30 所示,检查时,在水泵带轮与张紧轮或张紧轮与交流发电机带轮之间的 V 形传动带的中间部位,用拇指施加约 100N 的压力,此时 V 形传动带的挠度,新带应为 2mm,旧带不超过 5mm(**新带是指从未用过的 V 形传动带,旧带是指装到车上随发动机转动过时间大于或等于 5min 的 V 形传动带**)。

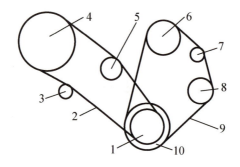

1—曲轴齿轮;2—同步带;3,7—张紧轮;4—凸轮轴齿轮;5—中间轴齿轮;
6—交流发电机带轮;8—水泵带轮;9—V 形传动带;10—曲轴带轮。

图 3.30 检查装张紧轮的 V 形传动带的挠度

3. 检查有无噪声

交流发电机出现故障,特别是机械故障(如轴承破损、轴弯曲等)后,在交流发电机运转时会产生异常噪声。检查时,可使交流发电机转速逐渐提高,同时监听其有无异常噪声,如有异常噪声,应将交流发电机拆下并分解检修。当 V 形传动带运转时有异响并伴有异常磨损时,应检查曲轴带轮、水泵带轮、交流发电机带轮是否在同一旋转平面内。

4. 检查导线连接情况

(1) 检查各导线端头的连接部位是否连接正确。
(2) 发电机"B"接线柱必须加装弹簧垫圈。
(3) 采用插接器连接的交流发电机，其插座与插头的连接必须锁紧，不得松动。

5. 交流发电机的电压测试

如果汽车装有三元催化器，则做此试验时，发动机的运转时间不得超过5min。

(1) 在发动机停转且不使用车上电气设备的情况下，用万用表测量蓄电池电压，此电压称为参考电压或基准电压。测量方法是将万用表的功能转换开关拨到直流电压(DCV)挡，用"＋"表笔接交流发电机的"B"接线柱，"－"表笔接发电机的外壳，记下此时测得的电压(蓄电池电压)。

(2) 起动发动机，使发动机的转速保持在2000r/min，在不使用车上电气设备的情况下测量蓄电池电压，此时电压应比参考电压略高些，但差值不超过2V。

(3) 在发动机转速为2000r/min时接通电器附件，如暖风机、空调和远光灯等，当电压稳定时测量蓄电池电压，此时电压至少应高出参考电压0.5V。如果上述电压在规定范围内，则交流发电机及其调节器工作正常。

(4) 若有问题，则可在充电20A时检查充电电路压降，如图3.31所示，将万用表"＋"表笔接发电机"B"接线柱，"－"表笔接蓄电池正极柱头，电压表读数不得超过0.7V；将万用表"＋"表笔一端接电压调节器壳体，另一端接交流发电机机壳，电压表读数不得超过0.05V；将万用表"－"表笔一端接交流发电机外壳，另一端接蓄电池负极柱头，电压表读数不得超过0.05V。若示值不符，则应清洁、紧固相应连接柱头及安装架。

6. "B"接线柱电流测试

(1) 切断汽车所有电气设备的开关。
(2) 将发动机熄火，拆卸蓄电池搭铁电缆接头(以策安全)。从交流发电机"B"接线柱上拆下原有引线，将0～40A的电流表串联在拆下的引线与"B"接线柱之间，并将电压表正极接"B"接线柱、负极接交流发电机外壳，如图3.32所示。

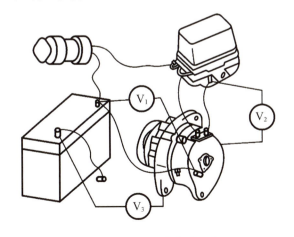

图3.31 检查充电电路压降

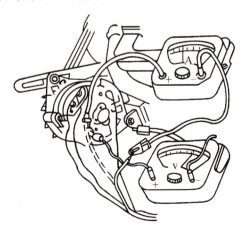

图3.32 检查"B"接线柱电流

（3）装复蓄电池搭铁线，起动发动机，使交流发电机在略高于额定负荷转速下工作。此时电压表读数应在交流发电机调节器规定的范围内。

（4）接通汽车主要电气设备(如前照灯远光、暖风机、空调、刮水器等)，使电流表读数大于30A，此时电压表读数应大于蓄电池电压。

（5）将发动机熄火，拆卸蓄电池搭铁电缆接头、电压表、电流表，装复交流发电机"B"接线柱和蓄电池搭铁电缆接头。如有蓄电池搭铁开关，可用开关控制蓄电池的接通，不必拆卸蓄电池搭铁电缆接头。

若电压值超过规定电压上限，则一般为交流发电机调节器故障；若电压远低于电压下限，则电流过小，应检查交流发电机调节器及发电机个别二极管或电枢绕组是否有故障。

3.3.2 交流发电机的拆卸与不解体检测

1. 交流发电机的拆卸

从汽车上拆卸交流发电机时，应按以下步骤进行。

（1）读出故障码。在现代汽车上都装有电子控制系统，如果拆卸蓄电池搭铁电缆接头，就会使ECU内存中的故障码消失。所以，在拆卸蓄电池搭铁电缆接头时必须首先读出ECU中的故障码。

（2）拆卸蓄电池负极柱上的搭铁电缆接头。因汽车上蓄电池的正极与交流发电机的输出接线柱"B"接线柱是直接相连的，如果不先拆卸搭铁电缆，那么拆卸交流发电机"B"接线柱上的导线接头时，一旦扳手搭铁，就会导致短路放电而损坏蓄电池正极与交流发电机"B"接线柱之间的导线和电缆。因此，必须先拆卸搭铁电缆接头或断开电源总开关。

（3）拆卸交流发电机的导线接头或插接器插头。

（4）拆卸交流发电机紧定螺栓和传动带张力调节螺栓，并松开传动带。

（5）拆卸交流发电机，用干净棉纱擦去交流发电机表面的尘土及油污，以便解体与检修。

2. 交流发电机的不解体检测

为了确定交流发电机有无故障，在交流发电机解体之前可凭经验或用仪器对其进行不解体检测。

（1）用万用表测量各接线柱之间的电阻值。

用万用表R×1挡测量交流发电机各接线柱之间的电阻值，若所测电阻值不符合表3-2中的规定值，则表示交流发电机有故障。

表3-2 交流发电机各接线柱之间的电阻值规定

交流发电机型号		F与E间/Ω	B与E间		N与E间（或B间）	
			正向/Ω	反向/Ω	正向/Ω	反向/Ω
有刷交流发电机	JF11、JF13 JF15、JF21	3~6	40~50	>10000	约10	>10000
	JF12、JF22 JF23、JF25	19.5~21				

续表

交流发电机型号		F 与 E 间/Ω	B 与 E 间		N 与 E 间(或 B 间)	
			正向/Ω	反向/Ω	正向/Ω	反向/Ω
无刷交流发电机	JFW14	3.5～3.8	40～50	>10000	约 10	>10000
	JFW28	15～16				

（2）手持带轮检查交流发电机转子轴的轴向间隙和径向间隙。

（3）转动转子，检查轴承阻力、噪声及转子与定子之间有无摩擦。当发现阻力较大时，可拆卸电刷再试，以确定阻力是否来自电刷。

（4）转动转子轴，检查带轮的跳动量（也称摆差，俗称"摇头"），以判断转子轴是否弯曲。

（5）检查外壳、挂脚等有无裂纹及损坏。

3.4 交流发电机调节器

3.4.1 交流发电机调节器的作用与工作原理

1. 交流发电机调节器的作用

交流发电机是由发动机带动发电的，发动机转速因汽车运行工况的不同而不同，因此交流发电机的转速也随汽车运行工况的不同而不同。另外，汽车上电气设备的使用是频繁变化的。

【拓展视频】

由交流发电机的工作特性可知，随着交流发电机转速升高或电气设备减少，电压将上升。因此，交流发电机必须配备用来调节电压的装置，该装置称为交流发电机调节器。

交流发电机调节器可以保证交流发电机输出电压不受转速和电气设备变化的影响，使其保持稳定，以满足电气设备的需要。

2. 交流发电机调节器的工作原理

由式(3-1)可知，在交流发电机结构确定的情况下，决定交流发电机电动势的只有其转速 n 和磁通 Φ。因为交流发电机的转速是频繁变化的，所以只能用改变其磁通的方法来改变其电动势。

交流发电机的端电压取决于转子的转速和磁极磁通。要保持输出电压 U 恒定，在转速 n 升高时，应相应减小磁通 Φ，可以通过减小励磁电流实现；在转速 n 降低时，应相应增大磁通 Φ，可以通过增大励磁电流实现。也就是说，**交流发电机调节器是通过动态调节励磁电流实现交流发电机输出电压稳定的。**

3. 交流发电机调节器的分类

汽车用交流发电机调节器有电磁振动式交流发电机调节器、晶体管式交流发电机调节器和集成电路式交流发电机调节器三大类。

电磁振动式交流发电机调节器又称触点式交流发电机调节器。电磁振动式交流发电机调节器因带有触点,结构复杂,电压调节精度低,触点火花对无线电干扰大,故已被淘汰。

晶体管式交流发电机调节器的优点是可通过较大的励磁电流,适合功率较大的交流发电机。其电压调节精度高,对无线电干扰小,体积小,无运动件,耐振动,故障少,可靠性高。

随着集成电路技术的发展,集成电路式交流发电机调节器得到了广泛应用。集成电路式交流发电机调节器除具有晶体管式交流发电机调节器的优点外,因为它体积特别小,可直接装于交流发电机内部,省去了与交流发电机的外部连线,所以提高了工作可靠性,并具有防潮、防尘、耐高温性能好、价格低等优点。

目前,大多数高档汽车采用车载计算机直接控制交流发电机励磁电路,以控制交流发电机的输出电压,因而省去了交流发电机调节器。

3.4.2 集成电路式交流发电机调节器

1. 集成电路式交流发电机调节器的优点

因为集成电路式交流发电机调节器(图 3.33 和图 3.34)具有体积小、质量轻、调压精度高(为 ±0.3V,而电磁振动式交流发电机调节器为 ±0.5V)、耐振动、耐高温、使用寿命长、可以直接装在交流发电机内、接线简单等优点,所以它广泛用于现代汽车交流发电机上。许多国产和进口汽车均采用这种交流发电机调节器。

集成电路式交流发电机调节器有两种类型,即全集成电路式交流发电机调节器和混合集成电路式交流发电机调节器,全集成电路式交流发电机调节器是把晶体管、二极管、电阻、电容等全部印制在一块硅基片上。混合集成电路由厚膜电阻或薄膜电阻与集成的单片芯片或分立元件组装而成,使用较广泛的是厚膜混合集成电路式交流发电机调节器。

【拓展图文】

图 3.33 集成电路式交流发电机调节器
(匹配东风悦达起亚、北京现代汽车交流发电机)

图 3.34 集成电路式交流发电机调节器
(匹配红旗汽车交流发电机)

2. 集成电路式交流发电机调节器的工作原理

集成电路式交流发电机调节器的工作原理是根据交流发电机的电压信号(输入信号),利用晶体管的开关特性控制交流发电机的励磁电流,进而达到稳定交流发电机输出电压的目的。集成电路式交流发电机调节器也有内、外搭铁之分,其中以外搭铁形式居多。

3. 集成电路式交流发电机调节器输入电压信号的检测

集成电路式交流发电机调节器输入电压信号的检测方法根据检测点不同分为交流发电机电压检测法和蓄电池电压检测法两种,其检测电路如图 3.35 所示。

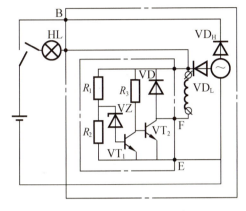
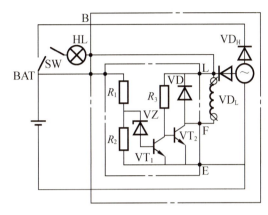

（a）交流发电机电压检测法　　　　　（b）蓄电池电压检测法

图 3.35　集成电路式交流发电机调节器输入电压信号的检测电路

交流发电机电压检测法与蓄电池电压检测法的最大区别在于,前者获取的输入电压信号直接来自交流发电机的输出端,后者则来自蓄电池的端电压。相比而言,采用交流发电机电压检测法可省去信号输入线;缺点是当交流发电机至蓄电池电路上的压降损失较大时,可导致蓄电池的端电压偏低,从而引起蓄电池充电不足。

一般大功率交流发电机采用蓄电池电压检测法,以保证蓄电池的端电压。但采用蓄电池电压检测法后,若交流发电机的电压输出线或信号输入线断路,则由于无法检测交流发电机的工作情况可造成交流发电机电压失控现象,因此在大多数实用电路中都进行了相应改进。

4. 集成电路式交流发电机调节器实例

JFT152 型混合集成电路式交流发电机调节器的体积很小,可通过安装板直接安装在交流发电机的电刷架上。它由外壳、安装板和电路板总成三部分组成。其中,电路板总成由厚膜电阻和小体积元件组装而成。其内部电路如图 3.36 所示。

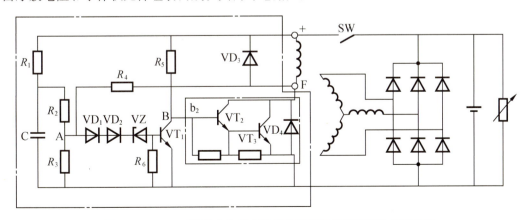

图 3.36　JFT152 型混合集成电路式交流发电机调节器的内部电路

JFT152型混合集成电路式交流发电机调节器的工作原理如下：接通点火开关SW后，蓄电池的端电压加在控制电路的分压器上，由于限压电阻R_3上的压降小于稳压二极管VZ的反向击穿电压，因此稳压二极管VZ截止，VT_1因无正向偏压而无法导通。在偏置电阻R_5的作用下，复合管VT_2、VT_3导通，蓄电池向交流发电机提供磁场电流，交流发电机的电动势随转速上升，直到交流发电机的输出电压高于蓄电池的端电压时，交流发电机才对外发电。此时，交流发电机的磁场由他励转变为自励。

当交流发电机的输出电压随转速上升并且高于某一规定动作电压时，分压电阻R_3上的压降逐渐达到稳压二极管VZ的击穿电压，稳压二极管VZ被击穿导通，VT_1随之饱和，由于复合管VT_2、VT_3截止，切断交流发电机的磁场电路，因此交流发电机的输出电压迅速降低。

当电压降低到另一规定的动作电压时，稳压二极管VZ又截止，VT_1截止，复合管VT_2、VT_3导通，磁场电路中又有励磁电流产生，使交流发电机的输出电压又逐渐升高。如此反复，交流发电机的输出电压保持稳定。

5. 整体式交流发电机调节器

整体式交流发电机是指调节器在内部的交流发电机，具有结构紧凑、安装方便、充电系统电路简单、接线故障少等优点，应用广泛。例如，JFZ1913Z型整体式交流发电机配套的交流发电机调节器为JFT152型混合集成电路式交流发电机调节器。

图3.37所示为整体式交流发电机的结构。整体式交流发电机有十一个二极管和集成电路式交流发电机调节器，其电路如图3.38所示。

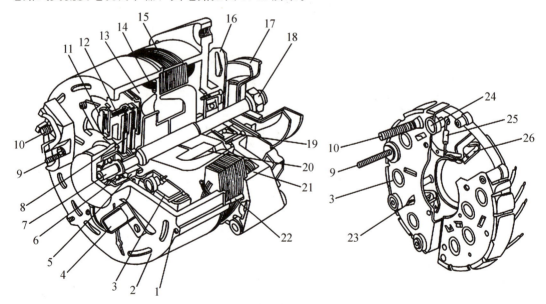

1—连接螺栓；2—后端盖；3—散热板；4—防干扰电容器；5—集电环；6—全封闭轴承；7—转子轴；8—电刷；9—磁场接线柱；10—输出接线柱；11—集成电路式交流发电机调节器；12—电刷架；13—磁极；14—电枢绕组；15—定子铁芯；16—风扇叶轮；17—带轮；18—紧定螺母；19—全封闭轴承；20—励磁绕组；21—前端盖；22—定子槽楔子；23—电容器插接片；24—输出整流二极管；25—磁场整流二极管；26—电刷架压紧片。

图3.37 整体式交流发电机的结构

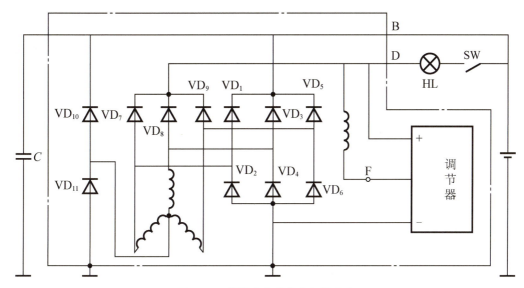

图 3.38 整体式交流发电机的电路

图 3.38 所示电路的特点是在常用的六管三相桥式整流电路的基础上,增加了三个励磁二极管 VD_7、VD_8、VD_9 和两个中性二极管 VD_{10}、VD_{11},三个励磁二极管 VD_7、VD_8、VD_9 专供励磁电流。两个中性二极管 VD_{10}、VD_{11} 工作时,可增大整体式交流发电机的输出电流。

3.4.3　交流发电机调节器的型号

根据 QC/T 73—1993《汽车电气设备产品型号编制方法》的规定,汽车交流发电机调节器的型号由以下部分组成。

(1) 产品代号。用两个或三个汉语大写拼音首字母表示,有 FT、FDT 两种,分别表示交流发电机调节器和电子交流发电机调节器。

(2) 电压等级代号。用一位阿拉伯数字表示:1 表示 12V,2 表示 24V,6 表示 6V。

(3) 结构型式代号。用一位阿拉伯数字表示,1、2、3 分别表示单联发电机调节器、双联发电机调节器和三联发电机调节器,4、5 分别表示晶体管电子交流发电机调节器和集成电路电子交流发电机调节器。

(4) 设计序号。按产品的先后顺序,用一位或两位阿拉伯数字表示。

(5) 变型代号。用汉语拼音大写字母按顺序表示(不能用 O 和 I)。

例如,FDT152 表示 12V 集成电路电子交流发电机调节器,第 2 次设计。

3.4.4 交流发电机调节器技术

1. 带有蓄电池温度传感器的发电机调节器

由于汽车蓄电池的充电能力受温度的影响较大,因此大多数交流发电机调节器工作时带有温度补偿装置。其设计思路如下:在环境温度高时要保护电量足且发热的蓄电池,把调节电压调得低一些;在环境温度低时要使处于冷态的蓄电池更好地充电,把调节电压调得高一些。

只有当交流发电机调节器和蓄电池在发动机室内有相同的温度时,温度补偿功能才起作用。然而,当交流发电机调节器排气造成过量的热辐射而被加热,或蓄电池被安装在很冷的地方时,这一温度可能受到干扰。所以,排气热量造成与实际不符的假温度调节值,而且蓄电池只能获得较低的充电电压。

博世公司为改进上述功能研制出一种专用的温度传感器。将这种传感器安装在蓄电池的适当部位,通过一条导线和一个双极性插头与电压调节器连接。利用实时的温度信息调整充电电压,以保证在该温度下蓄电池获得最佳充电效果(图3.39)。

行车试验结果表明,在冬季城市行驶时蓄电池的充电状态可以改善30%以上。也就是说,带有温度传感器的蓄电池为汽车在低温、严寒条件下的可靠起动提供了附加的功率储备。

2. 利用车载计算机直接控制交流发电机的输出电压

在一些高档汽车上,已经逐渐淘汰装于交流发电机内部的集成电路式交流发电机调节器,取而代之的是将具备电压调节功能的电路设计到车载计算机(电子控制模块或组件)**中,如图3.40所示。车载计算机可直接控制交流发电机磁场绕组的励磁电流,进而实现对交流发电机输出电压的控制。**

该系统不是利用可变电阻控制通过磁场绕组中的励磁电流的,而是通过占空比方式,由车载计算机以400Hz的固定频率向磁场提供脉冲励磁电流,通过改变励磁电流的通断时间,得到正确的励磁电流平均值,从而使交流发电机输出适当的电压。

在交流发电机高速运转而电路系统低负荷时,磁场电路的接通时间(占空比)只占约10%;而在交流发动机低速运转而电路系统高负荷时,车载计算机会使电路的接通时间提高到75%或更高,以增大通过磁场电路的平均励磁电流,满足输出的要求,如图3.41所示。

该系统的显著特点是能根据车辆的需求和环境温度的变化改变输出电压。这种精确控制使车辆可以采用体积小、质量轻的蓄电池;同时可以减小磁性阻力,增大交流发电机的功率输出(功率可增大数千瓦)。

由于该系统能精确地处理充电速率,因此能增大单位油量的行驶距离,消除潜在的由低怠速时附加电压降引起的怠速粗暴问题。更为重要的是,这种系统能发挥车载计算机的诊断能力,用于诊断充电系统中的故障(如低输出电压或高输出电压)。

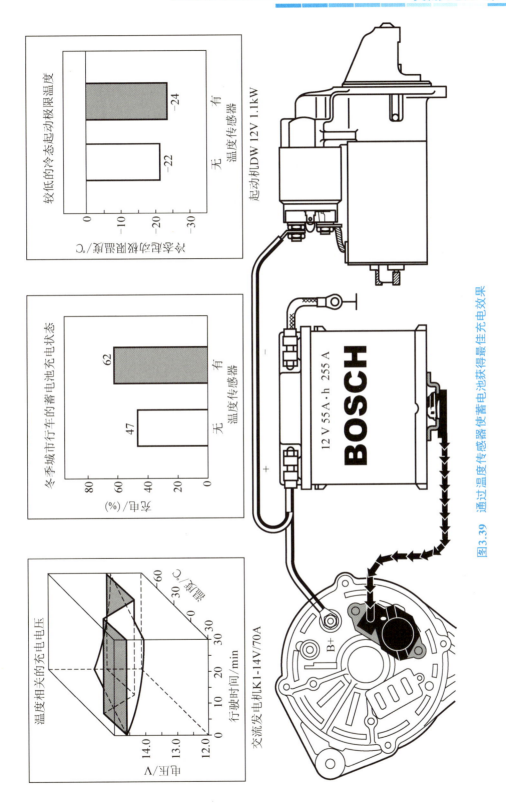

图3.39 通过温度传感器使蓄电池获得最佳充电效果

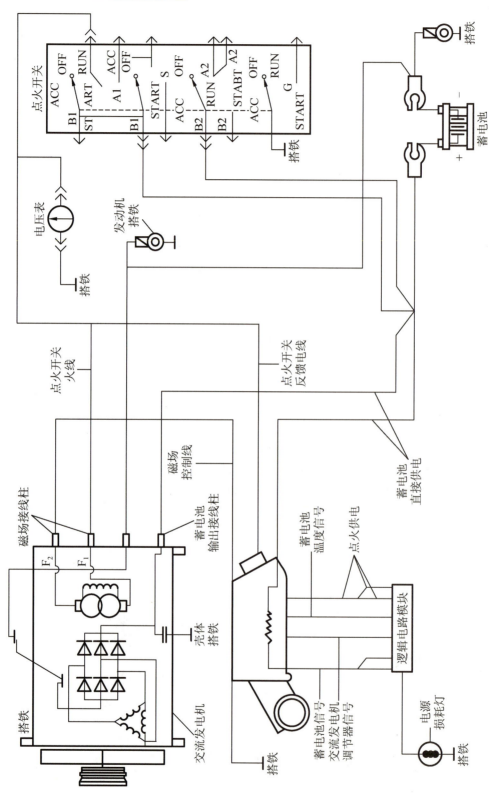

图3.40 用车载计算机进行电压调节的充电系统电路

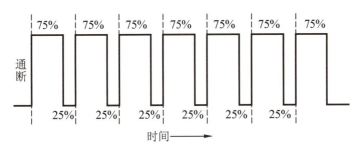

图 3.41　接通时间占 75% 的平均励磁电流脉宽调制波形

3.5　交流发电机的正确使用与检修

交流发电机及其调节器结构简单、维护方便，若使用得当，则不但可以减少故障，而且可以延长使用寿命。为此，要正确使用交流发电机及其调节器，发现故障时应及时检修。

3.5.1　交流发电机的正确使用

1. 交流发电机的正确使用

（1）在更换蓄电池或对其进行补充充电后，要格外注意蓄电池搭铁极性不能接错。因国产交流发电机均为负极搭铁，故蓄电池必须为负极搭铁。否则，会出现蓄电池经交流发电机二极管大电流放电而将二极管迅速烧坏的现象，有时还会烧坏交流发电机调节器中的电子元件。

（2）充电系统的导线连接要牢固可靠，以免在电路突然断开时产生瞬时过电压而烧坏晶体管元件。

（3）交流发电机及其调节器的规格型号要相互匹配。

（4）发动机熄火后，应将点火开关（或电源开关）断开，以免蓄电池长时间向励磁绕组和交流发电机调节器磁化线圈放电，浪费电能。

（5）发动机运行中，不得用"试火"的方法检查交流发电机是否正常，不得用兆欧表或 220V 交流电压检查交流发电机及其调节器的绝缘情况，应采用万用表或低压试灯检查。

（6）在更换半导体元件时，电烙铁的功率应小于 45W，焊接时操作要迅速，并应采取相应的散热措施，以免烧坏半导体元件。

（7）在交流发电机正常运行时，不可随意拆卸电气设备的连接导线，以防连线搭铁短路或因突然断开而引起瞬时过电压。

2. 交流发电机调节器的正确使用

（1）交流发电机调节器与交流发电机的电压等级必须一致，否则充电系统不能正常工作。

（2）交流发电机调节器与交流发电机的搭铁形式必须一致，如果不一致且急需使用时，则可通过改变交流发电机磁场绕组的搭铁形式来解决。

（3）交流发电机调节器与交流发电机之间的电路连接必须完全正确，否则充电系统不能正常工作，甚至还会损坏交流发电机调节器。

（4）交流发电机调节器必须受点火开关控制。

3.5.2 交流发电机的检修

1. 交流发电机不充电

(1) 故障现象。

发动机以中速以上速度运转时,电流表始终指示不充电,或充电指示灯不熄灭,或交流发电机端电压小于12V。

(2) 原因分析。

① 交流发电机传动带太松或沾油打滑。

② 交流发电机励磁电路或充电电路断路。

③ 交流发电机有以下故障。

a. 二极管被击穿、短路、断路。

b. 定子绕组断路或搭铁。

c. 电刷与集电环接触不良。

d. 转子绕组断路。

④ 交流发电机调节器有以下故障。

a. 晶体管交流发电机调节器的稳压二极管及小功率晶体管短路,大功率晶体管断路。

b. 交流发电机调节器的搭铁方式与交流发电机不一致。

(3) 故障诊断。

① 检查交流发电机传动带挠度,清除油污。

② 检查充电系统导线是否松脱,熔断器是否烧断。

③ 接通点火开关,用平口螺钉旋具(一字旋具)靠近交流发电机后轴承盖,探测转子电磁吸力,若有明显吸力,则说明励磁回路正常,故障在充电回路;若无吸力或吸力微弱,则说明励磁回路有断路、接触不良或局部短路故障。

④ 若充电回路有故障,则可用低压试灯的一端搭铁,另一端接触发电机"B"接线柱。灯亮,表明蓄电池到交流发电机电枢接线柱之间连接正常,交流发电机有故障;灯不亮,表明蓄电池到交流发电机"B"接线柱之间断路。

⑤ 若励磁回路有故障,则可用跳线方法检测。用一段导线短接交流发电机"B""F"接线柱(内搭铁式)或短接"B""F"接线柱的同时短接"F_2""E"接线柱(外搭铁式),然后重新探测磁力。磁力变强,说明交流发电机内部励磁电路正常,励磁电路断路或交流发电机调节器有故障,先检查励磁电路熔断器有无熔断、接触不良,再用低压试灯依次检查外励磁电路连线和交流发电机调节器、磁场继电器等是否有断路或接触不良的地方。若磁力仍不增强,则说明故障在交流发电机内部。

诊断电路故障时,可用万用表电阻挡或电压挡检查。

2. 交流发电机充电电流过小

(1) 故障现象。

在蓄电池亏电情况下,发动机以中、高速运转时交流发电机充电电流很小。

(2) 原因分析。

① 充电电路接触不良。

② 传动带打滑,使交流发电机转速过低。

③ 交流发电机有故障，如个别二极管损坏；集电环脏污，电刷与集电环接触不良，导致励磁电流过小；定子绕组连接不良，有短路或断路故障；转子绕组局部短路，转子与定子刮碰或气隙不当。

④ 交流发电机调节器调节电压值过低或有故障。

（3）故障诊断。

① 检查交流发电机传动带挠度，清除油污，检查紧固导线。

② 拆卸交流发电机"B""F"接线柱上的导线，用低压试灯的两根导线分别连接交流发电机"B""F"接线柱，起动交流发电机，逐步提高转速，查看低压试灯亮度。若低压试灯发红，并且不随转速升高而亮度增大或亮度增大不明显，则为交流发电机内部有故障，应拆卸并检查交流发电机；若低压试灯亮度能随转速增大而增强较大，则说明交流发电机运行良好，故障在交流发电机调节器。交流发电机调节器的检查方法可按交流发电机不充电故障所述方法检查。

复习思考题

1. 简述汽车用交流发电机的作用和结构。
2. 简述汽车用交流发电机的工作特性。
3. 常用交流发电机电压调节器有哪几种？
4. 简述集成电路式交流发电机电压调节器的工作原理。
5. 如何对汽车电源系统进行检修？

【在线答题】

第 4 章　起动系统

　　串励电动机作为汽车用起动机，极大地方便了车辆的起动和使用。其中，电磁控制强制啮合式起动机在汽车上的应用最为广泛。

　　本章主要介绍起动机用直流电动机的结构、工作原理、使用及故障诊断与排除，要求学生了解起动机用直流电动机的工作原理，熟悉其结构及控制机构，掌握其使用及故障诊断与排除。

4.1　起动系统概述

4.1.1　起动系统的作用

【拓展视频】

【拓展视频】

　　发动机只有依靠外力带动曲轴旋转后，才能进入正常工作状态，通常把汽车发动机曲轴在外力作用下从开始转动到怠速运转的全过程称为发动机的起动。
　　起动系统的作用是供给发动机曲轴起动转矩，使发动机曲轴达到所需起动转速，以使发动机进入自行运转状态。发动机进入自行运转状态后，便立即停止工作。
　　发动机常用的起动方式有人力起动、辅助汽油发动机起动和电力起动机起动等。人力起动是用手摇（摇把子）或绳拉等方式起动发动机。只有部分车型（中型载货汽车和农用车）将人力起动作为后备方式保留，大多数车型则已取消。
　　辅助汽油发动机起动是以小型汽油发动机为动力来起动发动机的，只在早期生产的大型拖拉机和少数重型柴油发动机汽车上采用。
　　电力起动机起动的原理是由直流电动机通过传动机构将发动机起动，具有操作简单、起动迅速可靠、重复起动能力强等优点。绝大多数汽车都采用电力起动机起动。
　　电力起动机简称起动机（俗称马达），均安装在汽车发动机飞轮壳的座孔上，用螺栓紧固。

4.1.2　起动系统的组成

电力起动系统简称起动系统,由蓄电池、起动机和起动控制电路(包括起动按钮或点火开关、起动继电器等)等组成,如图4.1所示。

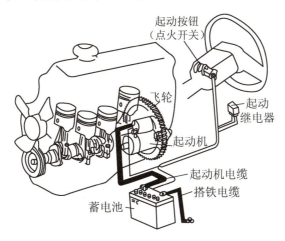

图4.1　起动系统的组成

起动机在起动按钮或点火开关的控制下,将蓄电池的电能转化为机械能,通过飞轮齿圈带动发动机曲轴转动。为增大转矩,便于起动,起动机与发动机曲轴的传动比:汽油发动机为13∶1～17∶1,柴油发动机为8∶1～10∶1。

4.1.3　起动机的结构及分类

1. 起动机的结构

起动机(图4.2和图4.3)由直流电动机、传动机构和控制机构三大部分组成,其结构如图4.4所示。

图4.2　QDJ1316型起动机
(逆时针旋转,匹配北汽福田CA483型发动机)

图4.3　QDY1202型起动机
(逆时针旋转,匹配北京现代J-2型发动机)

直流电动机的作用是将蓄电池输入的电能转换为机械能,产生电磁转矩。

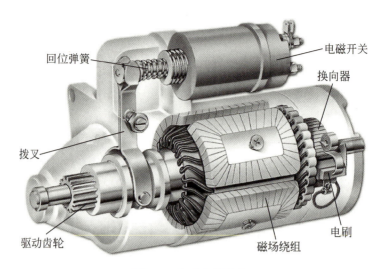

图 4.4 起动机的结构

传动机构的作用是利用驱动齿轮啮入发动机飞轮齿圈,将直流电动机的电磁转矩传给曲轴,并及时断开曲轴与直流电动机之间的动力传递,防止曲轴反拖直流电动机。

控制机构的作用是接通或断开起动机与蓄电池之间的主电路,并使驱动小齿轮进入或退出啮合。有些起动机控制机构还有副开关,在起动时将点火线圈附加电阻短路,以增大起动时的点火能量。

2. 起动机的分类

可以从不同角度对起动机进行分类。

(1) 按励磁方式分。

① 励磁式起动机。励磁式起动机靠励磁绕组和磁极铁芯建立磁场,结构稍复杂;但因输出转矩和输出功率都很大,故应用极为广泛。

② 永磁式起动机。永磁式起动机以永磁材料为磁极,取消了励磁式起动机中的励磁绕组和磁极铁芯,结构简化、体积小、质量轻,节省了金属材料。但因永磁式起动机的输出功率一般较小,故其使用范围在一定程度上受到限制。

(2) 按控制机构分。

① 机械控制式起动机又称直接操纵式起动机。机械控制式起动机由驾驶人利用脚踏(或手动)直接操纵机械式起动开关接通或断开起动电路。

② 电磁控制式起动机(又称电磁操纵式起动机)。电磁控制式起动机由驾驶人旋动点火开关或按下起动按钮,通过电磁开关接通或断开起动电路。

(3) 按啮合方式分。

① 惯性啮合式起动机。惯性啮合式起动机的离合器靠惯性力的作用产生轴向移动,使驱动齿轮啮入或退出飞轮齿圈,由于其可靠性差,因此现代汽车已不再使用。

② 强制啮合式起动机。强制啮合式起动机靠人力或电磁力经拨叉推移离合器,强制驱动齿轮啮入或退出飞轮齿圈。因其具有结构简单、动作可靠、操纵方便等优点,故被现代汽车普遍采用。

③ 电磁啮合式(电枢移动式)起动机。电磁啮合式起动机靠电动机内部辅助磁极的电

磁力吸引电枢做轴向移动,将驱动齿轮啮入飞轮齿圈,起动后回位弹簧使电枢回位,使驱动齿轮退出飞轮齿圈。所以,电磁啮合式起动机又称电枢移动式起动机,多用于大功率柴油发动机。

(4) 按传动机构分。

① 普通起动机。将电动机电枢产生的起动转矩直接通过离合器、驱动齿轮传给飞轮齿圈的起动机称为普通起动机。

② 减速起动机。减速起动机的基本结构与普通起动机相同,只是在电枢和驱动齿轮之间装有减速齿轮(一般减速比为 3∶1～4∶1),减速、增矩后,带动驱动齿轮。减速起动机是今后汽车用起动机的发展方向。

图 4.5　电磁控制、强制啮合、永磁、减速起动机

以上对汽车用起动机的分类是从不同角度进行的。对于一个具体的起动机,可以同时涵盖多个方面。例如,图 4.5 所示为电磁控制、强制啮合、永磁、减速起动机。

4.1.4　起动机的型号

根据 QC/T 73—1993《汽车电气设备产品型号编制方法》的规定,国产起动机的型号由以下部分组成。

(1) 产品代号。QD、QDJ 和 QDY 分别表示起动机、减速起动机和永磁起动机。

(2) 电压等级代号。1 表示 12V,2 表示 24V。

(3) 功率等级代号,含义见表 4-1。

(4) 设计序号。

(5) 变型代号。

表 4-1　起动机的功率等级代号

功率等级代号	1	2	3	4	5	6	7	8	9
功率/kW	<1	1～2	2～3	3～4	4～5	5～6	6～7	7～8	8～9

例如:QD124 表示额定电压为 12V、功率为 1～2kW、第 4 次设计的起动机。

4.2　起动机用直流电动机

4.2.1　直流电动机的工作原理

直流电动机是将电能转换为机械能的装置。它是根据载流导体在磁场中受到电磁力作用而发生运动的原理工作的。

直流电动机的工作原理如图 4.6 所示。在直流电动机的电刷 A、B 上外加直流电压,这时线圈中有电流流过,其流向由电刷 B 经 d—c—b—a 到电刷 A,载流导体在磁场中受到电磁力作用,形成电磁转矩,使线圈转动。

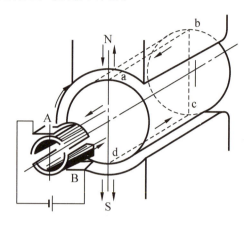

图 4.6　直流电动机的工作原理

由左手定则可以确定,电磁转矩使线圈顺时针转动。当线圈转过 180°时,线圈中的电流虽然改变了方向,即从 a 到 d,但线圈在磁场中的位置也相应发生了改变,电磁转矩方向也就不变,使线圈仍按原来的顺时针方向继续旋转。

为了增大电磁转矩并提高转动的平稳性,直流电动机采用多组线圈和相应的换向片,同时用两对或数对磁极产生磁场。

4.2.2　直流电动机的结构

直流电动机主要由定子、转子、电刷端盖、驱动端盖等组成,如图 4.7 所示。

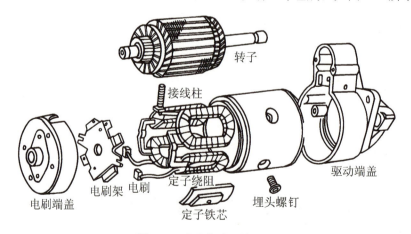

图 4.7　直流电动机的结构

1. 定子

定子也称磁极,其作用是产生磁场,分励磁式定子和永磁式定子两类。为增大转矩,汽车起动机通常采用四个(两对)磁极,两对磁极相对交错安装,直流电动机的磁路如图 4.8 所示,低碳钢板制成的机壳是磁路的一部分。

(1) 励磁式定子。

励磁式定子铁芯为低碳钢，铁芯磁场要靠绕在外面的励磁绕组通电建立。为使直流电动机磁通能按设计要求分布，将励磁式定子铁芯制成如图 4.9(a) 所示的形状，并用埋头螺钉紧固在机壳上。励磁式定子绕组[图 4.9(b)]由扁铜带（矩形横截面）绕制而成，其匝数为 6~10；铜带之间用绝缘纸绝缘，并用白布带以半叠包扎法包好后浸上绝缘漆烘干而成。

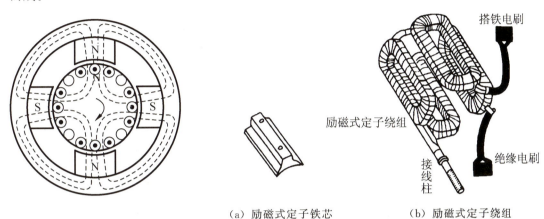

图 4.8　直流电动机的磁路　　　　图 4.9　励磁式定子

采用励磁式定子的直流电动机，先将励磁式定子绕组两两串联后并联，再与转子（电枢）绕组串联，故又称串励电动机（图 4.10）。

(2) 永磁式定子。

永磁电动机（图 4.11）不需要电磁绕组，可节省材料，而且能使直流电动机磁极的径向尺寸减小；在输出特性相同的情况下，其质量比采用串励电动机减轻了 30% 以上。

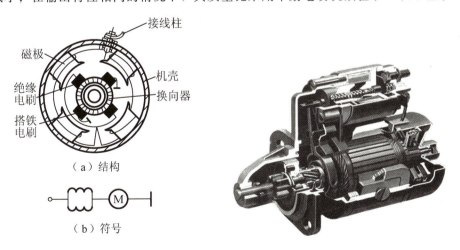

图 4.10　串励电动机　　　　图 4.11　永磁电动机

条形永久磁铁可用冷黏接法黏在机壳内壁上或用片状弹簧均匀地固定安装在起动机机壳内表面上。受结构尺寸及永磁材料性能的限制，永磁起动机的功率一般不大于 2kW。

2. 转子

转子(图 4.12)也称电枢,由电枢轴、铁芯、电枢绕组和换向器等组成。转子的作用是产生电磁转矩。

图 4.12　转子

典型起动机转子结构如图 4.13 所示。转子的铁芯由硅钢片叠压而成后固定在电枢轴上。铁芯外围均匀地开有线槽,用以放置电枢绕组;电枢绕组由较大矩形横截面的铜带或粗铜线绕制而成。

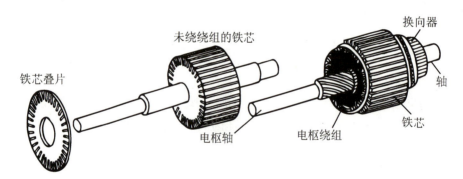

图 4.13　典型起动机转子结构

在铁芯线槽口两侧,用轧纹将电枢绕组挤紧,以免转子高速旋转时由于惯性作用将电枢绕组甩出,电枢绕组的端头均匀地焊在换向片上。为防止铜制电枢绕组短路,在铜线与铜线之间及铜线与铁芯之间用性能良好的绝缘纸隔开。

减速起动机转子的转速比普通转子的转速高 50%～70%,绝缘性能及动平衡要求均较高,因此采用环氧树脂涂封或耐热尼龙纸作为线槽绝缘纸。

换向器由铜片和云母叠压而成,压装于电枢轴前端,铜片间绝缘,铜片与电枢轴之间也绝缘,换向片与线头采用锡焊连接。减速起动机的换向器用塑料取代了云母,换向片与线头采用银铜硬钎焊,既耐高速又耐高温。

考虑云母的耐磨性较好,换向片磨损以后,云母片就会凸起,影响电刷与换向片的接触。因此,有些起动机换向片之间的云母片比换向片设计得低 0.5～0.8mm。

电枢轴驱动端制有螺旋形花键,用以套装传动机构中的单向离合器。

转子与定子铁芯之间的气隙,普通起动机为 0.5～0.8mm,减速起动机为 0.4～0.5mm。

3. 电刷端盖

电刷端盖(图 4.14)一般用浇铸法或冲压法制成,电刷端盖内装有四个电刷架及电刷,其中两个搭铁电刷利用与端盖相通的电刷架搭铁,另两个电刷的电刷架与端盖绝缘,绝缘电刷引线与励磁绕组的一个端头连接,其结构如图 4.15 所示。

图 4.14 电刷端盖

图 4.15 电刷端盖的结构

起动机电刷通常用铜粉(80%～90%)和石墨粉压制而成,以减小电阻并提高耐磨性。电刷架上有盘形弹簧,用以压紧电刷。

4. 驱动端盖

驱动端盖上有拨叉座和驱动齿轮行程调节螺钉,还有支承拨叉的轴销孔。为了避免电枢轴弯曲变形,一些起动机装有中间支承板。驱动端盖及中间支承板上的轴承多用青铜石墨轴承或铁基含油轴承。

轴承一般为滑动轴承,以承受起动机工作时的冲击性载荷。有些减速起动机采用球轴承。

电刷端盖、驱动端盖与机壳靠两个较长的穿心连接螺栓将起动机组装成一个整体。两端盖与机壳之间的接合面上一般制有定位用的安装记号。

4.2.3 直流电动机的工作特性

直流电动机按励磁方式可分为永磁式直流电动机和电磁式直流电动机两大类,电磁式直流电动机按励磁绕组与电枢绕组的连接关系又可分并励式直流电动机、串励式直流电动机和复励式直流电动机三种,如图 4.16 所示。

图 4.17 所示为直流电动机的机械特性比较,即直流电动机转速与电磁转矩之间的关系。永磁式直流电动机磁极磁通在工作时保持不变。并励式直流电动机的励磁绕组与电枢绕组连在同一电源上,若外电压、励磁电阻不变,则每极磁通也基本不变。因此,永磁式直流电动机、并励式直流电动机转速与电磁转矩之间的关系基本相同,即转速随电磁转矩的增大而近似呈线性规律下降,但下降值很小,可以说它们具有较"硬"的机械特性,适应性较差。永磁式直流电动机和并励式直流电动机常用于减速起动机。

串励式直流电动机的励磁绕组与电枢绕组串联,电枢电流等于励磁绕组电流,并与总电流相等。由于串励式直流电动机具有起动转矩大、轻载转速高、重载转速低、短时间内能输出大功率等特点,具有较"软"的机械特性,因此特别适用于直接驱动式起动机。

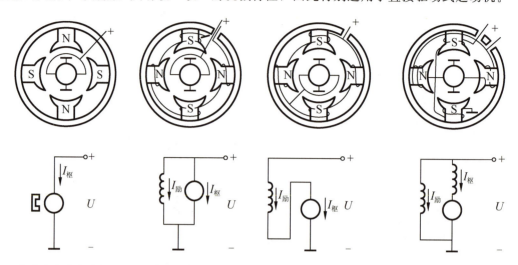

(a) 永磁式直流电动机　(b) 并励式直流电动机　(c) 串励式直流电动机　(d) 复励式直流电动机

图 4.16　直流电动机的类型

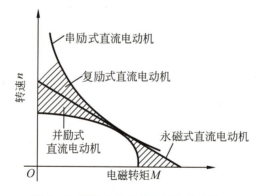

图 4.17　直流电动机的机械特性比较

复励式直流电动机的磁极上有两组励磁绕组,一组与电枢串联,另一组与电枢并联。复励式直流电动机在空载运行的情况下与并励式直流电动机相似,加负载后,串励绕组的磁场随负载的增大而增强,运行情况接近串励式直流电动机。因此,它的机械特性比并励式直流电动机"软",比串励式直流电动机"硬"。复励式直流电动机被一些大功率起动机采用。

4.2.4　起动机与发动机、蓄电池的匹配

1. 起动机的功率及其影响因素

(1) 起动机的功率。

起动机的功率 P 可由式(4-1)确定,即

$$P=\frac{M_S n_S}{9550} \tag{4-1}$$

式中，M_S——起动机的输出转矩（N·m）；

n_S——起动机的转速（r/min）；

P——起动机的功率（kW）。

由式(4-1)和串励式直流电动机的电磁转矩特性及机械特性可得，起动机的特性曲线如图4.18所示。

起动机在全制动($n_S=0$)和空载($M_S=0$)时功率均为0，而在I_S接近全制动电流一半时功率最大。起动机工作时间短（仅几秒），允许在最大功率状态下工作。因此，起动机的额定功率一般就是起动机的最大功率或接近最大功率。

（2）影响起动机功率的因素。

起动机的工作电流很大（达几百安培），蓄

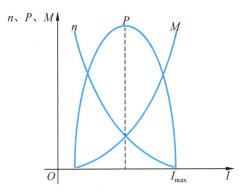

图4.18 起动机的特性曲线

电池、起动机电源内阻及起动电路电阻对起动机的功率会有很大影响。

① 接触电阻和导线电阻。接触电阻包括起动电路导线与蓄电池极桩、起动机接线柱及电动机内电刷与换向器等的接触电阻。接触电阻大、导线横截面面积小或长度小，都会造成较大的电压降而使起动机功率下降。

因此，理想的设计是确保蓄电池的安装位置尽可能靠近起动机，连接蓄电池正极、起动机的导线及蓄电池搭铁线一定要足够粗，以降低电路压降。

② 蓄电池容量。若蓄电池的容量过小，则其内阻大，起动时，加在直流电动机上的端电压就低，从而使起动机的功率下降。

③ 环境温度。环境温度低时，蓄电池的容量下降，其内阻增大，从而使起动机的功率下降。

2. 起动机基本参数的确定

（1）起动机功率的选择。

起动机的功率P(kW)应根据发动机起动所需功率选取，取决于发动机的起动阻转矩M_Q(N·m)和最低起动转速n_Q(r/min)，并可由式(4-2)计算，即

$$P \geqslant \frac{M_Q n_Q}{9550} \tag{4-2}$$

发动机的起动阻转矩是指在最低起动转速时的发动机阻转矩，主要包括气缸气体压缩阻转矩、运动件的摩擦阻转矩和惯性转矩。

发动机的最低起动转速是指发动机起动时能保证进入发动机气缸内的混合气在压缩终了时具有一定的温度和良好的雾化、能使发动机可靠点火发动所需的最低转速。汽油发动机的最低起动转速一般在50～70r/min，而柴油发动机的最低起动转速一般在100～200r/min。

温度为0℃时发动机起动所需功率可由下列经验公式推算，即

$$\text{汽油发动机功率 } P=(0.18\sim0.22)L \tag{4-3}$$

$$\text{柴油发动机功率 } P=(0.74\sim1.1)L \tag{4-4}$$

式中，L——发动机的工作容积(L)。

(2) 传动比的选择。

起动机与发动机之间的最佳传动比应能保证发动机可靠起动，同时使起动机达到最大功率。在实际选择中，受飞轮齿圈和驱动齿轮的结构限制，传动比往往稍小于最佳值。这种选择结果使起动机在工作时并没有达到最大功率，但起动机的转矩增大，对起动是有利的。

(3) 蓄电池容量的选择。

确定起动机的功率以后，可以按式(4-5)确定蓄电池的容量，即

$$C=(610\sim810)\frac{P}{U} \tag{4-5}$$

式中，U——起动机的额定电压(V)；

C——蓄电池的额定容量(A·h)。

对于大功率(7～10kW)的起动机，可以选择比计算值小一些的蓄电池容量。

4.3 起动机的传动机构与控制机构

4.3.1 起动机的传动机构

1. 起动机的传动过程

一般起动机的传动机构是指包括驱动齿轮的单向离合器，减速起动机的传动机构还包括减速装置。驱动齿轮与飞轮齿圈一般是靠拨叉强制拨动啮合的，起动机驱动齿轮啮合过程如图 4.19 所示。

起动机不工作时，驱动齿轮静止，处于图 4.19(a)所示位置；当需要起动时，拨叉在人力或电磁力的作用下，将驱动齿轮推出与飞轮齿圈啮合，如图 4.19(b)所示；驱动齿轮与飞轮齿圈接近完全啮合时，起动机主开关接通，起动机带动发动机曲轴运转，如图 4.19(c)所示。

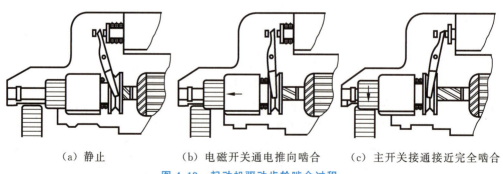

(a) 静止　　　　(b) 电磁开关通电推向啮合　　　　(c) 主开关接通接近完全啮合

图 4.19　起动机驱动齿轮啮合过程

发动机起动后，如果驱动齿轮仍处于啮合状态，则单向离合器打滑，小齿轮在飞轮带动下空转，电动机在空载下旋转，避免了被飞轮反拖高速旋转的危险。

起动机起动完毕后,拨叉在回位弹簧作用下回位,带动驱动小齿轮退出飞轮齿圈的啮合。

常见起动机的传动机构主要有滚柱式单向离合器、弹簧式单向离合器和摩擦片式单向离合器三种。

2. 滚柱式单向离合器

(1) 结构。

滚柱式单向离合器是通过改变滚柱在楔形槽中的位置实现接合和分离的。其结构分为十字块式和十字槽式两种,如图4.20所示。滚柱式单向离合器主要由驱动齿轮、十字块套筒(或十字槽套筒)、滚柱、弹簧等组成。

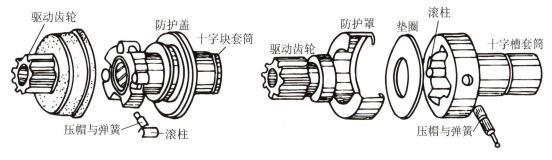

(a) 十字块式　　　　　　　　　　(b) 十字槽式

图4.20　滚柱式单向离合器的结构

滚柱式单向离合器的套筒内有螺旋花键,其与起动机电枢轴前端的花键结合。滚柱式单向离合器既可在拨叉作用下沿电枢轴轴向移动,又可在电枢驱动下做旋转运动。

(2) 工作原理。

发动机起动时,起动机带动发动机旋转,滚柱被挤到楔形槽的窄端且越挤越紧,使十字块与驱动齿轮集成一体,电动机转矩便由此输出,如图4.21(a)所示。

发动机起动后,当飞轮转动线速度超过驱动齿轮线速度时,飞轮带动电枢旋转,此时滚柱被推到楔形槽宽端,出现了间隙。十字块和驱动齿轮开始打滑,如图4.21(b)所示,齿轮空转,起到保护电枢的作用。

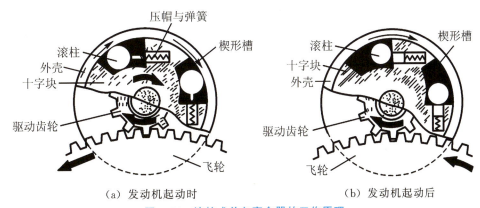

(a) 发动机起动时　　　　　　　　(b) 发动机起动后

图4.21　滚柱式单向离合器的工作原理

因为滚柱式单向离合器工作时属于线接触传力，所以不能传递大转矩，一般用于小功率（2kW 以下）的起动机；否则滚柱易变形、卡死，造成滚柱式单向离合器分离不彻底。由于它结构简单，因此广泛用于汽油发动机。

3. 弹簧式单向离合器

（1）结构。

弹簧式单向离合器是通过扭力弹簧的径向收缩和放松来实现接合和分离的，其结构如图 4.22 所示。

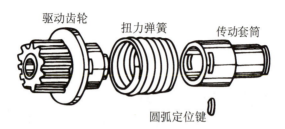

图 4.22　弹簧式单向离合器的结构

驱动齿轮与传动套筒间采用浮动的圆弧定位键相连接。在驱动齿轮和传动套筒外圆柱面上包有扭力弹簧。扭力弹簧两端各有四分之一的圈内径较小，并分别箍紧在驱动齿轮外圈和传动套筒上。扭力弹簧外装有护套。

（2）工作原理。

当起动机带动发动机转动时，扭力弹簧按卷紧方向扭转，弹簧内径变小。扭力弹簧借助摩擦力将驱动齿轮外圈和传动套筒紧抱成一体，把起动机转矩传给驱动齿轮。

发动机起动后，当驱动齿轮转速超过传动套筒速时，扭力弹簧受力方向与上述情况相反，弹簧朝旋松方向扭转，内径增大，驱动齿轮与传动套筒分成两体而打滑，齿轮空转，发动机转矩不能传给电枢。

弹簧式单向离合器具有结构简单、使用寿命长、成本低等特点。因扭力弹簧圈数较多，轴向尺寸较大，故弹簧式单向离合器多用于大、中型起动机。

4. 摩擦片式单向离合器

（1）结构。

摩擦片式单向离合器是通过主动摩擦片、从动摩擦片的压紧和放松来实现接合和分离的，其结构如图 4.23 所示。

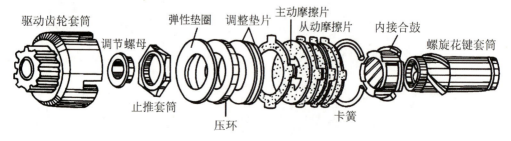

图 4.23　摩擦片式单向离合器的结构

摩擦片式单向离合器的螺旋花键套筒通过四条内螺纹与电枢花键轴连接，螺旋花键套筒又通过三条外螺纹与内接合鼓连接。主动摩擦片内齿卡在内接合鼓的切槽中，组成了该离合器的主动部分。

外接合鼓和驱动齿轮是一个整体，带凹坑的从动摩擦片外齿卡在外接合鼓的切槽中，组成了该离合器的从动部分。主动摩擦片和从动摩擦片交错安装，并通过调节螺母、弹性垫圈和压环限位，在压环和摩擦片间装有调整垫片。

（2）工作原理。

当起动机带动发动机曲轴旋转时，内接合鼓沿螺旋花键套筒上的螺旋花键向飞轮方向旋进，将主动摩擦片和被动摩擦片压紧，把起动机转矩传给发动机。

发动机起动后，当飞轮以较高转速带动驱动齿轮旋转时，内接合鼓沿螺旋花键退出，主动摩擦片和被动摩擦片打滑，使驱动齿轮空转而电枢不随着飞轮高速旋转。

当电动机超载时，弹性垫圈在压环凸缘的压力作用下弯曲变形，当弯曲到内接合鼓的左端顶住弹性垫圈的中心部分时，限制内接合鼓继续向左移动，该离合器开始打滑，从而避免因负荷过大而烧坏电动机，实现过载保护。

摩擦片式单向离合器传递的最大转矩可通过增减调整垫片进行调整，其结构较复杂，在大功率起动机上应用比较广泛。

4.3.2　起动机的控制机构

起动机控制机构也称操纵机构，有机械控制式（也称直接操纵式，现已淘汰）起动机控制机构和电磁控制式（电磁操纵式）起动机控制机构两类。

下面介绍广泛使用的电磁控制式起动机控制机构的结构和工作原理。

1. 结构

电磁控制式起动机控制机构的电路原理如图 4.24 所示。该控制机构由电磁开关、拨叉等组成。其中，电磁开关由主开关接触盘、吸拉线圈、保持线圈、复位弹簧及活动铁芯

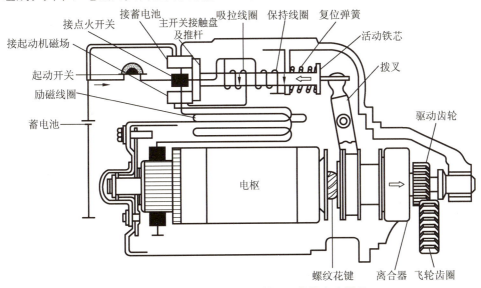

图 4.24　电磁控制式起动机控制机构的电路原理

等组成。吸拉线圈与电动机串联，保持线圈与电动机并联。活动铁芯可驱动拨叉运动，又可推动推杆。

2. 工作原理

电磁控制式起动机控制机构的工作原理如下。

（1）当起动机不工作时，驱动齿轮处于与飞轮齿圈脱开啮合的位置，电磁开关中的主开关接触盘与各接触点分开。

（2）将起动开关接通时，蓄电池经起动控制电路向起动机电磁开关通电，其电流回路如下。

此时，吸拉线圈和保持线圈磁场方向相同。活动铁芯在电磁力的作用下克服复位弹簧的弹力而向内移动，压动推杆使主开关接触盘与接触点靠近，同时带动拨叉将驱动齿轮推向啮合；当驱动齿轮与飞轮齿圈接近完全啮合时，主开关接触盘将接触点接通，起动机主电路接通，直流电动机产生强大转矩通过接合状态的单向离合器传给发动机飞轮齿圈。

当主开关接通后，吸拉线圈被主开关短路，电流消失，活动铁芯在保持线圈电磁力的作用下保持在吸合位置。

（3）当发动机起动后，飞轮齿圈转动线速度超过起动机驱动齿轮线速度时，单向离合器打滑，避免了电枢绕组高速甩散的危险。

（4）当松开起动开关时，起动控制电路断开，但吸拉线圈和保持线圈通过仍然闭合的主开关得到电流，其电流回路如下。

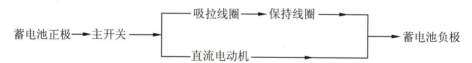

因此时的吸拉线圈和保持线圈磁场方向相反，相互削弱，活动铁芯在复位弹簧的作用下迅速复位，使驱动齿轮脱开啮合，主开关断开，起动机停止工作，起动结束。

常见的电磁开关按开关与铁芯的结构不同可分为整体式电磁开关和分离式电磁开关两种，如图4.25所示。主开关接触盘组件与活动铁芯固定连接的为整体式电磁开关[图4.25(a)]；主开关接触盘组件与活动铁芯不固定连接的为分离式电磁开关[图4.25(b)]。

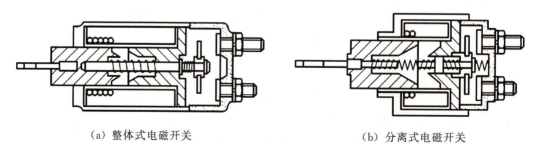

(a) 整体式电磁开关　　　　　　　　(b) 分离式电磁开关

图 4.25　常见的电磁开关

4.4 起动系统控制电路

常见的起动系统控制电路有起动开关直接控制起动系统控制电路、起动继电器控制起动系统控制电路和起动复合继电器控制起动系统控制电路等。

4.4.1 起动开关直接控制起动系统控制电路

起动开关直接控制是指起动机由起动开关(点火开关或起动按钮)直接控制,其起动系统控制电路如图 4.26 所示。起动功率较小的汽车常用这种起动系统控制电路。

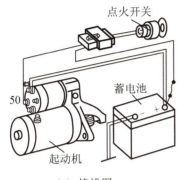

(a) 接线图　　　　　(b) 控制电路原理图

图 4.26　起动开关直接控制起动系统控制电路

4.4.2 起动继电器控制起动系统控制电路

起动继电器控制是指用起动继电器触点控制起动机电磁开关的大电流,而用点火开关或起动按钮控制继电器线圈的小电流,其起动系统控制电路如图 4.27 所示。起动继电器的作用是以小电流控制大电流,保护点火开关,减少起动机电磁开关线路压降。

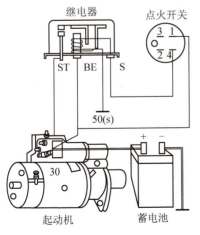 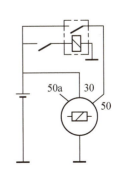

(a) 接线图　　　　　(b) 控制电路原理图

图 4.27　起动继电器控制起动系统控制电路

装备自动变速器的汽车，其自动变速器上都装有空挡起动开关，空挡起动开关与起动继电器线圈搭铁端串联，只有自动变速器变速杆处于停车(P)挡和空(N)挡时才接通，处于其他挡位时均为断开状态，这样有利于保护起动机并确保汽车安全起动。

也有一些装备手动变速器的汽车，在起动继电器线圈搭铁端与离合器开关串联，其触点是常开的。只有踩下离合器踏板时，离合器开关常开的触点才接通，起动机工作，其保护作用与空挡起动开关相同。

4.4.3 起动复合继电器控制起动系统控制电路

为了在发动机起动后，使起动机自动停转并保证不再接通起动机电路，许多汽车采用具有安全驱动保护功能的起动复合继电器控制起动系统控制电路。

起动复合继电器由起动继电器和保护继电器两部分组成，其起动系统控制电路如图 4.28 所示。

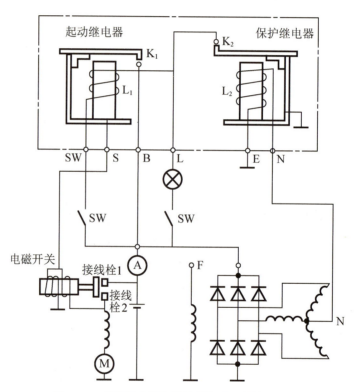

图 4.28 起动复合继电器控制起动系统控制电路

起动继电器的触点是动合的，控制起动机电磁开关。保护继电器的触点是动断的，控制充电指示灯和起动继电器线圈的搭铁。保护继电器磁化线圈一端搭铁，另一端接发电机的中性点，承受中性点电压。

起动复合继电器控制起动系统控制电路的工作原理如下。

(1) 起动时，将点火开关旋至起动位置，电流流经蓄电池正极—电流表—点火开关；之后，分成并联的两条支路：一条支路电流流经充电指示灯—L 接线柱—K_2—磁轭—搭铁到蓄电池负极，另一条支路电流流经接线柱 SW—线圈 L_1—K_2—磁轭—搭铁到蓄电池负极。

线圈 L_1 产生电磁吸力，K_1 闭合，将吸拉线圈和保持线圈的电路接通。电流流经蓄电池正极—电流表—接线柱 B—K_1—磁轭—接线柱 S；此后，分成并联的两条支路：一条支路电流流经保持线圈—搭铁—蓄电池负极，另一条支路电流流经吸拉线圈—起动机磁场绕组—电枢绕组—搭铁—蓄电池负极。

在吸拉线圈和保持线圈电磁吸力的共同作用下，起动机主电路(接线柱 1、2)接通，起动电流流经起动机磁场绕组和电枢绕组。起动机发出电磁转矩，驱动发动机曲轴运转。

（2）发动机起动后，虽然驾驶人没有及时松开点火开关，但此时交流发电机电压升高，中性点电压作用在保护继电器线圈 L_2 上，使 K_2 断开，切断了充电指示灯的电路，充电指示灯熄灭；同时将 L_1 的电路切断，K_1 断开，起动机电磁开关释放，切断了蓄电池与起动机之间的电路，使起动机自动停止工作。

（3）发动机正常运转过程中，在交流发电机中性点电压的作用下，K_2 一直处于断开状态，充电指示灯不亮，表示充电系统正常。即使驾驶人操作失误，将点火开关旋至起动位置，由于 L_1 中无电流，K_1 始终处于断开状态，所以起动机不会工作，从而防止起动机驱动齿轮被打坏的危险，起到安全保护作用。但是，如果充电系统有故障而导致发电机中性点电压过低，则起动复合继电器无法起到安全保护作用。

4.4.4　车载计算机控制起动系统控制电器

随着车载计算机在汽车上的应用越来越广，在一些高档乘用车上装有车载计算机控制起动系统，起动机的运行受车载计算机控制。

车载计算机控制起动系统控制电路如图 4.29 所示。

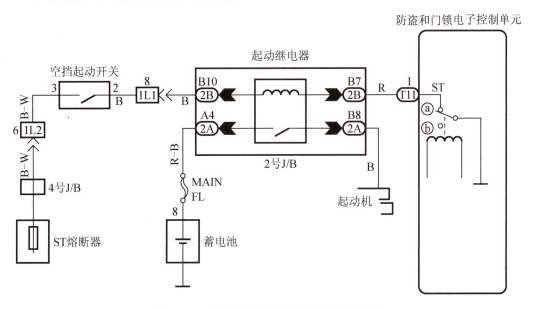

图 4.29　车载计算机控制起动系统控制电路

车载计算机控制起动系统控制电路主要由蓄电池、起动机、起动继电器、空挡起动开关、防盗和门锁电子控制单元、点火开关(图中未画出)及保险装置（ST 熔断器）等组成。

起动继电器线圈的一端通过空挡起动开关和 ST 熔断器接点火开关，由点火开关控制与蓄电池正极的连接和断开；另一端接防盗和门锁电子控制单元的 ST 端子，由防盗和门锁电子控制单元控制其搭铁。变速器处于 N 挡或 P 挡时，空挡起动开关是接通的；变速器处于其他挡位时，空挡起动开关是断开的。

当点火开关钥匙没有插入或没有处于工作位置时，防盗系统工作，防盗和门锁电子控制单元使 ST 端子处于高电位 12V，即使点火开关处于起动位置，并且空挡起动开关接通，也因起动继电器线圈两端电位相等，起动继电器触点不能闭合，起动机不会工作。

当点火开关钥匙插入并处于工作位置时，全部防盗功能解除，防盗和门锁电子控制单元使 ST 端子处于低电位 0V。如果点火开关处于起动位置、变速器处于空挡位置，则起动继电器线圈电路接通，使起动继电器触点闭合，起动机工作。

发动机起动后，点火开关自起动位置退回，起动继电器线圈电路切断，触点断开，起动机停止工作。

空挡起动开关保证了只有变速器在 N 挡或 P 挡时才能起动发动机，这样既有利于汽车顺利、安全起动，又能保证在汽车行驶过程中，即使误将点火开关旋至起动位置，起动机也不会工作，避免了齿轮碰撞，延长了起动机驱动齿轮和飞轮齿圈的使用寿命。

如果防盗和门锁电子控制单元是根据发电机的工作情况对 ST 端子的电位进行控制的，则当发电机工作正常后，发电机的输出电压或中性点输出电压超过规定值，防盗和门锁电子控制单元将使 ST 端子处于高电位 12V；如果防盗和门锁电子控制单元是根据发动机的转速对 ST 端子的电位进行控制的，则当发动机的转速达到怠速转速后，防盗和门锁电子控制单元将使 ST 端子处于高电位 12V；即使点火开关置于起动位置，并且空挡起动开关接通，起动机也不会工作，从而实现对起动机的安全保护。

4.5　典型起动机工作原理分析

4.5.1　电磁控制式起动机

1. 结构

大多数中型货车装备的 QD124 型起动机是一种电磁控制式起动机，其结构如图 4.30 所示。

其传动机构采用滚柱式单向离合器，为提高转子轴的刚度，加装了中间轴承支承板，在控制电路中装有一个起动继电器，起动机由点火开关控制。

2. 工作原理分析

起动系统控制电路如图 4.31 所示。

电磁控制式起动机的工作原理如下。

（1）起动时，将点火开关旋至起动挡位，起动继电器线圈通电，电流由蓄电池正极经主接线柱、电流表、点火开关、起动继电器"点火开关"接线柱、起动继电器线圈、搭铁流回蓄电池负极。起动继电器触点闭合，电磁开关电路接通。

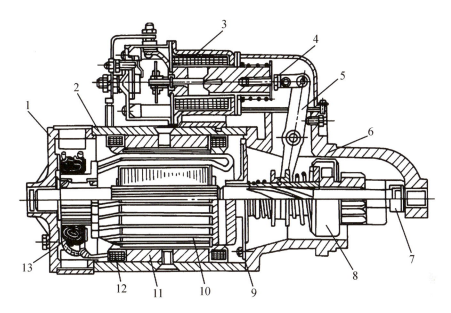

1—前端盖；2—机壳；3—电磁开关；4—调节螺钉；5—拨叉；6—后端盖；7—限位螺钉；
8—单向离合器；9—中间轴承支板；10—电枢；11—磁极；12—磁场绕组；13—电刷。

图 4.30　QD124 型起动机（电磁控制式起动机）的结构

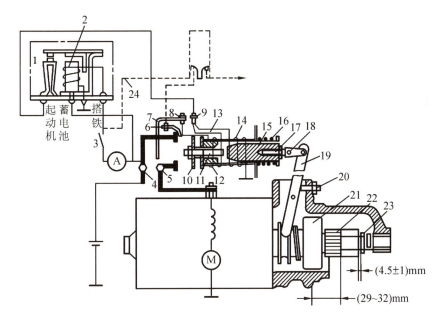

1—起动继电器触点；2—起动继电器线圈；3—点火开关；4，5—起动机开关接线柱（主接线柱）；
6—点火线圈附加电阻短路接线柱；7—导电片；8—接线柱；9—电磁开关接线柱；10—主开关接触盘；
11—推杆；12—固定铁芯；13—吸拉线圈；14—保持线圈；15—活动铁芯；16—复位弹簧；
17—调节螺钉；18—连接片；19—拨叉；20—限位螺钉；21—滚柱式单向离合器；
22—驱动齿轮；23—限位螺母；24—附加电阻线(白线 1.7Ω)。

图 4.31　QD124 型起动机（电磁控制式起动机）起动系统控制电路

控制电路如下：蓄电池正极—主接线柱—起动继电器"蓄电池"接线柱—起动继电器触点—起动继电器"起动机"接线柱—电磁开关接线柱，然后分成两条并联电路。

一条支路电流流经吸拉线圈—接线柱—导电片—主接线柱—起动机磁场绕组—电枢绕组—搭铁—蓄电池负极。

另一条支路电流流经保持线圈—搭铁—蓄电池负极。

两线圈电流产生同方向电磁力将活动铁芯吸入，拨叉推动滚柱式单向离合器，使驱动齿轮啮入飞轮齿圈。

当齿轮啮合约一半时，活动铁芯就顶动推杆向左移动，当到达极限位置时驱动齿轮已全部啮合，主开关接触盘同时将辅助接线柱和主接线柱相继接通，起动机在短路附加电阻和吸拉线圈的有利条件下产生起动转矩，发动机起动。

较大起动电流直接从蓄电池正极经主接线柱、主开关接触盘、主接线柱、起动机、搭铁后流回蓄电池负极。吸拉线圈短路后，驱动齿轮的啮合靠保持线圈产生的电磁力维持在工作位置。

保持电路如下：蓄电池正极—主接线柱—起动继电器"蓄电池"接线柱—起动继电器触点—起动继电器的"起动机"接线柱—电磁开关接线柱—保持线圈—搭铁—蓄电池负极。

（2）发动机起动后，起动机单向离合器开始打滑，松开点火开关钥匙即自动转回到点火挡位，起动继电器线圈断电，起动继电器触点跳开，使电磁开关两个线圈串联，吸拉线圈流过反向电流，加速电磁力的消失。

电路如下：蓄电池正极—主接线柱—主开关接触盘—主接线柱—导电片—接线柱—吸拉线圈（电流反向）—接线柱—保持线圈—搭铁—蓄电池负极。

由于电磁开关线圈电磁力迅速消失，活动铁芯和推杆在复位弹簧作用下返回。主开关接触盘先离开主接线柱，触头切断了起动机电源；点火线圈附加电阻也随即接入点火系统。同时拨叉将离合器拨回，驱动齿轮脱离飞轮齿圈，起动机停止工作。

4.5.2 减速起动机

为了提高起动性能并减轻起动机的质量，许多小型汽车均采用内装减速装置的起动机，称为减速起动机（图4.32）。

【拓展图文】

图4.32 QDJ254型减速起动机（电压24V，功率4.9kW，匹配玉柴4110ZD、云内4100系列柴油发动机）

1. 结构

减速起动机的基本结构与电磁控制式起动机相同，只是在电枢和驱动齿轮之间安装减速机构，经减速机构将起动机转速降低后，带动驱动齿轮。由于减速起动机应用了减速机构，因此可采用小型、高速、低转矩的电动机。

减速起动机起动系统控制电路参见图 4.31。常见减速起动机的减速机构有三种形式：外啮合齿轮式、内啮合齿轮式和行星齿轮式，如图 4.33 所示。

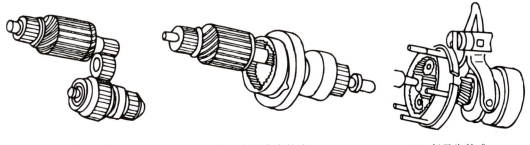

（a）外啮合齿轮式　　　（b）内啮合齿轮式　　　（c）行星齿轮式

图 4.33　常见减速起动机的减速机构的形式

减速起动机的电动机转速为 15000～20000r/min，在相同输出功率条件下比普通起动机的质量减轻 20%～40%，体积减小约二分之一，转矩增大，不仅提高了减速起动机的起动性能，而且相对减轻了蓄电池的负担。

如图 4.34 所示，在减速起动机的电枢轴端有主动齿轮，与内啮合减速齿轮啮合，内啮合齿轮与螺旋花键轴紧固，在螺旋花键轴上套有滚柱式单向离合器。

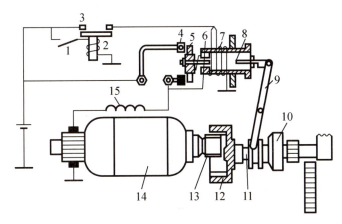

1—起动开关；2—起动继电器线圈；3—起动继电器触点；4—主触点；5—主开关接触盘；
6—吸拉线圈；7—保持线圈；8—活动铁芯；9—拨叉；10—滚柱式单向离合器；11—螺旋花键轴；
12—内啮合减速齿轮；13—主动齿轮；14—电枢；15—磁场绕组。

图 4.34　减速起动机的结构

2. 工作原理分析

由图 4.34 可知，当起动开关接通时，蓄电池电流流过起动继电器线圈，起动继电器线圈产生吸力，使起动继电器触点闭合，接通电磁开关中吸拉线圈和保持线圈的电路。

在两线圈电磁吸力的共同作用下，活动铁芯被吸入，带动拨叉将滚柱式单向离合器推出，使驱动齿轮与飞轮齿圈啮合。当驱动齿轮与飞轮齿圈完全啮合时，活动铁芯推动主开关接触盘，将主触点接通，起动机主电路接通，电枢开始高速旋转。

电枢的旋转经主动齿轮、内啮合减速齿轮减速，再经螺旋花键轴传给滚柱式单向离合器，最后经驱动齿轮传给飞轮齿圈，使发动机起动。之后的工作过程与电磁控制式起动机相同。

4.5.3 永磁减速式起动机

大众速腾、奥迪 A6 等汽车采用了永磁减速式起动机，既提高了起动机的性能，又简化了起动机的结构。

1. 结构

图 4.35 所示为 SD6RA 型永磁减速式起动机的结构，图 4.36 所示为 12VDW1.4 型永磁减速式起动机的工作原理。

起动机中有六个永久磁极，用弹性垫圈固定在机壳内。传动机构为滚柱式单向离合器，配以行星齿轮减速装置。其电枢轴齿轮为太阳轮，另有三个行星齿轮和一个固定内齿圈。

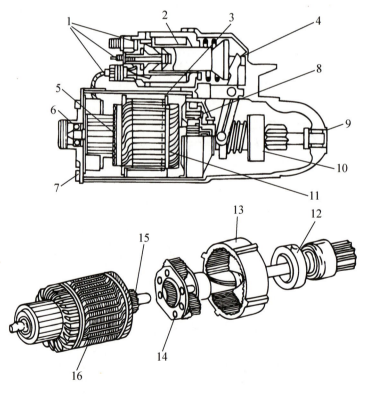

1—接线柱；2—活动铁芯；3—永久磁铁；4—拨叉；5—换向器；6，9—轴承；7—电刷；
8—行星齿轮减速器总成；10—滚柱式单向离合器；11—电枢绕组；12—驱动盘；13—固定内齿圈；
14—行星齿轮支架；15—太阳轮；16—电枢铁芯。

图 4.35 SD6RA 型永磁减速式起动机的结构

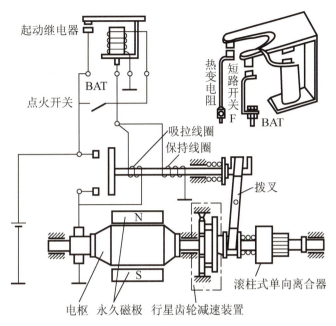

图 4.36　12VDW1.4 型永磁减速式起动机的工作原理

太阳轮安装在电枢轴上，与三个行星齿轮同时外啮合，三个行星齿轮套装在圆盘上，行星齿轮可以灵活自转。圆盘与驱动齿轮轴制成一体。

驱动齿轮轴一端制有螺旋花键，与滚柱式单向离合器传动套筒内螺旋花键配合。与行星齿轮啮合的内齿圈为铸塑件，其外缘有定位槽，嵌入起动机后端盖。起动继电器有两对触点：一对触点控制吸拉线圈和保持线圈的电路；另一对触点在起动时使点火线圈附加电阻短路，以增大初级电流，有利于起动。起动继电器的两对触点均为动合触点。

2. 工作原理分析

永磁减速式起动机的起动过程与 QD124 型起动机（电磁控制式起动机）基本相同，但电枢轴产生的转矩经行星齿轮减速装置放大，再传给驱动齿轮。转矩传递路线如下：电枢轴齿轮（太阳轮）—行星齿轮减速装置—驱动齿轮轴—滚柱式单向离合器—驱动齿轮—飞轮齿圈—发动机曲轴。

4.6　起动系统的使用及故障诊断与排除

起动系统的性能与使用和维护密切相关，为了提高起动系统的工作可靠性，延长起动机的使用寿命，必须严格遵守操作规程，做到正确使用、合理维护。

4.6.1　起动系统的使用

起动系统的使用注意事项如下。

（1）起动时踩下离合器踏板，将变速器挂入 N（空）挡或 P（停车）挡。

(2) 每次接通起动机的时间不得超过 5s，两次接通起动机的时间应间歇 15s 以上。

(3) 发动机起动后应马上松开起动开关。

(4) 发现起动系统工作异常时，应及时诊断并排除故障后再起动。

4.6.2　起动系统故障诊断与排除

起动系统常见的故障有起动机不转、起动机转动无力、起动机空转和起动机异响等。

1. 起动系统的常见故障部位

起动系统的常见故障部位有起动开关（接触不良），继电器触点（烧蚀），继电器线圈（短路、断路或接触不良），蓄电池（无电或存电不足），极柱（损坏、接头氧化或松动），等等。

起动机的常见故障部位如图 4.37 所示。

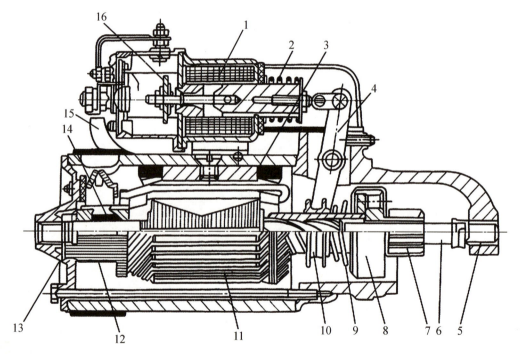

1—吸拉线圈和保持线圈（断路、短路）；2，9—弹簧（弹力过软、折断）；3—起动机磁极线圈（断路、短路）；4—拨叉（卡滞）；5，13—轴承（磨损）；6—定子轴（弯曲变形）；7—驱动齿轮（折断）；8—滚柱式单向离合器（失效）；10—滑套（卡滞）；11—电枢线圈（断路、短路）；12—换向器（脏污、短路、断路）；14—电刷（磨损过量、与换向器接触不良、卡滞）；15—连接导线（接触不良）；16—主开关接触盘（烧蚀、脏污、翘曲不平）。

图 4.37　起动机的常见故障部位

2. 起动机不转

(1) 故障现象。

点火开关旋至起动挡时，起动机不转。

(2) 故障原因。

① 蓄电池亏电或其内部损坏。

② 电路故障。导线断路、接触不良或连接错误。

③ 点火开关或起动继电器有故障。

④ 起动机控制装置故障。

a. 电磁开关触点烧蚀而引起接触不良。

b. 电磁开关线圈断路、短路或接触不良。

⑤ 起动机内部故障。

a. 电枢轴弯曲或轴承装配过紧。

b. 换向器脏污或烧坏。

c. 电刷磨损过量,弹簧过软,电刷卡滞与换向器不能接触。

d. 电枢绕组或励磁绕组短路、断路或接触不良。

(3) 故障诊断与排除。

① 检查蓄电池存电是否充足和电源电路有无故障。

方法:用高率放电计等检查蓄电池技术状况,再开前照灯或按喇叭检查电源电路是否有故障。

② 诊断故障在起动机还是在控制电路。

方法:短接电磁开关上的"起动开关"与"蓄电池"接线柱,如图 4.38(a)所示。

a. 若起动机运转,则说明起动机良好,故障在控制电路(包括起动开关和起动继电器)。可用短接的方法分别检查起动开关、继电器和导线是否正常。

b. 若起动机不转,则说明故障在起动机。短接电磁开关上的"起动机磁场"与"蓄电池"接线柱,如图 4.38(b)所示。若起动机转动正常,则电磁开关有故障;若起动机仍不转,则说明起动机内部有故障。

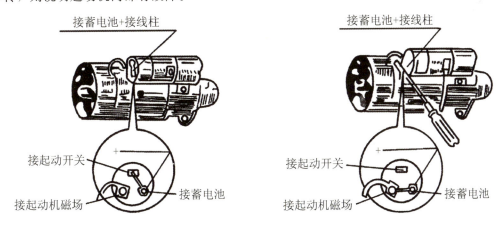

(a) 短接"起动开关"与"蓄电池"接线柱　　(b) 短接"起动机磁场"与"蓄电池"接线柱

图 4.38　起动机不转的故障诊断

3. 起动机转动无力

(1) 故障现象。

接通起动开关,起动机转动缓慢或不能连续运转。

（2）故障原因。

① 蓄电池和导线故障。蓄电池存电不足；起动机电路接头松动、脏污，接触不良。

② 起动机故障。

a. 电枢绕组或励磁绕组局部短路，使起动机功率下降。

b. 电枢轴弯曲轴承间隙过大，导致转子与定子碰擦(扫膛)。

c. 电刷磨损过量，弹簧过软，使电刷与换向器接触不良。

d. 换向器表面烧蚀、脏污。

e. 电磁开关主触点、接触盘烧蚀；电磁开关线圈局部短路。

f. 起动机轴承装配过紧，转动阻力过大。

（3）故障诊断与排除。

① 检查蓄电池和连接电路是否正常，要特别注意检查蓄电池极柱、起动和搭铁电缆的接头处是否接触良好。

② 若蓄电池和电路良好，则表明起动机有故障。

4. 起动机空转

（1）故障现象。

接通起动开关，起动机空转，不能啮入飞轮齿圈而带动发动机运转。

（2）故障原因。

① 飞轮齿圈磨损过量或损坏。

② 滚柱式单向离合器失效打滑。

③ 活动铁芯行程太短，驱动齿轮与飞轮齿圈不能啮合，拨叉连接处脱开。

（3）故障诊断与排除。

起动机空转有两种情况：一种是起动机驱动齿轮不与飞轮齿圈啮合的空转，这是由起动机控制机构有故障造成的；另一种是起动机的驱动齿轮与飞轮齿圈啮合，但因滚柱式单向离合器打滑而空转。

故障诊断与排除方法如下。

① 检查电磁控制式起动机的主开关接触盘的行程。若行程过短，则会使起动机提前转动，不能与飞轮齿圈啮合，而出现打齿现象。

② 检查滚柱式单向离合器是否打滑。

5. 起动机异响

（1）故障现象。

接通起动开关，可听到齿轮撞击声。

（2）故障原因。

① 起动机驱动齿轮或飞轮齿圈损坏。

② 电磁开关行程调整不当，使起动机驱动齿轮啮入飞轮齿圈之前，起动机主电路过早接通。

③ 起动机紧定螺钉松动或离合器壳松动。

④ 电磁开关内部电路接触不良。

（3）故障诊断与排除。

① 检查起动机紧定螺钉有无松动或离合器壳有无松动。

② 检查啮合的齿轮副是否磨损过量。
③ 检查起动机控制开关主电路是否接通过早。
④ 检查电磁开关保持线圈是否短路、断路或接触不良。

6. 起动机失去自动保护功能

(1) 故障现象。

用起动复合继电器控制起动系统，发动机起动后，若驾驶人不松开点火开关钥匙，则起动机不能自动停止运转。发动机运转过程中，若将起动开关旋至起动挡位，则发出齿轮撞击声。

(2) 故障原因。
① 充电系统发生故障，发电机中性点无电压输出。
② 发电机接线柱"N"至复合继电器接线柱"N"的导线断路或接触不良。
③ 起动复合继电器中保护继电器的触点烧蚀，或磁化线圈断路、短路、接触不良。
④ 起动复合继电器搭铁不良。

复习思考题

1. 简述汽车用起动机的作用和类别。
2. 简述汽车用起动机的工作特性。
3. 常用汽车用起动机有几种控制方式？
4. 简述电磁控制式起动机的工作过程。

【在线答题】

第 5 章 点火系统

教学提示

点火系统应在发动机各种工况和使用条件下都能保证可靠、准确地点火,使发动机及时、迅速地起动并连续运转。点火系统种类繁多,新技术、新结构不断涌现。

教学要求

本章主要介绍点火系统的结构与工作原理、使用与维护,以及检修,要求学生了解点火系统的发展历程,熟悉点火系统的结构和工作原理,掌握点火系统的检修方法。

5.1 点火系统概述

5.1.1 点火系统的结构

汽油发动机吸入气缸的燃油和空气的混合气,在压缩行程终了时只有经电火花点燃才能燃烧,进而产生强大的压力,推动活塞运动做功。

汽油发动机点火系统的作用是适时地为汽油发动机气缸内已压缩的可燃混合气提供足够能量的电火花,使汽油发动机能及时、迅速地起动并连续运转。点火系统的结构如图 5.1 所示。

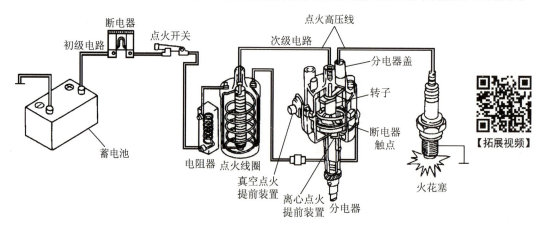

图 5.1 点火系统的结构

5.1.2　汽油发动机连续运转(正常着车)的必备条件

为使汽油发动机连续运转(正常着车)，必须具备有气、有电、有压缩三个基本条件。
(1) 进入气缸的可燃混合气浓度必须适宜，既不能太浓，又不能太稀。
(2) 点火系统必须在正确的点火时刻点火，而且电火花要足够强烈。
(3) 在压缩行程接近终了时，燃烧室内要有较高的压缩压力。

5.1.3　对点火系统的基本要求

点火系统的性能对发动机的工作有着十分重要的影响。点火系统应在发动机各种工况和使用条件下都能保证可靠而准确地点火。为此，对点火系统有下列要求。

(1) 点火系统应能产生足以击穿火花塞电极间隙的高电压。

能够击穿火花塞电极间隙，在火花塞电极间产生电火花的最低电压，称为火花塞击穿电压。汽车在行驶过程中，发动机在满载低速时需 10kV 的高压电，正常点火时一般大于 15kV，起动时可达 19kV。

为保证点火可靠，点火系统所能产生的最高电压必须总是高于火花塞击穿电压。考虑各种不利因素的影响，通常将点火装置的设计能力控制在 30kV 以内。

(2) 电火花应具有足够的点火能量。

发动机正常工作时，混合气压缩终了温度接近其自燃温度，这时所需电火花点火能量为 1~5mJ。但若在发动机起动、怠速运转及节气门急剧打开时，则需较高的电火花能量。为保证发动机在具有较高经济性和满足污染物排放指标的基础上正常工作，其可靠的点火能量应为 50~80mJ，起动时应产生大于 100mJ 的点火能量。

(3) 点火系统应按照发动机的工作顺序点火。

一般直列四缸发动机的点火顺序为 1—3—4—2，直列六缸发动机的点火顺序为 1—5—3—6—2—4。但也有采用其他点火顺序的，应以制造厂商提供的技术数据为准。

(4) 点火时刻应适应发动机各种工况的变化。

发动机的负荷、转速和燃油品质等都直接影响气缸内混合气的燃烧速度。为使发动机输出功率最大、油耗最小、排放污染物最少，点火系统必须能适应各种工况的变化，在最有利的时刻点火(最佳点火)。

点火时刻一般用点火提前角来表示。在压缩行程中，从点火开始到活塞运行到上止点曲轴转过的角度，称为点火提前角。

如果点火提前角过大(点火过早)，则混合气主要在压缩过程中燃烧，气缸压力急剧上升，在活塞到达上止点之前达到较大压力，给正在上升的活塞一个很大的阻力，阻止活塞向上运动。这样不仅使发动机输出功率下降、油耗增大，还会引起爆燃，加速机件损坏。

如果点火提前角过小(点火过迟)，则混合气一边燃烧，活塞一边下行，即燃烧过程是在容积增大的情况下进行的。这样不仅导致发动机输出功率下降，还会引起发动机过热、油耗增大。

一般把发动机发出最大输出功率或油耗最小时的点火提前角，称为最佳点火提前角。发动机在不同工况和不同使用条件下运转时的最佳点火提前角不同，影响最佳点火提前角的主要因素如下。

① 发动机转速。发动机转速越高，在同一时间内，曲轴转过角度越大，如果混合气的燃烧速度不变，点火提前角应呈线性增大。但转速升高时，由于发动机混合气压力与温度的提高及扰流的增加，燃烧速度增大，因此点火提前角应随转速的升高而增大，但不呈线性关系。

② 发动机负荷。在发动机转速不变的情况下，发动机的点火提前角应随发动机负荷的增加而减小，因为随着发动机负荷的增加和吸入气缸内的可燃混合气增加，压缩终了时的温度、压力也相应增加，所以燃烧速度增大。

③ 起动及怠速。发动机起动和怠速时，虽然混合气的燃烧速度较小，但是混合气的全部燃烧时间在曲轴转角中只占一小部分，如果点火过早，则燃烧压力高峰会出现在活塞上行过程中，可能使曲轴反转。因此，要求点火提前角减小，甚至不提前点火。

④ 汽油的辛烷值。通常用辛烷值表示汽油的抗爆性。辛烷值越大，汽油抗爆性越好，因此，随着汽油辛烷值的增大，点火提前角可适当增大。

⑤ 发动机压缩比。发动机压缩比越大，压缩终了时气缸内的压力和温度越高，混合气的燃烧速度越大。因此，随着发动机压缩比的增大，点火提前角可适当减小。

⑥ 混合气的浓度。混合气的浓度直接影响燃烧速率，当过量空气系数 $\alpha = 0.8 \sim 0.9$ 时，混合气的燃烧速度最大，最佳点火提前角最小。由于过稀或过浓的混合气会减小燃烧速度，因此必须适当增大点火提前角。

5.1.4 点火系统的发展历程

在汽车技术发展历程中，点火系统经历了如下几个发展阶段。

1. 传统点火系统

传统点火系统也称蓄电池点火系统或触点式点火系统，其具有最基本的结构，如图 5.2 所示。在该系统中，通过凸轮接通和断开触点，使点火线圈的初级电流间歇流动，从而在点火线圈次级电路产生点火高压。

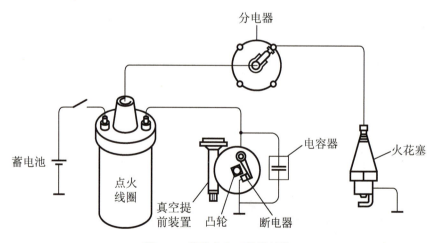

图 5.2 传统点火系统的结构

因为传统点火系统的断电器触点在使用过程中会发生氧化、烧蚀，所以需要定期保养，而且断电器触点的机械惯性大、响应速度小、性能不佳，已被新型点火系统所取代。

2. 无触点电子点火系统

在无触点电子点火系统中,用点火信号发生器取代凸轮触点机构,其结构如图 5.3 所示。在该系统中,利用电子控制的方法使点火线圈的初级电流间歇流动,从而在点火线圈次级电路产生点火高压。

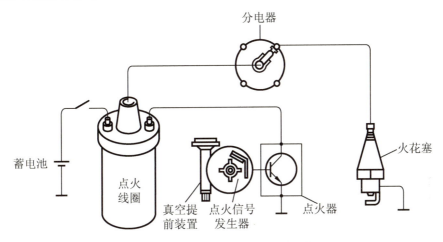

图 5.3　无触点电子点火系统的结构

3. 电控电子点火系统

在电控电子点火系统中,用电控点火提前装置取代传统的点火提前机构(真空及离心提前机构),并利用发动机电子控制单元控制点火提前角,其结构如图 5.4 所示。

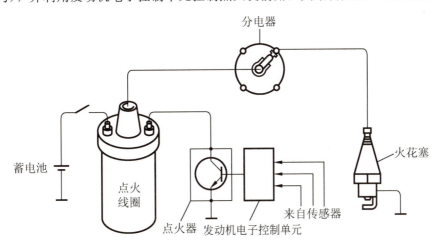

图 5.4　电控电子点火系统的结构

4. 无分电器点火系统

无分电器点火系统(distributorless ignition system,DIS)使用多个点火线圈,直接向火花塞输送高电压,取消机械式分电器结构,沿用发动机电子控制单元控制点火提前角的方法,其结构如图 5.5 所示。

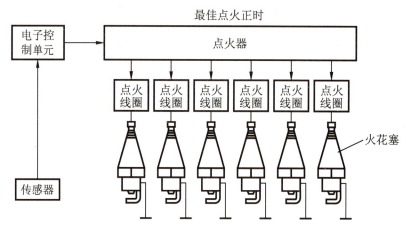

图 5.5　无分电器点火系统的结构

5.1.5　点火系统的分类

应用在汽车上的点火装置种类繁多,大致有以下几种分类方法。

1. 按照点火能量的储存方式分类

(1) 电感储能式电子点火系统(也称电感放电式电子点火系统)。在这类点火系统中,电火花的点火能量以磁场的形式储存在点火线圈中。

(2) 电容储能式电子点火系统(也称电容放电式电子点火系统)。在这类点火系统中,电火花的点火能量以电场的形式储存在专门的储能电容器中。

2. 按照点火信号的发生原理分类

(1) 电磁感应式电子点火系统(如一汽车系)。

(2) 霍尔效应式电子点火系统(如大众车系)。

(3) 光电式电子点火系统(如日产车系)。

3. 按照初级电路的控制方式分类

(1) 传统点火系统。传统点火系统只在早期生产的汽车上使用,现已淘汰。

(2) 电子点火系统。电子点火系统多应用于中、低档车型的发动机上。得益于技术进步,电子点火系统被电控电子点火系统全面取代的趋势日益明显。

(3) 电控电子点火系统。电控电子点火系统(特别是无分电器点火系统)已经成为当前主流的点火方式,应用极为广泛。

4. 按照高压电的配电方式分类

(1) 机械配电式点火系统(有分电器点火系统)。

(2) 计算机配电式点火系统(无分电器点火系统)。

在以上点火系统中,相对于电容储能式电子点火系统而言,电感储能式电子点火系统应用更广泛;而在电感储能式电子点火系统中,电磁感应式电子点火系统和霍尔效应式电子点火系统的应用更广泛;对于高压电的配电方式而言,机械配电式点火系统在中、低档车型中应用较多，计算机配电式点火系统在中、高档车型中应用较多。总体来说，采用计算机配电式点火系统是汽车点火技术的发展趋势。

限于篇幅并考虑课程体系和认知规律，本书只讲解无触点电子点火系统。关于电控电子点火系统（包括计算机配电式点火系统）将在其他课程中详细介绍，读者可参阅本书参考文献。

5.2 无触点电子点火系统的结构与工作原理

无触点电子点火系统又称晶体管点火系统或半导体点火系统。在无触点电子点火系统中，装在分电器内的点火信号发生器取代了传统点火系统的凸轮和断电器触点。点火信号发生器能产生电压信号，接通点火控制器的大功率晶体管，以断开点火线圈初级电路，可以完全实现传统点火系统的功能。

因为无触点电子点火系统取消了机械触点，彻底解决了断电器触点带给点火系统的各种弊端，所以得到了广泛应用。

5.2.1 无触点电子点火系统的结构

1. 无触点电子点火系统的组成

无触点电子点火系统取消了传统点火系统的断电器触点，改用点火信号发生器产生点火信号，控制点火系统工作。它可以避免由触点引起的故障，减少了保养和维护工作；还可以增大初级电路电流，提高次级电路电压和点火能量；改善混合气的燃烧状况，提高发动机的动力性和经济性，并减少排气污染。因此，无触点电子点火系统在国内外得到广泛应用。

无触点电子点火系统一般由点火信号发生器、点火控制器、点火线圈、火花塞等组成，如图5.6所示。

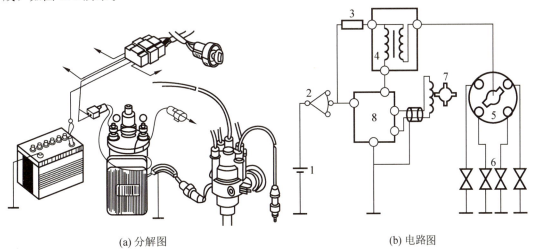

(a) 分解图　　　　　　　　　　　(b) 电路图

1—电源；2—点火开关；3—附加电阻；4—点火线圈；5—分电器；6—火花塞；
7—点火信号发生器；8—点火控制器。

图 5.6　无触点电子点火系统的组成

2. 点火信号发生器

点火信号发生器的作用是产生与气缸数及曲轴位置相对应的电压信号,以触发点火控制器按发动机各缸的点火需要,及时通断点火线圈初级电路,使次级电路产生高压电。

常见的点火信号发生器有电磁感应式点火信号发生器、霍尔效应式点火信号发生器、光电式点火信号发生器等。其中,电磁感应式点火信号发生器由于结构简单、性能可靠稳定,应用普遍;霍尔效应式点火信号发生器性能优于电磁感应式点火信号发生器,应用的车型也越来越多;光电式点火信号发生器的应用较少。

(1) 电磁感应式点火信号发生器。

① 电磁感应式点火信号发生器的结构与工作原理。

电磁感应式点火信号发生器由靠分电器轴带动且转速与之相等的点火信号转子、安装在分电器底板上的永久磁铁和绕在导磁铁芯上的传感线圈等组成,如图5.7所示。

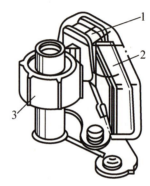

1—传感线圈;2—永久磁铁;3—点火信号转子。

图5.7 电磁感应式点火信号发生器的结构

点火信号转子有与发动机气缸数相等的凸齿。永久磁铁的磁通经转子凸齿、传感线圈的铁芯、永久磁铁构成回路。当点火信号转子转动时,转子凸齿与传感线圈铁芯间的空气间隙不断发生变化,穿过传感线圈铁芯中的磁通也不断变化。

根据电磁感应原理,当穿过传感线圈的磁通发生变化时,传感线圈中产生感应电动势,感应电动势的值与磁通的变化量成正比。

电磁感应式点火信号发生器的工作原理如下。

a. 如图5.8(a)所示,当点火信号转子按顺时针方向旋转且转子凸齿逐渐向铁芯方向靠近时,转子凸齿与铁芯间的空气间隙越来越小,穿过传感线圈铁芯的磁通逐渐增多,传感线圈产生感应电动势。在点火信号转子转到铁芯位于点火信号转子两个转子凸齿之间的某一位置时,磁通的变化量最大,传感线圈中产生的感应电动势急剧上升达正幅值(A端为"+",B端为"-")。

b. 随着点火信号转子转动,传感线圈铁芯中磁通的增加速率降低,传感线圈中产生的感应电动势减小,当点火信号转子转到图5.8(b)所示位置时,转子凸齿与铁芯的中心线正好在一条线上,转子凸齿与铁芯的空气间隙最小,穿过铁芯的磁通最多,但磁通的变化量为零,在传感线圈中产生的感应电动势减小到零。

c. 随着点火信号转子继续转动,转子凸齿逐渐离开铁芯,转子凸齿与铁芯的空气间隙逐渐增大,穿过铁芯的磁通则逐渐减少,在传感线圈中产生的感应电动势增大,但方向与磁通增加时相反。

当点火信号转子转到图 5.8(c)所示位置时，磁通减少的变化量最大，传感线圈中产生的感应电动势急剧下降达负幅值（A 端为"－"，B 端为"＋"）。

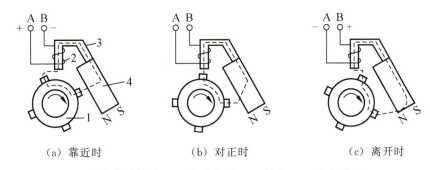

(a) 靠近时　　　　　(b) 对正时　　　　　(c) 离开时

1—点火信号转子；2—传感线圈；3—铁芯；4—永久磁铁。

图 5.8　电磁感应式点火信号发生器的工作原理

如此循环，随着点火信号转子不断转动，在传感线圈中产生图 5.9 所示的大小和方向不断变化的感应电动势。

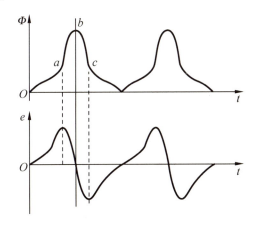

图 5.9　穿过传感线圈的磁通及传感线圈中的感应电动势

电磁感应式点火信号发生器的信号电压随发动机转速的变化而变化。发动机转速升高时，信号电压因磁通的变化速率提高而增大，触发点火的电压会提前到达。利用这一点，若其结构设计合理，则可使点火提前角随发动机转速的变化符合发动机的实际需要，省去离心式点火提前装置，简化分电器结构。

这种点火提前方式也称电点火提前，故有些磁感应式半导体点火系统无离心式点火提前机构。

② 丰田车系电磁感应式点火信号发生器。

丰田车系电磁感应式点火信号发生器的外形如图 5.10 所示，其工作原理与前述电磁感应式点火信号发生器相同，但它的永久磁铁为片状。点火信号发生器由信号转子、传感线圈、定子、塑性永磁片、导磁板、底板和分电器轴等组成，如图 5.11 所示。

底板和传感线圈固定在分电器壳体内，定子、塑性永磁片和导磁板用铆钉铆合后套在底板的轴套上，受真空式点火提前角调节装置的膜片拉杆的约束。塑性永磁片上面为 N

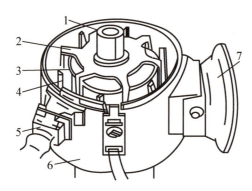

1—分电器轴；2—点火信号转子；3—传感线圈；4—定子；5—电线插接器；
6—分电器外壳；7—真空式点火提前角调节装置。

图 5.10　丰田车系电磁感应式点火信号发生器的外形

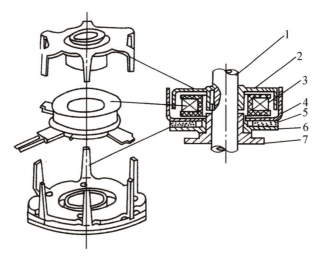

1—分电器轴；2—点火信号转子；3—传感线圈；4—定子；5—塑性永磁片；6—导磁板；7—底板。

图 5.11　丰田车系电磁感应式点火信号发生器的结构分解图

极、下面为 S 极，工作中点火信号发生器的磁路为：塑性永磁片 N 极—定子—定子爪极与转子爪极之间的气隙—转子感应线圈铁芯(凸轮轴)—导磁板—塑性永磁片 S 极—塑性永磁片 N 极。

此种结构的优点是点火信号电压高、低速工作可靠，并且磁感应线圈与点火信号转子同心，整个装置呈对称分布，可提高抗振能力，减少点火信号转子的磨损。

点火信号转子由分电器轴驱动。装在飞轮壳上的电磁感应点火信号发生器利用飞轮作为点火信号转子，磁铁、感应线圈等组成的点火信号装置安装在飞轮壳上，通过飞轮齿圈或飞轮上的凸起触发点火信号。

(2) 霍尔效应式点火信号发生器。

① 霍尔效应。

霍尔效应的原理如图 5.12 所示。当电流流过放在磁场中的霍尔元件(半导体基片)且电流方向与磁场的方向垂直时，在垂直于电流与磁通的霍尔元件的横向侧面会产生一个与电流和磁感应强度成正比的电压。因为这一现象是由美国物理学家霍尔（Hall）发现的，所以命名为霍尔效应，该电压称为霍尔电压。

霍尔电压值与通过的电流和磁感应强度成正比，即

$$U_H = \frac{R_H}{d} IB \qquad (5\text{-}1)$$

式中，U_H——霍尔电压（V）；

　　　R_H——霍尔系数；

　　　d——霍尔元件厚度（m）；

　　　I——电流（A）；

　　　B——磁感应强度的大小（T）。

由式(5-1)可知，当通过霍尔元件的电流 I 为一定值时，霍尔电压 U_H 随磁感应强度 B 的大小变化而变化；霍尔电压 U_H 与磁通的变化速率无关。

② 霍尔效应式点火信号发生器的结构与工作原理。

霍尔效应式点火信号发生器的外形如图 5.13 所示。分火头与触发叶轮制成一体并由分电器轴带动，触发叶轮的叶片数与气缸数相等。点火信号触发开关由霍尔元件及其集成电路和带导磁板的永久磁铁组成。霍尔集成电路的外层为霍尔元件，同一基板的其他部分制成放大电路。触发叶轮的叶片在霍尔元件和永久磁铁之间转动。

霍尔效应式点火信号发生器主要由霍尔元件、触发叶轮和永久磁铁等组成，如图 5.14 所示。

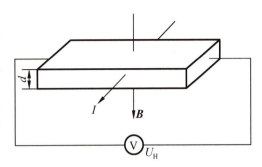

I—通过霍尔元件的电流；B—磁感应强度；
d—霍尔元件厚度；U_H—霍尔电压。

图 5.12　霍尔效应的原理

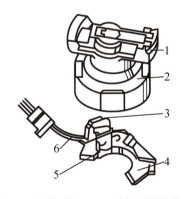

1—分火头；2—触发叶轮；3—霍尔元件及其集成电路；
4—点火信号触发开关；5—永久磁铁；
6—点火信号输出线。

图 5.13　霍尔效应式点火信号发生器的外形

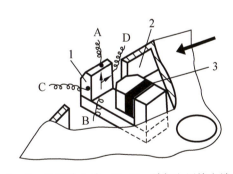

A，B—电流输入端；C，D—霍尔电压输出端；
1—霍尔元件；2—触发叶轮；3—永久磁铁。

图 5.14　霍尔效应式点火信号发生器的结构分解图

图 5.15 所示为霍尔效应式点火信号发生器的工作原理。在图 5.15(a)所示状态，点火信号转子叶片处在霍尔元件和永久磁铁之间，永久磁铁的磁场被点火信号转子的叶片遮挡而迅速减弱，磁感应强度 B 随之迅速下降，导致霍尔电压 U_H 达到最小值，趋近于零。

在图 5.15(b)所示状态，点火信号转子叶片之间的缺口和霍尔元件正对，永久磁铁的磁感应强度的大小 B 最大，霍尔电压 U_H 达到最大值。

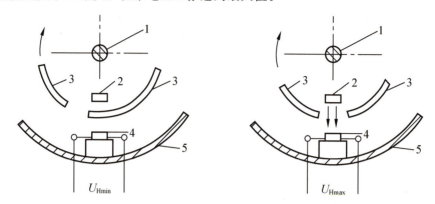

(a) 点火信号转子叶片处在霍尔元件和永久磁铁之间　　(b) 点火信号转子的缺口和霍尔元件正对
1—分电器轴；2—永久磁铁；3—点火信号转子叶片；4—霍尔元件；5—分电器外壳。

图 5.15　霍尔效应式点火信号发生器的工作原理

由于霍尔电压为 mV(毫伏)级，因此需要进行信号处理，即把信号放大并转换为矩形脉冲(方波)，这一任务是由霍尔集成电路完成的。

图 5.16 所示为霍尔集成电路的工作原理，当霍尔电压为零时，霍尔集成电路使霍尔效应式点火信号发生器输出电压急剧上升至数伏；而当产生霍尔电压时，霍尔效应式点火信号发生器输出电压降至 0.4~0.5V。

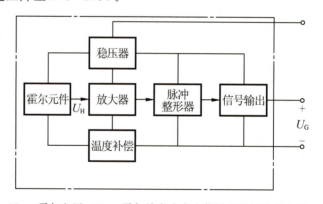

U_H—霍尔电压；U_G—霍尔效应式点火信号发生器输出电压。

图 5.16　霍尔集成电路的工作原理

霍尔效应式点火信号发生器输出的矩形脉冲控制点火控制器的大功率晶体管的导通与截止，接通和切断点火线圈初级电流，从而控制点火系统的工作。

霍尔效应式点火信号发生器的优点是点火正时性能稳定、精度高、耐久性好、不受灰尘和油污的影响，并且霍尔电压与转速无关，低速性能好。

(3) 光电式点火信号发生器。

① 光电式点火信号发生器的结构。

光电式点火信号发生器主要由光源、光接收器和遮光盘等组成，如图 5.17 所示。

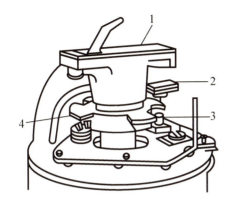
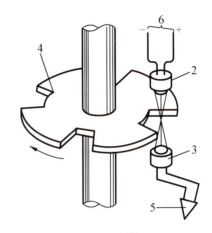

（a）外形　　　　　　　　　　　　（b）结构

1—分火头；2—光源（发光元件）；3—光接收器（光电元件、光敏元件）；
4—遮光盘（遮光转子）；5—输出信号；6—电源。

图 5.17　光电式点火信号发生器的结构

a. 光源。光源是一个砷化镓发光二极管，能以接近红外线的频率发出不可见光束，具有耐振动、耐高温和使用寿命长的优点。

b. 光接收器。光接收器采用的半导体元件为光敏二极管或光敏晶体管。它与光源相对，并相隔一定距离。

光敏二极管或光敏晶体管的工作原理类似于普通二极管和晶体管，所不同的是光敏二极管的反向电阻随光照增强而减小，光敏晶体管的基极电流只有经光源照射后才能产生。因而不必在光敏晶体管的基极输入电信号，也无须基极引线。

c. 遮光盘。遮光盘一般由金属材料或塑料制成，安装在分电器轴上，位于分火头下方。遮光盘上开有与气缸数相等的窗口，遮光盘的外缘可伸入光源与光接收器之间，遮挡光束的通过。当遮光盘随分电器轴转动时，光源产生的光束可通过遮光盘上的窗口射入光接收器而被接收。光电元件就把所接收到的光信号转换为电信号，通过点火控制器实现对点火线圈初级电流的控制，达到准确、适时地控制次级电路产生高压电的目的。

② 光电式点火信号发生器的工作原理。

光电式点火信号发生器的工作原理如图 5.18 所示，点火开关接通后，点火信号转子随分电器轴转动，光源通电，发出红外线光束。

当点火信号转子叶片之间的缺口通过光源时，红外线光束照在 VT_C 上，VT_C 产生基极电流，使 VT_1 导通，VT_2 也导通，VT_3 发射极被短路而截止，促使 VT_4 导通，从而接通点火线圈初级电路。

电流流经蓄电池正极接线柱—点火开关 SW—附加电阻 R_9—点火线圈初级线圈 N_1—晶体管 VT_4 的集电极、发射极—搭铁—蓄电池负极接线柱。当点火信号转子的叶片遮住光源的红外线光束时，光接收器截止，使 VT_1、VT_2 都截止，又促使 VT_3 导通，进而将 VT_4 截止，断开点火线圈初级电路，在点火线圈的次级线圈 N_2 中产生高压电，供给火花塞使其跳火，点燃气缸中的可燃混合气。

其中，R_7 用于在 VT_4 截止时保护其不被初级线圈中自感电动势损坏；稳压管 VD 使光源的工作电压维持约 3V。

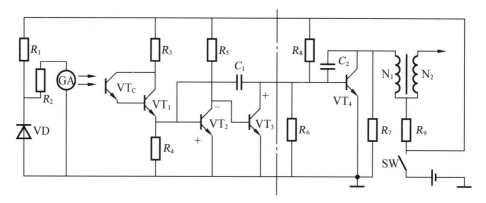

GA—光源(发光二极管);VT$_C$—光接收器(硅光电晶体管)。

图 5.18 光电式点火信号发生器的工作原理

与电磁感应式点火信号发生器相比,光电式点火信号发生器有信号和闭合角不受转速的影响、点火正时性能稳定等优点;但是受灰尘影响较大,对密封性要求高。

3. 点火控制器

(1) 点火控制器的作用。

点火控制器(又称点火器、电子点火器、电子点火组件、点火模块,图 5.19)的作用是对输入的点火信号进行处理后,准确、可靠地控制大功率晶体管的导通与截止,及时通断点火线圈初级电流,使点火线圈次级电路适时地产生高压电。

图 5.19 点火控制器

点火控制器的壳体多由铝材模铸而成,有利于散热,内部电路用导热树脂封装,壳体上封装有一个插座,用以与点火电路的线束插头连接。

点火控制器的结构如图 5.20 所示,一些现代汽车的点火控制器中又增加了闭合角控制、停车断电保护、点火能量恒定控制等功能。

下面以几种典型的点火控制器为例介绍其结构与工作原理。

(2) 丰田汽车半导体点火控制器。

① 结构。

图 5.21 所示为丰田汽车半导体点火控制器的结构。该点火控制器有 5 支晶体管。其中,VT$_1$ 接成二极管的形式(其发射极与基极相接),主要起温度补偿作用;VT$_2$ 为触发管;VT$_3$ 和 VT$_4$ 起放大作用;VT$_5$ 为大功率管,与点火线圈初级线圈串联,以提供较大的初级电流,使其截止时能在次级电路产生所需的高压电。

② 工作原理。

在接通点火开关的情况下,当点火信号发生器无输出信号(发动机未工作,点火信号

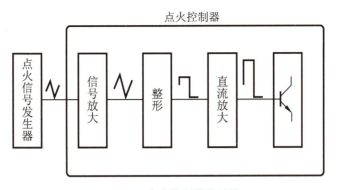

图 5.20 点火控制器的结构

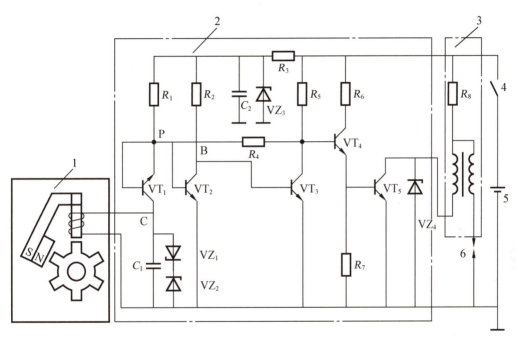

1—点火信号发生器；2—点火控制器；3—点火线圈；4—点火开关；5—蓄电池；6—火花塞。

图 5.21 丰田汽车半导体点火控制器的结构

发生器的点火信号转子不动)时，点火线圈初级线圈有电流通过。此时，蓄电池的正极通过 R_3、R_1、VT_1 和传感线圈到蓄电池负极(搭铁)构成回路。电路中的 P 点电位较高，使 VT_2 的发射极加正向电压而导通，其集电极电位降低到 0V，使 VT_3 截止。VT_3 的截止又使 VT_4 和 VT_5 获得正向偏置而导通，电流便从蓄电池正极流经点火开关—附加电阻 R_8—点火线圈初级线圈—VT_5—搭铁(蓄电池负极)。

当传感线圈输出"+"信号时，VT_1 加反向电压而截止，此时 P 点仍保持较高的电位使 VT_2 导通。于是，VT_3 截止，VT_4、VT_5 导通，点火线圈初级线圈仍有电流通过。

当传感线圈输出"−"信号时，VT_1 加正向电压而导通，此时 P 点电位降低，于是 VT_2 截止，VT_3 由蓄电池通过点火开关—R_3—R_2 提供基极电流，VT_3 导通，VT_4、VT_5 立即截止，点火线圈初级电流被切断，磁场迅速减弱，在点火线圈次级电路中产生瞬时高压电。

高压电再由配电器分配至火花塞，使火花塞产生高压电火花，点燃气缸内的可燃混合气。每当点火信号发生器的点火信号转子转动一周,各气缸都轮流点火一次。

(3) 解放汽车装用的6TS2107型点火控制器。

① 结构。

图5.22(a)所示为6TS2107型点火控制器的结构,其内部电路如图5.22(b)所示。6TS2107型点火控制器主要由89S01型点火专用集成电路芯片和一些辅助半导体元件组成,其中辅助半导体元件采用厚膜混合电路技术制成。该点火控制器的内部电路为全密封结构,底板为铝质散热板,用两个螺钉固定在点火线圈支架上。

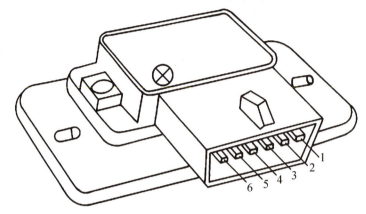

(a) 6TS2107型点火控制器的结构

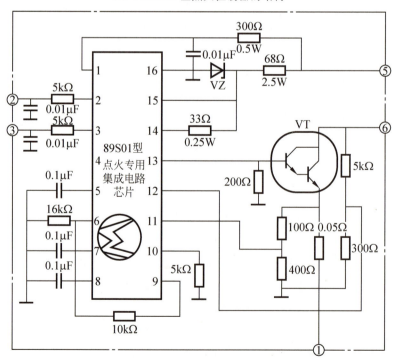

(b) 6TS2107型点火控制器的内部电路

1—接搭铁;2、3—接至点火信号发生器输出端;4—空位;
5—接点火线圈"+"接线柱;6—接点火线圈"-"接线柱。

图5.22 6TS2107型点火控制器的结构及其内部电路

② 工作原理。

当信号电压下降至某值时，VT 导通，此时电流经过点火线圈初级线圈，铁芯中产生磁场；当信号电压上升到某值时，VT 截止，点火线圈初级电流切断，磁场迅速消失，在次级电路中产生高压电。

6TS2107 型点火控制器具有恒能控制、停车断电保护、低速推迟点火正时等功能。

a. 恒能控制功能。为了使点火能量恒定，该点火控制器采用限定点火线圈初级电流峰值和控制其流通时间比率的方法来实现。

如图 5.23 所示，点火线圈初级电流导通时间 t_1 与点火周期 T 之比的百分率 $[(t_1/T) \times 100\%]$ 称为闭合率；初级电流上升到限定值后的继续通电时间 t_2 与点火周期 T 之比的百分率 $[(t_2/T) \times 100\%]$，称为过量闭合率。

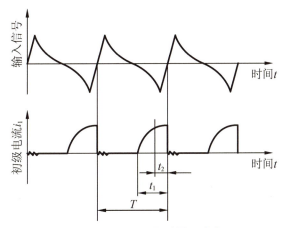

图 5.23 闭合率与过量闭合率

当分电器转速低于 150r/min 时，闭合率约为 50%；当分电器转速高于 200r/min 且电源电压为 10~16V 时，过量闭合率约为 16%；当电源电压超过 16V 时，过量闭合率减小至 8%~13%，点火线圈初级电流峰值为 (5.5 ± 0.5)A。

b. 停车断电保护功能。如果某种原因使发动机即将停止运转或已停止运转，而点火开关仍然处于闭合状态，6TS2107 型点火控制器则可在 0.5s 之内切断点火线圈初级电流，以免点火线圈长时间通电而温度过高，造成点火控制器和点火线圈的损坏。

c. 低速推迟点火正时功能。在起动工况时，发动机转速很低，为便于起动，6TS2107 型点火控制器设置了低速（转速小于 150r/min 时）推迟点火正时功能，使起动时点火提前角适当减小。

（4）一汽奥迪等乘用车使用的点火控制器。

一汽奥迪等乘用车采用以 L497 型点火集成模块（图 5.24）为核心的霍尔效应式点火信号发生器，其点火控制器的内部电路如图 5.25 所示。L497 点火集成模块具有功能强大、价格较低等优点而被广泛应用。

① 基本控制。

霍尔效应式点火信号发生器输出的脉冲信号输入给 L497 型点火集成模块的引出脚 5，经过内部的放大，驱动电流由引出脚 14 输出，再控制达林顿功率管 VT 的导通与截止，使点火线圈初级电流连续通断，次级电路不断产生高压电，有序点燃各气缸中的可燃混合气。

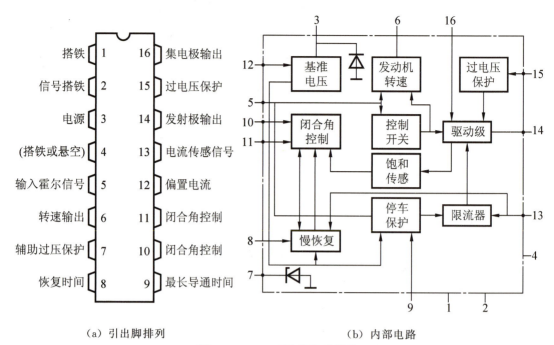

(a) 引出脚排列　　　　　　　(b) 内部电路

图 5.24　L497 型点火集成模块

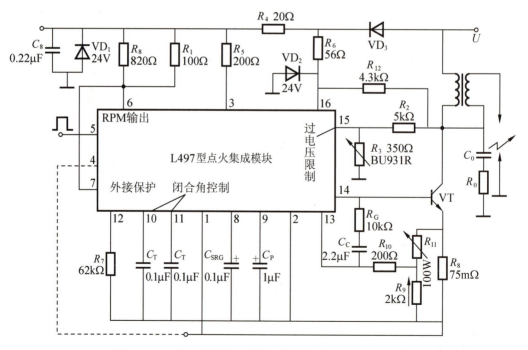

图 5.25　一汽奥迪等乘用车使用的点火控制器的内部电路

② 通电时间控制。

通电时间控制也称闭合角控制。L497 型点火集成模块的引出脚 10 是控制定时器的定时端，其外接电容 C_T，可利用对它的充放电来控制大功率晶体管 VT 的导通时间，C_W 上

的电压 U_W 取决于发动机转速，从而使初级电流的通电时间随发动机转速的变化而保持相应的值，同时保证高速点火性能。

③ 点火线圈初级电流上升率的控制。

由 L497 型点火集成模块上的电容 C_{SRG}、引出脚 12 上的偏置电阻 R_7 组成初级电流上升率控制电路，它可调整点火线圈初级电流上升的速率。如果检测到初级电流小于其额定电流的 90%，该控制电路便在输入信号向低电压转换前增大初级电流的上升速率，使初级电流增大。

④ 停车断电保护。

电路工作时，保护电路不停地检测输入的霍尔电压。若输入高电压，则电路以恒定的充电电流向电容器 C_P 充电；若输入低电压，则 C_P 向外放电。

一旦汽车熄火，霍尔效应式点火信号发生器给出的高电压时间超过一定值，此时 C_P 上的电压值即达到限流回路的正常工作电压，因而控制电路工作，使初级电流逐渐下降为零。当霍尔输入信号再次降为低电压时，C_P 又迅速放电，电流控制回路便又恢复到正常的工作电流值。

L497 型点火集成模块还有过压保护功能，以使点火控制器的工作更加稳定、性能更好。

⑤ 工作原理。

接通点火开关 ON 挡或起动 ST 挡，发动机曲轴带动分电器转动时，点火信号转子的叶片交替穿过霍尔元件气隙。

当点火信号转子叶片进入气隙时，霍尔信号传感器输出 11.1~11.4V 的高电压，通过点火控制器中的集成电路使大功率晶体管导通饱和，接通点火线圈初级电路，点火线圈铁芯储存磁场能。

当点火信号转子叶片离开霍尔元件气隙时，霍尔信号发生器输出 0.3~0.4V 的低电压，通过点火控制器使大功率管截止，初级电流的骤然消失使次级电路产生大于 20000V 的高压电；配电器将高压电按点火顺序分配给各火花塞。

5.2.2 无触点电子点子点火系统的工作原理

1. 无触点电子点火系统工作过程

无触点电子点火系统的工作过程可分为下列三个阶段。

（1）**大功率晶体管导通，点火线圈初级电路电流增大。**

在点火开关接通的情况下，当大功率晶体管导通时，点火线圈初级电路中有电流通过，该电流称为初级电流 i_1，其电路是电源正极—电流表—点火开关—点火线圈"＋开关"接线柱—附加电阻—"开关"接线柱—点火线圈初级电路—"－"接线柱—大功率晶体管—搭铁—电源负极。

此时初级电流 i_1 增大，但由于初级电路中产生了一个与初级电流 i_1 方向相反的自感电动势，它阻碍了初级电流 i_1 的迅速增大，因此初级电流 i_1 呈指数规律增大。经过一段时间后，初级电流 i_1 将达到最大稳定值。

（2）**大功率晶体管截止，点火线圈次级电路中产生高压电。**

点火信号发生器转子转过一定角度后，便使大功率晶体管截止，点火线圈初级电路被切断，初级电流 i_1 迅速下降到零，它所形成的磁场也迅速消失。在初级线圈和次级线圈中都产生感应电动势。初级线圈匝数少,产生的自感电动势为 200～300V;次级线圈匝数多,产生的互感电动势为 15～20kV。

同时,次级线圈中产生的互感电动势将向分布在次级电路中的分布电容 C 充电。分布电容 C 是分布在高压导线与高压导线之间、高压导线与发动机机体之间、火花塞中心电极与侧电极之间的电容,它相当于一个并联在次级线圈两端的电容器。

(3) 火花塞电极间隙被击穿,产生电火花,点燃混合气。

通常火花塞的击穿电压 U_j 总是低于次级线圈产生的最高电压 U_{2max}。当增大的次级电压 U_2 达到 U_j 时,火花塞电极间隙击穿而形成电火花,使次级电流 i_2 迅速增大,次级电压 U_2 急剧下降。

火花塞电极间隙被击穿以后,储存在 C 中的电场能先放出。这部分由电容器储存的能量维持的放电称为电容放电,其特点是放电时间极短、放电电流很大。由于电火花是在次级电压达到最大值 U_{2max} 以前发生的,因此电容放电只消耗了部分磁场能。

火花塞间隙被击穿以后,阻力减小,铁芯中剩余的磁场能将沿电离了的火花塞间隙缓慢放电,形成电感放电(又称火花尾),其特点是放电时间较长、放电电流较小、放电电压较低。试验证明,电感放电的持续时间越长,点火性能越好。

发动机工作期间,点火信号发生器转子每转一周,各缸都按点火顺序轮流点火一次。若要停止发动机的工作,只要断开点火开关,切断点火线圈初级电路即可。

2. 点火线圈

点火线圈(ignition coil)由初级线圈、次级线圈和铁芯等组成。按磁路的结构不同,点火线圈可分为开磁路式点火线圈和闭磁路式点火线圈。

(1) 开磁路式点火线圈。

常见的开磁路式点火线圈如图 5.26 所示,其结构如图 5.27 所示。开磁路式点火线圈的中心是用硅钢片叠压而成的铁芯,在铁芯外面套上绝缘的纸板套管,纸板套管上绕有次级线圈。次级线圈用直径为 0.06～0.10mm 的漆包线绕 11000～23000 匝而成。初级线圈用直径为 0.5～1.0mm 的高强漆包线绕在次级线圈的外面,有利于散热,一般绕 230～370 匝。绕组绕好后,在真空中浸以石蜡和松香的混合物,以增强绝缘性。绕组和外壳之间装有导磁钢套,底部有瓷杯,上部有绝缘胶木盖,外壳内充满绝缘物(沥青或变压器油等),以增强绝缘效果并防止潮气侵入。

图 5.26 常见的开磁路式点火线圈

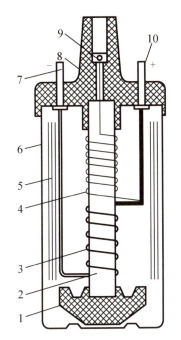
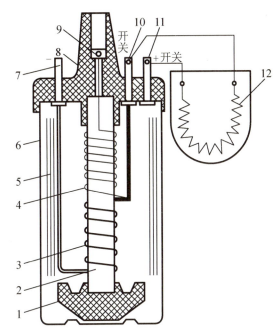

(a) 两接线柱式点火线圈　　　　(b) 三接线柱式点火线圈

1—瓷杯；2—铁芯；3—初级线圈；4—次级线圈；5—导磁钢套；6—外壳；
7—低压接线柱负极；8—绝缘胶木盖；9—高压插孔；
10—低压接线柱正极或"开关"；11—低压接线柱"＋开关"；12—附加电阻。

图 5.27　开磁路式点火线圈的结构

三接线柱式点火线圈的绝缘盖上有接线柱"－""开关""＋开关"和高压插孔，它们分别接断电器、起动机附加电阻短路接线柱、点火开关和分电器中央插孔。三接线柱式点火线圈与两接线柱式点火线圈的主要区别是其外壳上装有一个附加电阻，为固定该电阻，还增加了一个低压接线柱。

附加电阻接在标有"开关"和"＋开关"的两接线柱上，与点火线圈的初级线圈串联。附加电阻可由低碳钢丝、镍铬丝或纯镍丝制成，具有受热时电阻迅速增大而冷却时电阻迅速减小的特性。因此，发动机工作时，可自动调节初级电流，确保发动机低速运转时点火线圈不会过热，高速运转时点火线圈不会断火。

当初级电流流过开磁路式点火线圈的初级线圈时，铁芯被磁化，其磁路如图 5.28 所示。由于磁路的上、下部分都是从空气中通过的，初级线圈在铁芯中产生的磁通需经壳体内的导磁钢套形成回路，因此磁路的磁阻大，漏磁较多，能量损失较大。

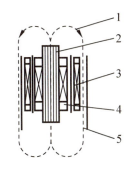

1—磁力线；2—铁芯；3—初级线圈；
4—次级线圈；5—导磁钢套。

图 5.28　开磁路点火线圈的磁路

(2) 闭磁路式点火线圈。

常见的闭磁路式点火线圈（图 5.29），其磁路如图 5.30 所示。在"日"字形铁芯或

"口"字形铁芯内绕有初级线圈,在初级线圈外绕有次级线圈,初级线圈在铁芯中产生的磁通通过铁芯形成闭合磁路。

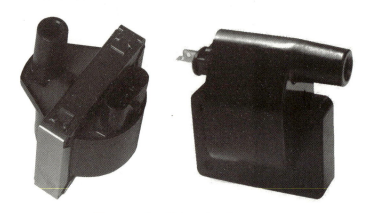

图 5.29　常见的闭磁路式点火线圈

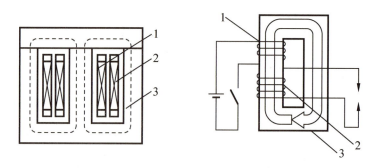

(a)"日"字形铁芯的磁路分布　　(b)"口"字形铁芯的磁路分布

1—初级线圈；2—次级线圈；3—铁芯。

图 5.30　闭磁路式点火线圈的磁路

与开磁路式点火线圈相比,闭磁路式点火线圈具有漏磁少、转换效率高、体积小、质量轻、铁芯裸露易散热等优点,在高能电子点火系统中应用广泛。

(3) 点火线圈的型号。

QC/T 73—1993《汽车电气设备产品型号编制方法》规定,国产点火线圈的型号由以下几部分组成。

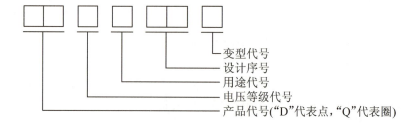

其中,产品代号用汉语拼音首字母表示。电压等级代号：1 表示 12V,6 表示 6V。点火线圈用途代号用数字表示,其含义见表 5-1。

表 5-1　点火线圈用途代号的含义

用途代号	含义	用途代号	含义
1	单缸、双缸发动机	6	八缸以上发动机
2	四缸、六缸发动机	7	无触点分电器
3	四缸、六缸发动机（带附加电阻）	8	高能
4	六缸、八缸发动机（带附加电阻）	9	其他（包括三缸、五缸、七缸）
5	六缸、八缸发动机		

3．分电器

分电器（图 5.31）由配电器、点火信号发生器和点火提前角调节装置等组成。分电器的壳体通常由铝合金或铸铁制成，下部压有石墨青铜衬套，分电器轴由发动机曲轴直接或间接驱动。

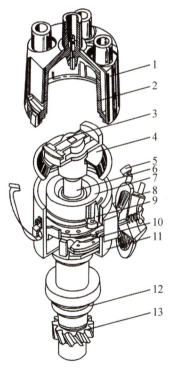 

（a）内部结构　　　　　　　　　　（b）实物

1—屏蔽罩；2—分电器盖；3—分火头；4—防尘罩；5—弹簧夹；6—分电器轴；
7—点火信号转子；8—真空式点火提前角调节装置；9—点火信号发生器；10—离心提前装置；
11—分电器壳体；12—橡胶密封圈；13—驱动齿轮。

图 5.31　分电器

（1）配电器。

配电器安装在点火信号转子的上方，由绝缘材料制造的分电器盖和分火头组成。分电器盖的中央有一高压线（中央电极）座孔，其中装有带弹簧的炭柱，压在分火头的导电片上。分电器盖的四周均匀分布与发动机气缸数相等的旁电极,可通过高压分线与各缸火花塞相连。

分火头装在分电器轴的顶端,随分电器轴一起旋转,当点火控制器大功率晶体管截止(点火线圈初级电路断开)时,分火头上的导电片总是正对某旁电极。发动机工作时,在点火线圈初级电路断开的瞬间,来自点火线圈的高压电经中央电极的炭柱、分火头上导电片,以火花形式跳到旁电极上,再经高压分线送往相应的火花塞。

(2) 点火信号发生器。

常用的点火信号发生器有三种类型,分别是电磁感应式点火信号发生器、霍尔效应式点火信号发生器和光电式点火信号发生器。当分电器轴转动时,点火信号转子连同分火头随分电器轴一起转动。这时在点火信号发生器内产生反映曲轴位置的电信号,点火信号发生器将该信号送入点火控制器,以控制点火线圈产生高压电,从而进行点火。

关于点火信号发生器的具体结构和工作原理将在5.3节作详细介绍。

(3) 点火提前角调节装置。

在分电器中,一般有两套自动调节点火提前角的装置。一套是能随发动机转速的变化自动调节点火提前角的离心式点火提前角调节装置,另一套是能按发动机负荷不同自动调节点火提前角的真空式点火提前角调节装置。但在电控电子点火系统中取消了这两套自动调节点火提前角的装置,改为由发动机电子控制单元直接控制点火提前角。

① **离心式点火提前角调节装置**。离心式点火提前角调节装置是在发动机不同转速下自动调节点火提前角的装置。它使点火提前角随发动机转速的增大而适当增大,其结构如图5.32所示。

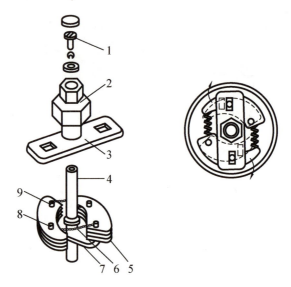

1—螺钉;2—点火信号转子(凸轮);3—拨板;4—分电器轴;
5—离心重块;6—弹簧;7—托板;8—销钉;9—柱销。

图 5.32 离心式点火提前角调节装置的结构

离心式点火提前角调节装置一般安装在点火信号发生器底板的下面。分电器轴上装有托板,两个离心重块的一端分别套装在托板的两个柱销上,可绕柱销转动,离心重块的另一端通过弹簧拉向内侧。

与点火信号转子连为一体的拨板套装在分电器轴上,其上的矩形孔套在两个离心重块的销钉上。工作时,离心重块随分电器轴一起转动,而点火信号转子通过销钉带动。

当发动机转速升高时,离心重块在离心力的作用下克服弹簧拉力向外甩开,其上的销钉推动拨板连同点火信号转子沿原旋转方向相对于分电器轴转动一个角度,使点火信号提前发出,点火提前角增大。当发动机转速降低时,离心重块的离心力相应减小,弹簧将离心重块拉回一些,点火提前角减小。

在发动机转速较高时,转速的变化对混合气的燃烧速度影响较大(燃烧速度增幅较大),这时,希望随着发动机转速的升高点火提前角的增量小一些。为此,有些离心式点火提前角调节装置的每个离心重块都有一粗一细两个弹簧。细弹簧只要离心重块一开始甩开就起作用,而粗弹簧要在转速达到一定值,离心重块甩开的角度较大时才能起作用。

由于离心重块在发动机转速较高时有两个弹簧起作用,相应的点火提前角的增量也就较小,因此更符合发动机的要求。

② 真空式点火提前角调节装置。真空式点火提前角调节装置能根据发动机负荷的变化自动调节点火提前角,使点火提前角随发动机负荷的增大而减小。真空式点火提前角调节装置装在分电器壳体外侧,其结构如图5.33所示。

真空式点火提前角调节装置内的膜片左侧通大气,右侧通过真空连接管与进气道中位于节气门上方的吸气孔相通。如图5.33(a)所示,当发动机起动和怠速时,由于曲轴转速低,混合气燃烧时间只占很小的曲轴转角,因此点火提前角应当很小或为零。此时,节气门接近关闭,因吸气孔在节气门的上方,该处的真空度几乎为零,真空式点火提前角调节装置内的膜片在弹簧力的作用下向左拱曲至最大,拉杆拉动底板连同点火信号发生器沿分电器轴旋转方向转动最大角度,使点火提前角最小或为零。

如图5.33(b)所示,当发动机小负荷工作时,在节气门开度小于四分之一开度时,随着负荷增大,节气门开度增大,吸气孔处的真空度也增大,膜片克服弹簧力向右拱曲,拉杆拉动底板连同点火信号发生器逆着分电器轴旋转方向转过一个角度,使点火信号产生的时间提前,点火提前角增大。

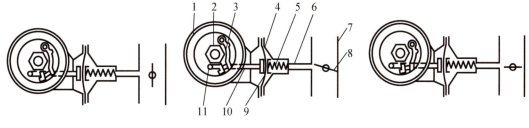

(a) 起动和怠速　　　　(b) 小负荷工作　　　　(c) 大负荷工作

1—分电器外壳;2—点火信号转子(凸轮);3—点火信号发生器(触点);
4—真空式点火提前角调节装置外壳;5—弹簧;6—真空连接管;7—进气道;8—节气门;
9—膜片;10—拉杆;11—固定销。

图5.33　真空式点火提前角调节装置的结构

如图5.33(c)所示,当发动机大负荷工作时,随着负荷增大,节气门开度增大,吸气孔处的真空度减小,弹簧推动膜片使点火提前角减小。

另外，为适应不同品质汽油的不同抗爆性能，在换用不同品质的汽油或季节发生变化时，常需调整点火时间。为此，一般在分电器上安装辛烷选择器，如图 5.34 所示。

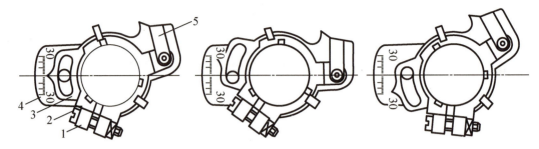

(a) 构造　　　　　　　(b) 顺时针转动外壳　　　　　　(c) 逆时针转动外壳

1—调节臂；2—紧定螺钉；3—托板及指针；4—底板；5—拉杆。

图 5.34　辛烷选择器

通常可将分电器总成的紧定螺钉旋松，使分电器外壳相对于轴转过一个角度后紧固，以改变点火提前角。调整时，为了看到调整角度，在分电器壳体的下部装有指针和刻度板，可以指示出壳体转过的角度。

（4）分电器的型号。

QC/T 73—1993《汽车电气设备产品型号编制方法》规定，国产分电器的型号由以下几个部分组成。

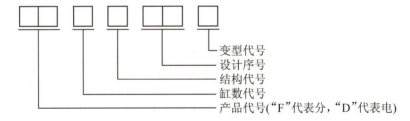

分电器的缸数代号和结构代号分别见表 5-2 和表 5-3。

表 5-2　分电器的缸数代号

缸数代号	1	2	3	4	5	6	7	8	9
缸数	—	2	3	4	—	6	—	8	—

表 5-3　分电器的结构代号

结构代号	1	2	3	4	5	6	7	8
结构	无离心	无真空	拉偏心	拉同心	拉外壳	—	特殊结构	—

4. 火花塞

（1）火花塞的工作条件及对火花塞的要求。

火花塞(spark plug，也称火星塞，俗称火嘴)的工作条件极其恶劣，会受到高压(5.88～6.86MPa)、高温及燃烧产物的强烈腐蚀。因此，火花塞必须具有足够的力学强度，能够承受冲击性高压电的作用、剧烈的温度变化(混合气燃烧时承受 1500～2000℃ 高温燃气的炙烤,而在进气时承受 50～60℃ 的进气突然冷却),具有良好的热特性,并要求火花塞的材料能够抵抗燃气的腐蚀。

(2) 火花塞的结构。

火花塞的结构如图 5.35 所示。在钢制壳体的内部固定有陶瓷绝缘体,使中心电极与侧电极之间保持足够的绝缘强度。绝缘体孔的上部装有导电金属杆,与高压分线接线柱相连,下部装有中心电极。

导电金属杆与中心电极之间用导电玻璃密封。中心电极由镍锰合金制成,具有良好的耐高温、耐腐蚀和导电性能。

中心电极与侧电极之间的间隙为 0.6～0.7mm。与高能点火系统配套的火花塞,其间隙为 1.0～1.2mm。

火花塞借壳体下部的螺纹旋入气缸盖中,旋紧时密封垫圈受压变形,以保证壳体与缸盖之间密封良好。为了适应不同发动机的需要,火花塞因下部形状和绝缘体裙部长度的不同有多种形式。

(3) 火花塞的放热。

火花塞工作时会周期性地受到高温燃气作用,绝缘体裙部温度升高,这部分热量主要通过壳体、绝缘体、中心电极、导电金属杆等传至缸体或散发到空气中(图 5.36),当吸收和散发的热量达到平衡时,火花塞的各部分将保持一定的温度。火花塞各部分的温度及散热途径如图 5.37 所示。

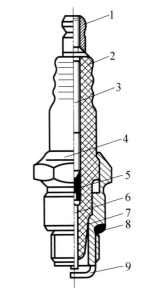

1—高压分线接线柱;2—陶瓷绝缘体;
3—导电金属杆;4—壳体;5—导电玻璃;
6—中心电极;7—紫铜垫圈;
8—密封垫圈;9—侧电极。

图 5.35 火花塞的结构

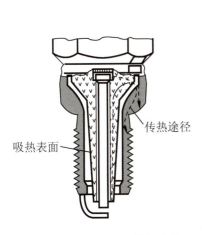

图 5.36 火花塞的吸热与放热

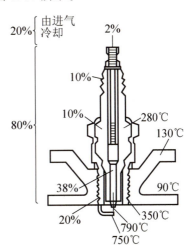

图 5.37 火花塞各部分的温度及散热途径

(4) 火花塞的热特性。

火花塞的点火部位吸热并向发动机冷却系统散发热量的性能,称为火花塞的热特性。

实践证明，当火花塞绝缘体裙部的温度保持在500～600℃时，落在绝缘体上的油滴能立即烧掉，不会形成积碳，这个温度称为火花塞的自净温度。

低于自净温度时，火花塞常因产生积碳而漏电，导致不点火；高于自净温度时，若混合气与炽热的绝缘体接触，则可能早燃而引起爆燃，甚至在进气行程中燃烧，产生进气管回火。

火花塞的热特性主要取决于绝缘体裙部的长度。绝缘体裙部长的火花塞，受热面积大，传热距离大，散热困难，绝缘体裙部温度高，这种火花塞称为热型火花塞[图5.38(a)]；反之，绝缘体裙部短的火花塞，受热面积小，传热距离小，散热容易，绝缘体裙部温度低，这种火花塞称为冷型火花塞[图5.38(c)]。

热型火花塞适用于低速、低压缩比、小功率发动机；冷型火花塞适用于高速、高压缩比、大功率发动机。

火花塞的热特性常用热值或炽热数表示。我国以绝缘体裙部长度标定的热值（1～10）表征火花塞的热特性。热值代号1、2、3为热型火花塞；4、5、6为中型火花塞［图5.38(b)]；7、8、9、10为冷型火花塞。

（a）低热值火花塞　　　（b）中热值火花塞　　　（c）高热值火花塞
（热型火花塞）　　　　（中型火花塞）　　　　（冷型火花塞）

图5.38　不同热值的火花塞

（5）火花塞的热值选用。

火花塞的热值根据发动机及汽车设计、试验结果而定，在各车型的说明书中都对此作了明确规定。

火花塞的热值选用是否合适，其判断方法如下：若火花塞经常由于积碳而导致断火，说明火花塞偏冷，其热值选用过高；若经常发生炽热点火而引发早燃，则说明火花塞偏热，其热值选用过低。

（6）火花塞的型号编制规则。

我国火花塞的型号编制规则曾经有多次比较大的修改，各火花塞生产企业也有自己的标准，加之国外进口的火花塞在市场上销量也很大，故火花塞的标准比较混乱，给火花塞的正确使用和代用带来了很大的麻烦。

QC/T 430—2014《道路车辆　火花塞产品型号编制方法》规定，国产火花塞型号由以下几部分组成。

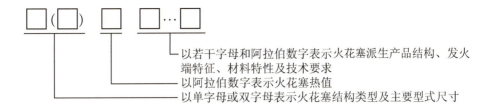

第一部分为汉语拼音字母(单字母或双字母),表示火花塞的结构类型及主要型式尺寸,其各代表字母的含义见表5-4。

表5-4 火花塞的结构类型及主要型式尺寸的代表字母及含义

代表字母	含义			
	螺纹规格	安装座型式	螺纹旋合长度/mm	壳体六角对边/mm
J	M8×1	平座	19	16
W	M10×1	平座	19	12 双六角
A	M10×1	平座	12.7	16
B	M10×1	平座	19	16
CZ	M12×1.25	锥座	11.2	16
DZ	M12×1.25	锥座	17.5	16
C	M12×1.25	平座	12.7	17.5
D	M12×1.25	平座	19	17.5
WH	M10×1	平座	26.5	12 双六角
DE	M12×1.25	平座	12.7	16
DK	M12×1.25	平座	19	16
DH	M12×1.25	平座	26.5	16
VH	M12×1.25	平座	26.5	14
E	M14×1.25	平座	12.7	20.8
F	M14×1.25	平座	19	20.8
FH	M14×1.25	平座	26.5	20.8
H	M14×1.25	平座	11	20.8
KE	M14×1.25	平座	12.7	16
K	M14×1.25	平座	19	16
KH	M14×1.25	平座	26.5	16
G	M14×1.25	平座	9.5	20.8

续表

代表字母	含义			
	螺纹规格	安装座型式	螺纹旋合长度/mm	壳体六角对边/mm
GL	M14×1.25	矮型平座	9.5	20.8
L	M14×1.25	矮型平座	9.5	19
Z	M14×1.25	平座	11	19
M	M14×1.25	矮型平座	11	19
N	M14×1.25	矮型锥座	7.8	19
P	M14×1.25	锥座	11.2	16
Q	M14×1.25	锥座	17.5	16
QH	M14×1.25	锥座	25	16
R	M18×1.5	平座	12	26
RF	M18×1.5	平座	19	26
RH	M18×1.5	平座	26.5	26
SE	M18×1.5	平座	12.7	20.8
S	M18×1.5	平座	19	20.8
SH	M18×1.5	平座	26.5	20.8
T	M18×1.5	锥座	10.9	20.8
TF	M18×1.5	锥座	17.5	20.8
TH	M18×1.5	锥座	25	20.8

第二部分为阿拉伯数字,表示火花塞热值。由热型火花塞至冷型火花塞,分别以1~10表示。热值代号越大则越冷,热值代号越小则越热。火花塞热值代号与绝缘体裙部长度及火花塞热特性的对应关系见表5-5。

表5-5 火花塞热值代号与绝缘体裙部长度及火花塞热特性的对应关系

绝缘体裙部长度/mm	15.5	13.5	11.5	9.5	7.5	5.5	3.5
热值	3	4	5	6	7	8	9
热特性	热			↔			冷

第三部分用若干汉语拼音字母和阿拉伯数字表示火花塞派生产品结构、发火端特性、材料特性及技术要求,火花塞的代表字母或数字及其特征见表5-6。若代表电极材料的字母连用,则前一个字母表示中心电极,后一个字母表示侧电极。对用户有特殊要求的产品允许在末位加小写字母或小写字母和阿拉伯数字连用的下标作为标记。

表 5-6 火花塞的代表字母或数字及其特征

代表字母或数字	特征	代表字母或数字	特征
R	电阻型火花塞	I	铱金电极
B	半导体型火花塞	S	银电极
H	半螺纹	P	铂金电极
Y	沿面放电型火花塞	U	U 形槽侧电极
F	V 形槽中心电极	C	Ni-Cu 复合电极
E	钇金电极	Q	四侧电极
L	电感型火花塞	J	三侧电极
K	绝缘体突出型≥3mm	-11①	点火间隙 1.1mm
T	绝缘体突出型<3mm	-G	燃气火花塞
D	双侧电极		

注：① 用连字符"-"后面的一位或两位阿拉伯数字除以 10 来代表该火花塞的点火间隙，单位为 mm。

示例 1：A7T 型火花塞即为螺纹旋合长度为 12.7mm，壳体六角对边为 16mm，热值代号为 7，螺纹规格为 M10×1 的标准绝缘体突出型平座火花塞。

示例 2：K6RF-11 型火花塞即为螺纹旋合长度为 19mm，壳体六角对边为 16mm，热值代号为 6，螺纹规格为 M14×1.25，带电阻，中心电极开 V 形槽，跳火间隙为 1.1mm 的标准绝缘体突出型平座火花塞。

示例 3：K8RTPP-G 型火花塞即为螺纹旋合长度为 19mm，壳体六角对边为 16mm，热值代号为 8，螺纹规格为 M14×1.25，带电阻，中心电极和侧电极焊接铂金的绝缘体突出型平座燃气发动机（以天然气、液化气、液化石油气、甲醇、乙醇等为燃料的发动机）专用火花塞。

（7）常见的火花塞。

常见火花塞的结构如图 5.39 所示。

（a）标准型

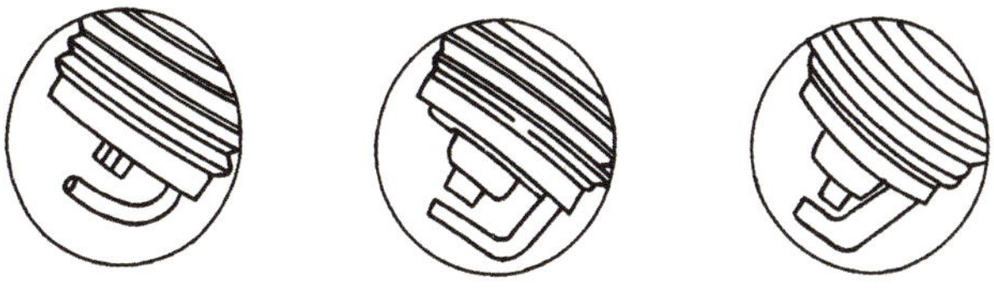

（b）电极突出型

（c）细电极型（带 U 形槽）

（d）铜芯电极型

（e）多极型

（f）内装电阻型

（g）屏蔽型火花塞

图 5.39 常见火花塞的结构

① 标准型火花塞。标准型火花塞的绝缘体裙部缩入壳体端面，侧电极在壳体端面外。

② 电极突出型火花塞。电极突出型火花塞(图 5.40 和图 5.41)的绝缘体裙部较长，突出于壳体端面之外。它具有吸热量大、抗污能力好的优点，而且能直接受进气冷却而降低温度，因而不易引起炽热点火，热适应范围大，是应用较广泛的火花塞。

③ 细电极型（带 U 形槽）火花塞。细电极型（带 U 形槽）火花塞(图 5.42)的电极很细，其特点是火花强烈、点火能力好，即使在严寒季节也能保证发动机迅速且可靠地起动，热范围较大，能满足各种用途。

④ 铜芯电极型火花塞。高速发动机普遍采用铜芯电极型火花塞，这种火花塞把抗蚀性优良的镍合金与传导性好的无氧铜结合，因铜导热性好，热值上限提高，高速时能限制炽热点火，绝缘体裙部的加长、热室容积的扩大使热值下限拓宽，提高了电极耐油污、抗烧蚀的能力。

⑤ 多极型火花塞。多极型火花塞一般有两个或两个以上侧电极，优点是点火可靠，间隙无须经常调整，故在电极容易烧蚀和火花塞间隙不能经常调整的一些汽油发动机上采用。

图 5.40　电极突出型火花塞实物　　图 5.41　三侧极电极突出型火花塞实物　　图 5.42　细电极型（带 U 形槽）火花塞实物

⑥ 内装电阻型火花塞。内装电阻型火花塞的中心电极内装有 5～10kΩ 的电阻，可以抑制汽车点火系统对无线电的干扰。

⑦ 屏蔽型火花塞。屏蔽型火花塞利用金属壳体屏蔽整个火花塞，不仅可以防止无线电干扰，还可以防水、防爆。

图 5.43　点火高压线

5. 高压电线

高压电线用于传输点火系统产生的高压电。在汽车点火线圈与火花塞之间的电路使用点火高压线（图 5.43），简称高压线。带阻尼的高压线可抑制和衰减点火系统产生的高频电磁波，降低对无线电设备及电控装置的干扰。

6. 无触点电子点火系统电路

无触点电子点火系统电路（图 5.44）如下：转动分电器，使点火信号发生器产生脉冲电压信号，此脉冲电压信号经点火控制器大功率晶体管前置电路的放大、整形等处理后，控制串联于点火线圈初级回路的大功率晶体管的导通和截止。

【拓展图文】

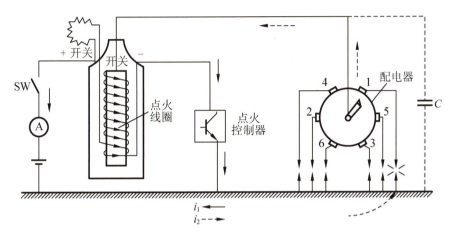

图 5.44 无触点电子点火系统电路

大功率晶体管导通时，点火线圈初级电路处于通路状态，点火系统储能；当输入点火控制器的点火信号脉冲使大功率晶体管截止时，点火线圈初级电路处于断路状态，次级电路便产生高压电。

在无触点电子点火系统中，电源（蓄电池或发电机）供给的 12V 低压电，经点火线圈和点火控制器转变为高压电，再经配电器分送到各缸火花塞，使其电极间产生电火花。

发动机工作时，点火信号发生器转子与分电器轴一起在发动机凸轮轴的驱动下旋转。点火信号发生器转子转动时，点火信号发生器产生脉冲电压信号控制串联于点火线圈初级电路的大功率晶体管产生交替的导通和截止。

当大功率晶体管导通时，接通点火线圈初级电路；当大功率晶体管截止时，切断点火线圈初级电路，使点火线圈次级电路中产生高压电；高压电传送至火花塞后，当火花塞的电极间隙被击穿时，产生电火花，点燃混合气。

5.3 无触点电子点火系统的使用与维护

5.3.1 注意事项

在无触点电子点火系统的使用和维护过程中，为避免对车辆和人体产生不良影响，应注意以下几点。

（1）当点火开关处于接通位置或发动机正在运转时，不得断开或连接任何线束或点火控制器的插接器。

（2）必须将中央高压线可靠地插入点火线圈的插孔，如果高压线没有插到底或脱开，点火线圈次级电路将产生过高的电压，容易击穿点火线圈，并且初级线圈中的自感电动势增大，对无触点电子点火控制器的使用寿命将产生不利影响。

（3）当用起动机带动发动机转动而又不希望发动机起动时，应从分电器盖的中心插孔中拔出中央高压线，并将中央高压线端部与发动机机体接触（搭铁），以防中央高压线悬空及次级电路电压过高而产生不良后果。

（4）发动机运转时，不要用手接触点火控制器，否则可能发生触电事故。

（5）如需拆接点火系统导线或元件，应首先关闭点火开关。

（6）接线应正确无误，特别是蓄电池搭铁极性不能接错，导线及线束的插接器不应松脱，无触点电子点火控制器要可靠搭铁。

（7）洗车时不得用水冲洗点火控制器和分电器。

5.3.2 维护项目

为保证无触点电子点火系统正常工作，应定期做如下维护项目。

（1）检查分电器盖是否有裂缝，盖内各电极是否有严重烧蚀情况。如果发现上述任一情况，则应及时更换。

（2）检查分火头端部是否严重烧蚀。如果端部烧蚀，则应及时更换。

（3）点火线圈和高压线是否有积垢或油污。如果有积垢或油污，则应用乙醇清洗。

（4）检查所有的高压线是否连接适当。

（5）无触点电子点火控制器与传感线圈的插接器应保持清洁。

（6）定期向分电器轴与分电器轴套间加少许润滑油。

（7）定期检查火花塞。

5.3.3 调整点火正时

1. 点火正时

点火正时使分电器轴的位置与发动机曲轴（活塞）的位置匹配，点火系统能有正确的初始点火提前角。发动机在工作时，真空式点火提前角调节装置、离心式点火提前角调节装置是在初始点火提前角的基础上调节点火提前角的。因此，点火正时的准确性对发动机的点火准确性影响极大。安装分电器总成或更换燃油品种后，都要进行点火正时作业。

点火正时的具体安装与调整方法因车型不同而略有差别，但基本步骤相似。

2. 无触点电子点火系统点火正时的基本步骤

（1）找到第一缸上止点标记。

先拆下第一缸的火花塞，用干净的棉纱堵住火花塞螺孔，摇转曲轴，当棉纱被冲出时，即为第一缸压缩行程，再缓慢转动曲轴，使飞轮上的第一缸上止点标记（又称点火正时标记）与飞轮壳上的标记对齐。有些汽车上止点标记为曲轴前端带轮上的标记与正时齿轮盖上的指示箭头对齐。

（2）安装分电器。

将机油泵的驱动轴旋至规定位置。例如，桑塔纳乘用车要求机油泵驱动轴上的扁平部与曲轴方向平齐；切诺基乘用车 2.5L 发动机要求机油泵驱动轴上的扁槽定位在 11 点方向稍前的位置。

缓慢装入分电器，分电器完全装入正确位置后，分火头应指向规定位置。例如，桑塔纳乘用车分火头指向分电器壳体上的第一缸上止点标记；切诺基乘用车 2.5L 发动机要求分火头的位置应位于刚过 3 点方向的位置。将分电器紧定螺钉按规定转矩紧固。

（3）安装分火头。

安装分火头，并转动分电器轴使分火头指向分电器壳体上的标记或规定方向，或者使点火信号转子与传感部分的相对位置符合要求。

桑塔纳乘用车要求分火头指向分电器壳体上的第一缸上止点标记，如图 5.45 所示；切诺基乘用车 2.5L 发动机要求分火头的位置应位于 2 点方向的位置。

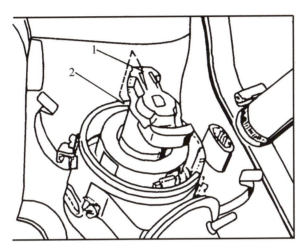

1—分火头；2—分电器壳体上的第一缸上止点标记。
图 5.45　桑塔纳乘用车分火头的位置

（4）连接高压线。

先插接中央高压线，再按发动机的点火顺序插接好各缸高压线。插接时，第一缸的高压线应插接在正对分火头的旁电极座孔内，然后沿着分火头的旋转方向，按点火顺序插接其余各缸高压线。

（5）检查点火是否正时。

① 发动机空转检验。起动发动机，使冷却液温度升到 70～80℃，在发动机怠速运转时突然加速，如发动机转速能迅速增大，仅有轻微的爆燃敲击声并立即消失，则表示点火时间正确；如爆燃敲击声严重，则表示点火过早；如发动机转速不能随节气门打开立刻升高，并感到发闷无力，排气管出现"突突"声且冒黑烟，则表示点火过迟。

② 路试。起动发动机，待发动机冷却液温度达 70～80℃，选择平坦、安全的道路行驶，突然将加速踏板踩到底，如果在车速急增时能听到轻微的爆燃敲击声，但很快消失，则表示点火时间正确；如听到有明显的爆燃敲击声，则表示点火过早；如感到发闷无力，则表示点火过迟。

③ 用正时灯校正点火正时。安装正时灯，把正时灯的红色导线和黑色导线分别接至蓄电池的正极和负极上，把正时灯的传感器信号接至第一缸火花塞上；如果用霓虹正时

灯，则可将其红色导线接至第一缸火花塞上，黑色导线接在火花塞高压线上，如图 5.46 所示。

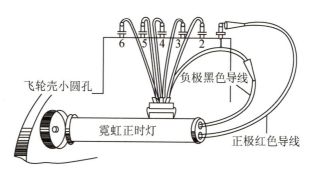

1~6—发动机缸数。
图 5.46 霓虹正时灯

连接转速表，将转速表的红色导线接点火线圈负接线柱，黑色导线接机体(搭铁)。

用粉笔或白漆在点火标记处画上细线，并在相应的标记处涂上白色记号。起动发动机，调整发动机转速至规定值(750~850r/min)，打开正时灯照射正时标记，每次第一缸点火时，正时灯发出的光都正好照射到点火正时记号上。

如果与涂上的白色细线与白色标记刚好对正，则表示点火正时；如果与标记不能对正，则表示点火过早或过迟，须调整分电器的位置，以达到点火正时的要求。点火过早应沿着分火头旋转方向转动分电器外壳；点火过迟则相反。

5.4 无触点电子点火系统的检修

5.4.1 无触点电子点火系统常见故障分析

汽车运行期间发动机不能起动或起动后动力性差等故障大多数是无触点电子点火系统故障所致。无触点电子点火系统的常见故障主要表现为断火、缺火、火花弱和点火不正时等，从而使发动机不能起动、运转不均匀或动力不足。

1. 发动机不能起动

（1）故障现象。

起动发动机时，曲轴转速正常，但无起动征兆，或虽有起动征兆，但不能起动，发动机随起动机停转而熄火。

（2）故障分析。

上述故障现象通常是由无触点电子点火系统电路故障造成的，可按下列步骤查找故障。

① 确定电源是否正常。可按喇叭或开前照灯检查，如果喇叭不响、前照灯不亮，则表示电源有故障，可能是蓄电池电压过低、容量不足，或电流表到蓄电池之间、蓄电池到搭铁之间有接触不良之处。

② 判断故障在高压电路还是在低压电路。先接通点火开关，用手摇柄摇转发动机曲轴，观察电流表，若指针指示 3～5A 并间歇地摆回"0"位，则表示电流表动态正常。再试高压总火，若火花强（电火花呈亮白色甚至发蓝，跳火清脆，"啪啪"作响），则高压电路或火花塞有故障；若火花弱（电火花呈暗红色甚至发黄，跳火无力，声响微弱）或无火花，则低压电路有故障或点火线圈工作不良。

若电流表指针停于"0"位、指示 3～5A 不动或以 10A 以上大电流放电，则表示电流表动态反常，说明低压电路有故障。

2. 发动机运转不均匀

（1）故障现象。

发动机工作时，排气管发出有节奏的"突突"声并冒黑烟，甚至出现进气管回火。

（2）故障分析。

上述故障原因主要有高压分线漏电或脱落、分电器盖漏电、点火信号转子与分电器轴不同步（定位失效）、火花塞工作不良或不工作等。分析查找故障的方法和步骤如下。

① 找出缺火的气缸。可用平口螺钉旋具（一字旋具）将火花塞接线柱逐个搭铁，如果搭铁后发动机运转不均匀现象加剧，则表明此气缸工作正常；如果搭铁后发动机的运转状况无变化，则表明此气缸缺火。

② 找出缺火原因。将缺火气缸的高压分线拆下，使线端距火花塞接线柱 3～4mm，起动发动机，如该间隙中有连续火花且该气缸开始正常工作，则表明火花塞积碳；如该间隙中无火花，则表明高压分线或分电器盖有故障。这时应将高压分线一端装回火花塞，而从分电器盖侧旁电极接柱孔中拔出另一端，使线端距座孔 2～3mm 进行跳火试验，若有连续火花，则表明高压分线的绝缘有损坏；若无火花，则表明分电器盖漏电。若几缸同时缺火，则应从分电器盖中央电极座孔中拔出高压导线，使线端距座孔 2～3mm 进行跳火试验，若有连续火花，则表明高压电供给正常，而分电器盖绝缘不良或几个火花塞有故障；若跳火有断续现象，则表明点火信号转子、点火器或点火线圈有故障。

3. 发动机动力不足

（1）故障现象。

汽车在行驶过程中突然加速时，转速不能随之迅速提高，反而感到发闷无力，甚至产生发动机过热、排气管"放炮"、起动困难等现象。

（2）故障分析。

上述故障主要原因是点火时刻过迟（点火提前角过小）。分析查找故障的方法和步骤如下。

① 检查分电器外壳固定螺栓。用手转动分电器外壳，若能转动，则应检查是否因分电器外壳固定螺栓松动而引起点火时刻过迟。

② 检查点火时刻。用手沿着与分火头旋转方向相反的方向转动分电器外壳，若发动机工作情况有所好转，则说明点火时刻过迟。

5.4.2 无触点电子点火系统元件检修

1. 点火线圈的检修

点火线圈的主要故障有初级线圈、次级线圈断路或短路等。

(1) 直观检查。

绝缘盖表面要求色泽均匀，光洁，无气泡、杂质等缺陷，绝缘盖与壳体封装应良好，周围不得有绝缘物溢出；各接线柱焊接应牢固，高压插座孔螺钉应密封可靠，高压线插头应能顺利插入和拔出；支架、接线插片、橡皮套、螺钉、螺母、垫片等可拆卸零件应完整无损；绝缘盖、外壳不得有裂纹。

(2) 初级线圈和次级线圈断路、短路、搭铁的检查。

先用万用表的电阻挡测量初级线圈、次级线圈及附加电阻的电阻值，若电阻值在制造厂规定的范围内，则说明初级线圈和次级线圈良好；否则说明其有故障。然后用交流试灯检查初级线圈与外壳是否搭铁，将交流试灯的一只测试头接初级线圈接线柱，另一只测试头接外壳，若交流试灯亮，则说明初级线圈与外壳搭铁；否则说明正常。

初级线圈和次级线圈经上述检查后，还必须进行发火强度试验，以确定其工作性能。试验初级线圈和次级线圈的发火强度，可就车试验，也可在汽车电器万能试验台或点火系统试验台上进行。

就车试验时，蓄电池必须充足电，使发动机在 3000r/min 下空转，拔下某缸火花塞的高压线，使其端头距缸体 5～6mm，若火花连续无间断，则说明点火线圈性能良好；否则说明性能不良。

(3) 点火线圈的修理。

当点火线圈表面潮湿留下尘垢或导电杂质时，使用过程中会出现表面爬电形成的碳路，从而使点火线圈失去点火功能。可用砂布擦去碳化表面，打光后涂上环氧树脂胶或绝缘清漆，干燥后不爬电即可使用。

高压插座端部缺损、低压接线柱松脱、点火线圈漏油及内部发生故障时应及时更换。

2. 火花塞的检修

(1) 火花塞的拆卸。

拆卸火花塞前，应先确定发动机处于冷态，尤其是发动机气缸盖是铝质的情况下。为了防止拆卸火花塞时污物进入气缸，在拆卸前，首先应用压缩空气或刷子将火花塞周围的污物去除，然后将高压分缸线拔下，最后用火花塞套筒拆卸火花塞及垫圈。

(2) 火花塞的常见故障及原因。

火花塞的常见故障有过热、严重积碳、电极严重烧蚀、漏气等。

① 过热。火花塞绝缘体裙部的正常温度应在 450～850℃，当火花塞绝缘体裙部的温度超过 900℃时，称为火花塞过热，容易出现炽热点火，使发动机的工作严重恶化。

当火花塞绝缘体裙部呈棕褐色时，表明火花塞温度正常；当火花塞绝缘体裙部呈灰白色时，表明火花塞过热；当火花塞绝缘体裙部出现金属状熔珠时，表明火花塞严重过热。

引起火花塞过热的原因可分为两类：一类是火花塞本身的原因，另一类是火花塞以外的原因。

火花塞本身的原因有火花塞的热值太小、火花塞安装不牢固而影响火花塞经气缸盖向外散热、火花塞漏气或火花塞与气缸盖之间因密封不良而漏气等。

火花塞以外的原因有点火提前角过大、进入气缸内的可燃混合气过稀、发动机散热不良等。

火花塞过热，特别是因过热而造成炽热点火时，必须尽快找出原因并排除故障。

② 严重积碳。积碳是气缸内游离碳在火花塞上的沉积所造成的,当火花塞积碳时,会引起高压电的泄漏而使火花塞的电火花变得微弱,甚至无火。火花塞有严重油污时,也会出现与严重积碳相同的故障。引起火花塞积碳的主要原因有进入气缸的可燃混合气过浓、发动机蹿机油或火花塞绝缘体裙部温度过低等。

可燃混合气过浓时,燃料不能充分燃烧,油污和游离碳会大量沉积在火花塞上。

若火花塞绝缘体裙部温度过低,则不能较充分地烧除油污和积碳。火花塞绝缘体裙部温度过低的主要原因是火花塞热值太大,应选用热值较小的火花塞。

③ 电极严重烧蚀。火花塞的两个电极在工作中会逐渐有所烧蚀,在定期保养时应对电极间隙进行调整,使烧蚀后的两极保持规定的间隙。当两电极严重烧蚀,电极间隙难以调整合格时,应更换火花塞。

④ 漏气。火花塞漏气通常是由于绝缘体与壳体之间松动或绝缘体与中心电极之间松动。当外露的绝缘体上出现明显的黑色条纹时,通常表明火花塞严重漏气。

【拓展图文】

各种故障火花塞的形貌特征及原因见表 5-7。

表 5-7 各种故障火花塞的形貌特征及原因

火花塞状态	图例	形貌特征	后果	故障原因
正常		绝缘体底部呈现棕褐色或黄褐色,电极烧蚀甚微	—	—
严重积碳		绝缘体底部、电极部分覆盖一层干燥柔软的黑色碳化物	导致起动不良、加速不畅甚至失火	长期短距离行车(发动机经常处于冷态运行)、混合气过浓、点火正时失准、火花塞热值过低
附着汽油或碳化物(火花塞被淹,也称火花塞湿露)		绝缘体底部、电极部分覆盖一层潮湿的黑色汽油或碳化物	起动不良、失火、不起动	混合气过浓,活塞环、缸体内壁磨损严重,机油上蹿
电极严重烧蚀		中心电极已经烧秃,呈圆形,电极间隙过大	起动不良、加速性能力劣化	保养不及时(火花塞已到使用寿命但未及时更换)
绝缘体上部破损		绝缘体上部出现裂纹	高压短路导致怠速不良或加速失火、点火性能恶化	火花塞拆装不正确、不规范(紧固力矩过大)

续表

火花塞状态	图例	形貌特征	后　果	故障原因
铅附着		绝缘体底部附着黄色或黄褐色燃渣状物质，表面有光泽	急加速或高负荷行车时容易出现失火，但一般行车状态下可以正常跳火	使用了含铅汽油或汽油的含铅量过高
过热		绝缘体底部烤得非常白，并附着微量细小碳化物，电极烧蚀也较严重	急加速、高负荷行车时会出现失火	火花塞拆装不规范、发动机过热（冷却不良）、点火提前角过大、火花塞热值过低、缸内混合气燃烧不正常（早燃）
电极烧损		中心电极和旁电极熔化或烧损，绝缘体底部呈颗粒状，同时附着金属（铝）粉末	发动机功率下降、失火、不起动，甚至发动机机械损坏	火花塞热值太低、点火提前角过大、缸内温度过高致使（铝）合金活塞部分熔化
绝缘体下部出现裂纹		绝缘体底部破损或有裂纹	失火、缺缸	点火正时失准、缸内温度过高
螺纹部分破裂		火花塞螺纹连接部分破裂，旁电极断裂或烧损	破裂部分导致发动机机械损坏	火花塞安装不规范
旁电极机械损伤		旁电极弯曲严重而与中心电极接触，绝缘体底部破损，电极上屡屡出现凹坑	失火、缺缸	火花塞太长（型号不对）而与活塞发生机械碰撞、燃烧室内有异物（小螺母或销子等）

（3）火花塞的清洁与调整。

① 火花塞的清洁。如出现严重积碳，则可对火花塞进行清洁。清洁火花塞要清理火花塞螺纹积垢、清洗火花塞表面和清除火花塞积碳等。

清理火花塞螺纹积垢，可用刷丝直径小于 0.15mm 的铜丝刷去螺纹中的积垢。火花塞表面则用汽油或乙醇清洗，应清洗火花塞的全部表面，保证瓷芯与壳体内腔无异物。火花塞积碳的正确清除方法是用火花塞清洁器喷砂，若无条件则可采用非金属刮片清除，但不允许用金属片或用钢丝刷清除。

② 火花塞间隙的测量与调整。火花塞的间隙一般为 0.7～0.9mm。测量、调整前应了解本车火花塞的有关数据。

测量火花塞间隙时应用钢丝式专用量规，不得使用普通塞尺。火花塞间隙不符合规定数值时，可用专用工具对旁电极进行弯曲调整，如图 5.47 所示。

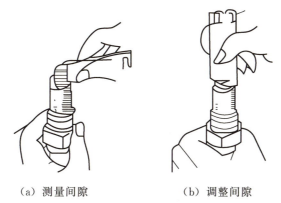

(a) 测量间隙　　　　　　(b) 调整间隙

图 5.47　火花塞间隙的测量与调整

火花塞在使用中应定期更换，以确保点火系统的性能。出现过热、严重烧蚀、绝缘体破裂、漏气、旁电极开裂等现象时也应更换火花塞。

复习思考题

1. 简述点火系统的基本要求。
2. 汽油发动机连续运转（正常着车）有哪些必备条件？
3. 汽车点火系统可以分为哪几类？
4. 简述无触点电子点火系统的工作原理。
5. 无触点电子点火系统的工作过程可分为哪三个阶段？
6. 火花塞的工作条件如何？
7. 什么是火花塞的自净温度？如何定义火花塞的热特性？
8. 无触点电子点火系统有哪几种常见结构？

【在线答题】

第6章　照明信号系统

为确保汽车夜间行驶安全,汽车上装有多种照明装置。汽车照明信号系统是一种交通语言,对安全行车有重要意义。

本章主要介绍汽车前照灯和信号系统,要求学生了解汽车灯具的种类与用途,熟悉汽车照明信号系统的结构和工作原理及其控制电路。

6.1　汽车灯具

6.1.1　汽车灯具的种类与用途

汽车灯具按安装位置可分为外部灯具和内部灯具;按功能可分为照明灯具和信号灯具。

1. 外部灯具

常见的汽车外部灯具有前照灯、雾灯、牌照灯、倒车灯、制动灯、转向灯、示位灯、示廓灯、驻车灯和警示灯等,如图6.1所示。

外部灯具的光色一般为白色、橙黄色和红色;执行特殊任务的车辆(如消防车、警车、救护车、工程抢修车)则采用具有优先通过权的红色、黄色或蓝色闪光警示灯。

机动车应按时参加安全检测和综合检测,确保外部灯具齐全有效。我国对各种汽车灯具的使用规定见表6-1。

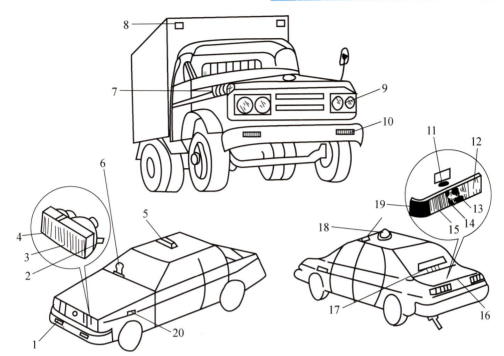

1—前转向灯；2—前示位灯；3—前照灯；4—前雾灯；5—出租车标志灯；6—出租车空车灯；7—转向示位组合灯；8—示廓灯；9—前照灯；10—前雾灯；11—后备箱灯；12—倒车灯；13—后雾灯；14—后示位灯；15—制动灯；16—牌照灯；17—高位制动灯；18—警示灯；19—后转向灯；20—侧示位灯。

图 6.1　常见的汽车外部灯具

表 6-1　我国对各种汽车灯具的使用规定

灯具的种类			安装使用	数量/只	光色
照明灯具	前照灯	近光	强制	2	白色
		远光	强制	2 或 4	白色
	前雾灯		有雾地区强制	2	黄色
	后雾灯		高速公路行驶车辆强制	1	红色
	倒车灯		强制	1 或 2	白色
	后牌照灯		强制	至少 1	白色
信号灯具	转向信号灯	前	强制	2	琥珀色
		侧	强制	2	琥珀色
		后	强制	2 或 4	琥珀色
	危险警告信号灯		强制	所有转向信号灯	琥珀色
	示位灯	前	强制	2 或 4，侧前 2	白色或黄色
		侧	选用	侧中至少 1	琥珀色
		后	强制	侧后 2 或 4	红色
	驻车灯	前	选用	2	白色或琥珀色
		后	选用	2	红色
	制动灯		强制	2 或 4	红色
	后雾灯		选用	1 或 2	红色
	三角形后回复反射器		强制	2	红色
	回复反射器	前	选用	2	接收光的颜色
		侧	选用	前 2，中至少 1，后 2	琥珀色
		后	强制	2 或 4	红色

(1) 前照灯：俗称大灯或头灯，装在汽车头部两侧，用来照明车前道路，有两灯制、四灯制之分。其中，四灯制前照灯并排安装时，装于外侧的一对应为近、远光双光束灯，装于内侧的一对应为远光单光束灯。近光灯功率为 35～55W，远光灯功率为 40～60W。

(2) 雾灯：安装在汽车头部或尾部，在雾天、下雪、暴雨或扬尘等情况下，用来改善车前道路的照明情况。前雾灯功率为 45～55W，光色为橙黄色；后雾灯功率为 21W 或 6W，光色为红色，以警示尾随车辆保持安全间距。

(3) 牌照灯：装于汽车尾部牌照上方或左右两侧，用来照明后牌照，功率为 5～10W，确保行人在车后 20m 处能看清牌照上的文字、字母及数字。

(4) 倒车灯：安装在汽车尾部。当变速器挂倒挡时，倒车灯自动发亮，照明汽车后侧，同时警示后方车辆、行人注意安全，功率为 20～25W，光色为白色。

(5) 制动灯：俗称刹车灯，安装在汽车尾部。在踩下制动踏板时，制动灯发出较强红光，以示制动，功率为 20～25W，光色为红色，其灯罩显示面积比后示位灯大。目前，大多数乘用车都在后窗加装由发光二极管组成的高位制动灯，进一步提高了行车安全性。

(6) 转向灯：主转向灯一般安装在汽车头、尾部的左右两侧，用来指示车辆行驶趋向。一般还在汽车车侧中间安装侧转向灯。在小型车上，把侧转向灯安装到左、右后视镜上（图 6.2）成为趋势。主转向灯功率为 20～25W，侧转向灯功率为 5W，光色为琥珀色。转向时，灯光呈闪烁状，频率规定为 (1.5±0.5)Hz，起动时间不大于 1.5s。在紧急遇险状态需其他车辆注意避让时，全部转向灯可通过危险报警灯开关接通并同时闪烁。

图 6.2　安装在后视镜上的侧转向灯

(7) 示位灯：又称示宽灯、位置灯，安装在汽车头部、尾部和侧面，夜间行驶接通前照灯时，示位灯、仪表照明灯和牌照灯同时发亮，以标志车辆的形状、位置等，功率为 5～20W。前示位灯俗称小灯，光色为白色或黄色；后示位灯俗称尾灯，光色为红色；侧示位灯光色为琥珀色。

(8) 示廓灯：俗称角标灯，空载车高大于 3.0m 的车辆均应安装示廓灯，用来标示车辆轮廓，功率为 5W。

(9) 驻车灯：装于汽车头部和尾部两侧，要求从车前和车尾 150m 远处能确认灯光信号，要求车前处光色为白色，车尾处为红色。夜间驻车时，将驻车灯接通，用来标示车辆形位。

(10) 警示灯：一般装于车顶部，用来标示车辆特殊类型，功率一般为 40～45W。消防车、警车的警示灯为红色，救护车的警示大灯为蓝色，旋转速度为 2～6 次/秒；公交车和出租车的警示大灯分别为白色和黄色。出租车空车标示灯装在仪表台上，功率为 5～15W，显示为红底白字。

2. 组合灯具

大多数汽车都采用组合灯具，即把前照灯、前转向灯、前示位灯等组合在一起，构成前组合灯（图 6.3）；把倒车灯、制动灯、后转向灯、后示位灯等组合在一起，构成后组合灯（图 6.4）。

图 6.3 汽车前组合灯

图 6.4 汽车后组合灯

鉴于发光二极管（light emitting diode，LED）具有省电、环保、使用寿命长等优点，在汽车后组合灯中应用广泛。

3. 内部灯具

常见的汽车内部灯具有顶灯、阅读灯、后备箱灯、门灯、踏板灯（图中未标出）、仪表照明灯、报警及指示灯、工作灯等，如图 6.5 所示。

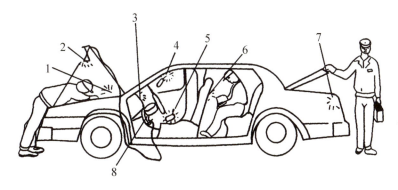

1—发动机罩下灯；2—工作灯；3—仪表照明灯、报警及指示灯；4—顶灯；
5—门灯；6—阅读灯；7—后备箱灯；8—开关照明灯。

图 6.5 常见的汽车内部灯具

（1）顶灯：乘用车及载货汽车一般仅设一个顶灯，除用作车厢内照明外，还具有监视车门是否可靠关闭的作用。在监视车门状态下，只要还有车门未可靠关闭，顶灯就发亮。顶灯功率为 5～15W。公共汽车顶灯有向荧光灯发展的趋势。

（2）阅读灯：装于乘员席前部或顶部，聚光时乘员看书不会导致驾驶人眩目，照明范围较小，有些阅读灯还有光轴方向调节机构。

（3）后备箱灯：装于乘用车或客车后备箱内，当开启后备箱盖时，该灯自动发亮，照亮后备箱内空间，功率为 5W。

（4）门灯：装于乘用车外张式车门内侧底部，开启车门时，门灯发亮，以警示后来行人、车辆注意避让。门灯功率为 5W，光色为红色。

（5）踏板灯：装在大、中型客车乘员门内的台阶上。夜间开启乘员门时，用来照亮踏板。

（6）仪表照明灯：装在仪表板反面，用来照明仪表指针及刻度板，功率为 2W。仪表照明灯一般与示位灯、牌照灯并联。有些汽车可调节仪表照明灯的发光强度。

（7）报警及指示灯：常见的报警及指示灯有机油压力报警灯、冷却液温度过高报警灯、充电指示灯、转向指示灯、远光指示灯等。报警灯一般为红色或黄色，指示灯一般为绿色或蓝色。

（8）工作灯：车辆维修时可以移动使用的一种随车低压照明工具，电源来自汽车发电机或蓄电池。工作灯功率为21W，常带有挂钩或夹钳，插头的形式有点烟器式和两柱插头式两种。

6.1.2　对汽车灯具的要求

汽车灯具应安装可靠、完好有效，不得因汽车振动而松脱、损坏、失去作用或改变光照方向；所有灯具的开关应安装牢固、开关自如，不得因汽车振动而自行开关，而且位置应便于驾驶人操作。

除前照灯的远光外，所有灯光均不得眩目，左右两边布置的灯具光色、规格必须一致，安装位置对称。

前示位灯、后示位灯、示廓灯、牌照灯和仪表照明灯应能同时启闭，当前照灯关闭或发动机熄火时仍能点亮。

报警及指示灯的操作装置应不受点火开关和灯光总开关的控制。

转向灯在侧面可见时视为满足要求，否则应安装侧转向灯。

汽车灯具的任一条电路出现故障，不得干扰其他电路的工作。

前转向灯、后转向灯、报警及指示灯、制动灯白天应距100m可见；侧转向灯白天应距30m可见；前、后示位灯和示廓灯夜间良好天气下应距300m可见。

6.1.3　照明信号系统控制电路

为了提高工作可靠性，汽车灯具均采用并联电路，在每个灯具支路上都安装了熔断器，以确保某支路出现故障时，不会影响其他支路电器的工作。

为确保照明信号系统正常工作，许多汽车不仅配备了灯光开关、变光开关、雾灯开关、转向灯开关、制动灯开关、倒车灯开关，还加装了后位灯继电器、前照灯继电器、雾灯继电器。灯具开关也由分散的独立式开关发展为组合式开关。为确保汽车灯具的发光强度，许多汽车前照灯、雾灯等灯具搭铁线的搭铁部位逐渐移到了发动机、变速器等金属机体上。

照明信号系统的工作情况一般遵从如下规律。

（1）前照灯位于二挡，示位灯、仪表板照明灯及牌照灯位于一挡。二挡接通时，一挡接通的灯具仍发亮。

（2）变光开关可使前照灯远光与近光交替通电闪烁，作为超车用灯光信号，变光开关一般控制前照灯火线支路。

（3）雾灯的电源电路不仅受雾灯开关控制，还受车灯开关控制。

（4）顶灯兼有监视车门关闭的作用，当车门未关紧时，顶灯发亮以示警告。

图6.6所示为某汽车照明信号系统的电路。

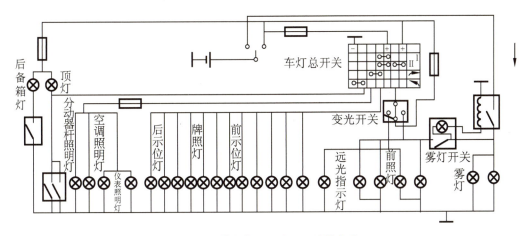

图 6.6 某汽车照明信号系统的电路

6.2 前照灯及其控制电路

【拓展视频】

6.2.1 前照灯的基本要求

前照灯的基本要求如下。

（1）前照灯的上缘距地面高度应不大于 **1.2m**，外缘距车外侧应不大于 **0.4m**。

（2）汽车的前照灯应有远、近光变换装置，并且由远光变为近光时，所有远光应能同时熄灭。

（3）四灯制前照灯并排安装时，装于外侧的一对应为远、近光双光束灯；装于内侧的一对应为远光单光束灯。

（4）夜间远光灯亮时，应能照清前方 **100m** 的道路；近光灯亮时，应能照清前方 **40m** 的道路且不得眩目。

6.2.2 前照灯的结构与工作原理

前照灯的光学系统包括**反射镜、配光镜**和**前照灯灯泡**三部分。

1. 反射镜

反射镜（图 6.7）的作用是将灯泡的光线聚合并导向前方。反射镜的表面形状呈旋转抛物面。由于前照灯功率仅为 40～60W，灯泡灯丝发出的光亮有限，因此若无反射镜，则只能照清车前 6m 左右的路面。有反射镜之后，前照灯照距可达 150m 或更远。

如图 6.8 所示，灯丝位于焦点 F 上，灯丝的绝大部分光线向后射在立体角 ω 内，经反射镜反射后变成平行光束射向远方，使亮度增强几百倍甚至上千倍，达 20000～40000cd 以上，从而使车前 150～400m 的路面照得足够清楚。射向侧方和下方的部分光线可照明车前 5～10m 的路面及路缘，而其余部分光线射向上方。

反射镜一般由 0.6～0.8mm 厚的薄钢板冲压而成，也有用热固性塑料制成的反射镜。

其内表面镀银、铝或铬,然后抛光处理。由于镀铝的反射系数可以达到94%以上,机械强度也较好,因此一般采用真空镀铝。

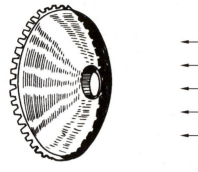

图6.7 反射镜

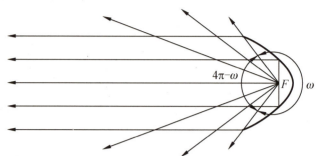

图6.8 反射镜的聚光作用

2. 配光镜

配光镜又称散光玻璃,其作用是将反射镜反射的平行光束进行折射(图6.9),使车前路面和路缘都有良好、均匀的照明(图6.10)。

（a）圆形配光镜

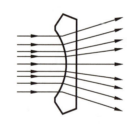
（b）向左右散射

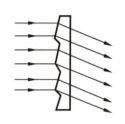
（c）向下折射

图6.9 配光镜的结构与作用

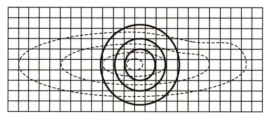

----- 带散光玻璃的前照灯光束分布曲线
—— 无散光玻璃的前照灯光束分布曲线

图6.10 有无配光镜的光形对比

配光镜一般由透光玻璃压制而成,是很多块特殊棱镜和透镜的组合。其几何形状比较复杂,外形一般为圆形[图6.9(a)]或矩形。

塑料配光镜不但质量轻,而且耐冲击性好。

3. 前照灯灯泡

常用的汽车前照灯灯泡有白炽灯泡、卤素灯泡等。

（1）白炽灯泡。

白炽灯泡（图 6.11）的灯丝由熔点高、发光强的钨丝制成。由于钨在高温下会蒸发，因此白炽灯泡的使用寿命缩短。

白炽灯泡在制造时要先从玻璃泡内抽出空气，然后充以约 86％氩气和约 14％氮气的混合惰性气体。由于惰性气体受热后膨胀会产生较大的压力，因此可减少钨的蒸发，增强发光效率，并延长白炽灯泡的使用寿命。

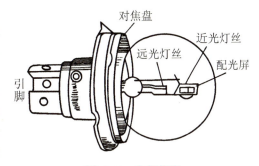

图 6.11 白炽灯泡

为了缩小灯丝的尺寸，常把灯丝制成紧密的螺旋状，这有利于聚合平行光束。

（2）卤素灯泡。

虽然白炽灯泡的灯丝处于惰性气体中，但是灯丝的钨仍然会蒸发，使灯丝有所损耗。蒸发出来的钨沉积在灯泡玻璃体上，使灯泡玻璃体发黑。

汽车上广泛使用利用卤钨再生循环原理制造的卤素灯泡。卤素灯泡内的惰性气体中掺有某种卤族元素气体。卤素灯泡尺寸较小，其壳体由耐高温、机械强度较高的石英玻璃和硬玻璃制成。充入的惰性气体压力较高，掺入的卤族元素一般为碘或溴。

因卤素灯泡的工作温度高，其工作气压比白炽灯泡高得多，又利用卤钨再生循环原理，故钨的蒸发得到了有效抑制。在相同功率情况下，卤素灯泡的亮度是白炽灯泡亮度的 1.5 倍，而且其使用寿命是白炽灯泡的 2～3 倍。

卤素灯泡按外形可分为 H_1 型卤素灯泡、H_2 型卤素灯泡、H_3 型卤素灯泡、H_4 型卤素灯泡，如图 6.12 所示。H_1 型卤素灯泡、H_2 型卤素灯泡、H_3 型卤素灯泡为单灯丝灯泡，常用于辅助前照灯（如雾灯和探照前灯）；H_4 型卤素灯泡为双灯丝灯泡，广泛用于前照灯。

 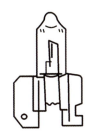  

（a）H_1 型卤素灯泡　　（b）H_2 型卤素灯泡　　（c）H_3 型卤素灯泡　　（d）H_4 型卤素灯泡

图 6.12 卤素灯泡

6.2.3 前照灯的防眩目装置

为保障夜间会车安全，汽车前照灯必须具有良好的防眩目装置。国产汽车防眩目装置的设计有三种方式，高档乘用车还有更先进的防眩目装置。

1. 采用远、近光光束变换

为了防眩目，前照灯灯泡中装有远光灯丝与近光灯丝，由变光开关控制其电路。夜间公路行车且对面无来车时使用远光灯，以增大照明距离，保证行车安全。

夜间公路行车会车、市区行车有路灯或尾随其他汽车行驶时使用近光灯。远光灯丝装于呈旋转抛物面的反射镜的焦点处[图6.13(a)]，远光灯丝的光线经反射镜聚光、反射后，沿光学轴线以平行光束射向远方，照亮汽车前方150m以上的路面。

借助配光镜的合理配光，远光既能保证足够的照射距离，又能有一定的光线覆盖面。近光灯丝装于反射镜焦点的上方或前上方[图6.13(b)]，近光灯丝产生的光线经反射镜反射后，大部分光束倾斜向下射向车前的路面，可减轻对方驾驶人眩目。

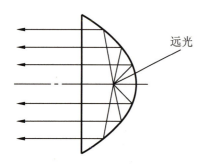 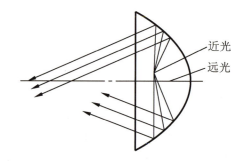

(a) 远光灯丝装于呈旋转抛物面的反射镜的焦点处　　(b) 近光灯丝装于反射镜焦点的上方或前上方

图 6.13　远、近光光束

2. 近光灯丝加装配光屏

上述防眩目装置只能减轻眩目，还不能彻底避免眩目。近光灯丝射向反射镜下部的光线经反射后倾斜向上照射，仍会使对面来车的驾驶人眩目。为此，现代汽车前照灯的近光灯丝下方均加装配光屏（又称遮光罩、护罩或光束偏转器，参见图6.11），用以遮挡近光灯丝射向反射镜下半部的光线，消除反射后向上照射的光束，提高防眩目效果。

3. 采用非对称光形（E形或Z形）

上述两种防眩目装置起到了防眩目作用，但会车使用近光灯时，近光灯仅能照亮汽车前方50m以内的路面，因而车速受到限制。

为了达到既能防止眩目又能以较高车速会车的目的，我国汽车的前照灯近光采用E形非对称光形[图6.14(b)]，是将配光屏单边倾斜15°形成的，即将本车行进方向光束照射距离延长。这种光形的产生既有配光屏的作用，又有配光镜的作用。

有些汽车使用Z形非对称光形[图6.14(c)]，该光形明暗截止线呈反Z形（图6.15）。Z形非对称光形更加优越，不仅可以避免会车驾驶人眩目，还可以防止迎面而来的行人和非机动车使用者眩目，进一步提高了夜间行车安全性。

照明信号系统 第6章

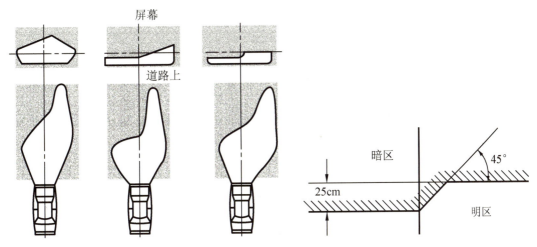

(a) 对称光形　　(b) E形非对称光形　　(c) Z形非对称光形

图6.14　前照灯配光光形

图6.15　Z形非对称光形
明暗截止线呈反Z形

6.2.4 前照灯类型

按光学组件的结构不同，前照灯可分为半封闭式前照灯和封闭式前照灯两种。

1. 半封闭式前照灯

半封闭式前照灯的结构如图6.16(a)、图6.17和图6.18所示，其配光镜是靠卷曲反射镜边缘上的牙齿而紧固在反射镜上的，两者之间有橡胶密封圈，灯泡只能从反射镜后端装入。

当需要更换损坏的配光镜时，可先撬开反射镜边缘的牙齿，安装新的配光镜后，再将牙齿复原。由于半封闭式前照灯维修方便，因此得到广泛使用。

2. 封闭式前照灯

封闭式前照灯的反射镜和配光镜用玻璃制成一体，其内充有惰性气体。灯丝焊在反射镜底座的灯丝支架上，反射镜的反射面经真空镀铝，其结构如图6.16(b)和图6.16(c)所示。

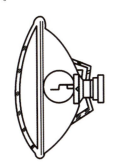　　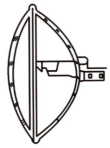　　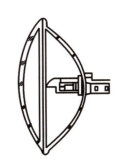

(a) 半封闭式前照灯(白炽灯泡)　　(b) 封闭式前照灯(白炽灯泡)　　(c) 封闭式前照灯(卤素灯泡)

图6.16　前照灯类型

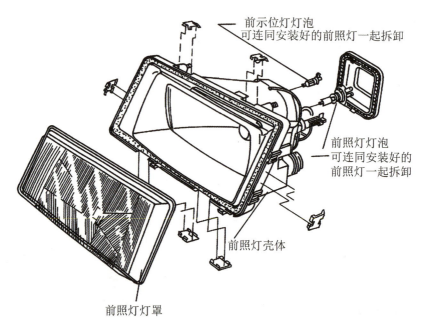

图 6.17 矩形半封闭式前照灯

图 6.18 圆形半封闭式前照灯

为满足前照灯更亮、更远、更美观的要求,许多乘用车采用投射式前照灯和高强度气体放电灯。

(1) 投射式前照灯。

投射式前照灯装有很厚的无刻纹的凸形散光镜,其结构与工作原理如图 6.19 所示。

反射镜有两个焦点:第一焦点处放置灯泡,第二焦点在灯光中形成。凸形散光镜的焦点与第二焦点重合。来自灯泡的光利用椭圆形反射镜聚成第二焦点,再通过凸形散光镜将聚集的光投射到前方。投射式前照灯采用的光源为卤素灯泡。

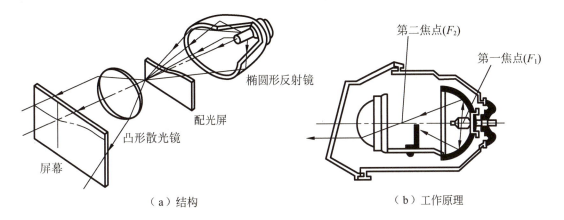

（a）结构　　　　　　　　　　　　（b）工作原理

图 6.19　投射式前照灯的结构与工作原理

在第二焦点附近设有配光屏可遮挡上半部分光，形成明暗分明的配光。这种配光特性适用于前照灯远、近光灯及雾灯。

(2) 高强度气体放电灯。

高强度气体放电(high intensity discharge,HID) 灯放电的气体是氙气，故也称氙灯。

HID 灯的结构与工作原理如图 6.20 所示。这种灯的灯泡里没有传统灯泡的灯丝，取而代之的是装在石英管内的两个电极，管内充有氙气及微量金属(或金属卤化物)。在电极上加上足够高的触发电压后，气体开始电离而导电发光。

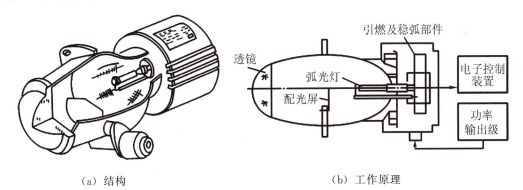

（a）结构　　　　　　　　　　　　（b）工作原理

图 6.20　HID 灯的结构与工作原理

HID 灯灯泡(图 6.21) 发出的光色成分和日光灯非常相似，其灯光如图 6.22 所示，其亮度是卤素灯泡的 **2.5** 倍，使用寿命可达卤素灯泡的 **5** 倍。

HID 灯以汽车 **12V** 蓄电池为电源，利用一个特制的镇流器(图 6.23)，在极短的时间内产生约为 **23kV** 的触发电压(也称引弧电压)点亮灯泡。

HID 灯通电 0.8s，其亮度可达额定亮度的 **20%**(等同于同功率卤素灯泡的亮度)，通电 **4s** 可达额定亮度的 **80%** 以上。在达到灯泡正常工作温度后，HID 灯镇流器只需提供约 **80V** 的供电电压(功耗仅为 **35W**)即可保持正常工作，可节约 **40%** 的电能。

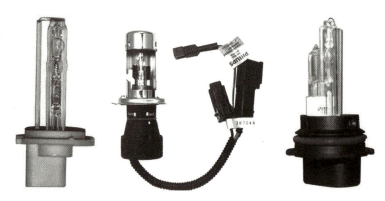

图 6.21　HID 灯灯泡

图 6.22　HID 灯的灯光

图 6.23　HID 灯镇流器

（3）发光二极管车灯及有机发光二极管车灯。

① 发光二极管车灯及其工作原理。

发光二极管（light emitting diode，LED）属于二极管，具有单向导通的特性。

LED 的工作原理如图 6.24 所示，在电压的驱动下越过半导体 P 区和 N 区时普通二极管只产生电流，而 LED 既能产生电流又能发光。同时，LED 的正向压降高于普通二极管正向压降，因为普通二极管采用硅半导体，而 LED 采用宽禁带半导体。

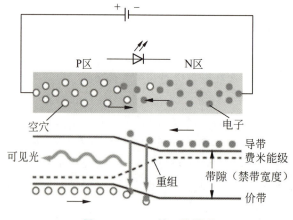

图 6.24　LED 的工作原理

LED 的结构如图 6.25 所示。LED 采用的具体材料随发光颜色不同而异，如红光用砷化镓，绿光用磷化镓，黄光用碳化硅，蓝光用氮化镓。在蓝色 LED 的基础上涂覆黄色的荧光粉，则可以使 LED 发出白光。

② LED 车灯。以 LED 替代使用广泛的卤素灯泡，既可以用于汽车前照灯，又可以用于转向灯。

当将 LED 用于汽车前照灯时，将多个 LED 组合并分别加以控制，可以得到灵活多变的照明效果（图 6.26 和图 6.27），既可以避免其他车辆的驾驶人眩目，又可以减少本车驾驶人频繁切换远近光的麻烦，进一步提高行车安全性。

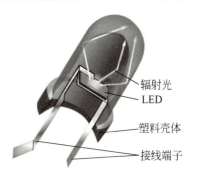

图 6.25　LED 的结构

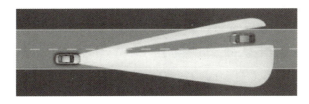

图 6.26　识别对面来车时的前照灯远光光束分布

图 6.27　识别本车道前方有车时的前照灯远光光束分布

当将 LED 用于转向灯时，控制电路可以使构成转向灯的多个 LED 从内向外依次点亮（点亮时间依次错开），形成所谓的"快速移动式"转向闪光效果（俗称流水灯，图 6.28）。这种设计的所有转向灯都是同步熄灭的。

图 6.28　奥迪矩阵式 LED 的"快速移动式"转向闪光效果（流水灯）

LED 属于点光源，其正向工作电压为 1.5～3.6V，发热量较大。因此，需要设置专门的散热装置，而且其控制电路也较复杂。

③ 有机发光二极管车灯。有机发光二极管（organic light emitting diode，OLED）车灯

的工作原理类似于 LED 车灯的工作原理，但 OLED 车灯使用有机分子来产生光。

如图 6.29 所示，OLED 由六层组成：最外层是基材和密封层，它们由塑料或玻璃等有机材料制成。基材是 OLED 的基础，密封层用于提供保护。在基材和密封层之间是阳极、导电层、发射层和阴极，而导电层和发射层也均由有机材料制成。

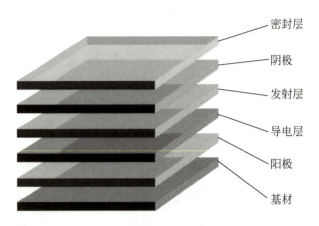

图 6.29　OLED 的结构

在控制电路的控制下，电流流过导电层和发射层时产生彩色光。采用不同的有机材料，可使 OLED 车灯发出黄色光和蓝色光。设置滤色片也可以得到其他颜色的光。

与 LED 的点光源特性不同，OLED 具有面光源特性，它是一种发光均匀的平面光源。因此，OLED 技术多用于手机屏幕，而在汽车上多用于尾灯（图 6.30）。

图 6.30　奥迪 TT 的 OLED 尾灯

OLED 轻薄、透明、响应快、发光效率高且具有可挠性，可使 OLED 车灯的造型更加灵活；并且 OLED 不发热，不需要反射结构来保证灯光效果，不仅使工艺成本降低，而且使车身造型更加绚丽。

6.2.5　前照灯的检测与调整

为保证前照灯的性能，应及时对前照灯进行检测与调整。前照灯的检测可采用屏幕法或前照灯检测仪检测。

检测与调整前汽车应空载停放在平整的场地上，前照灯总成应清洁，轮胎气压应符合规定，并且车厢内只允许乘坐驾驶人。

根据 GB 7258—2017《机动车运行安全技术条件》的规定，机动车在检验前照灯的近光光束照射位置时，前照灯在距离屏幕10m处，光束明暗截止线转角或中点高度应为0.6～0.8H（H为前照灯基准中心高度），其水平方向位置向左、向右偏差均不大于100mm。

四灯制前照灯其远光单光束灯的调整，要求在屏幕上光束中心离地高度为0.85～0.90H，水平位置要求左灯向左偏差不大于100mm，左灯向右偏差和右灯向左、向右偏差均不大于170mm。

对于安装两只前照灯的机动车，每只灯的发光强度在用车应为12000cd以上，新车应为15000cd以上；对于安装四只前照灯的机动车，每只灯的发光强度在用车应为10000cd以上，新车应为15000cd以上。

1. 用屏幕法检测前照灯的配光性能

将车辆停置于屏幕前并与屏幕垂直，使前照灯基准中心距屏幕10m，在屏幕上确定与前照灯基准中心离地面距离H等高的水平基准线及以车辆纵向中心平面在屏幕上的投影线为基准确定的左、右前照灯基准中心位置线，分别测量左、右远光光束和近光光束的水平和垂直照射方位的偏移值。

用屏幕法检测前照灯的配光性能如图6.31所示。调整时使左、右前照灯的光束分别对准a、b两点即可。

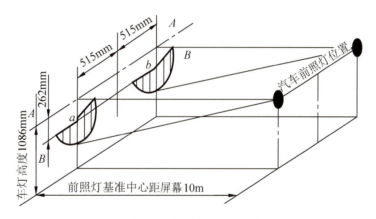

图6.31 用屏幕法检测前照灯的配光性能

2. 用前照灯检测仪检测前照灯的发光强度和配光性能

前照灯检测仪大多采用光电池感光。将光电池与光度计（电流表）连接，在适当的距离内使前照灯照射光电池，光电池会产生相应的电流，利用光度计便可测出前照灯的发光强度。

把光电池分割成上、下、左、右四块，分别用$S_上$、$S_下$、$S_左$、$S_右$表示。经前照灯照射后，各块光电池分别产生电动势，其差值可以使上、下偏斜指示计或左、右偏斜指示计产生动作，从而判断光轴位置，如图6.32所示。

3. 前照灯的调整与修理

前照灯光轴方向偏斜时，应进行调整，调整一般分外侧调整和内侧调整两种，如图6.33所示。

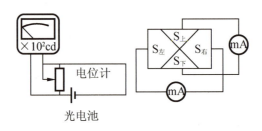

图 6.32　用前照灯检测仪检测前照灯的发光强度和配光性能

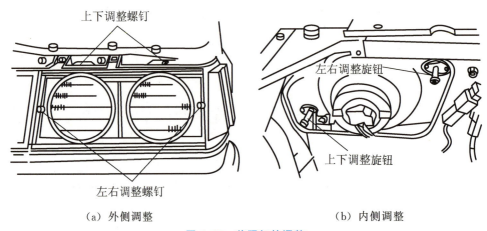

（a）外侧调整　　　　　　　　　　（b）内侧调整

图 6.33　前照灯的调整

调整时，按需要转动灯座上面的左右调整螺钉（或调整旋钮）及上下调整螺钉（或调整旋钮），使光轴方向符合标准。

前照灯亮度不足时，应视情况修理。

（1）前照灯工作电压偏低，应检修电路和电源。

（2）灯泡（或灯芯）老化或产品质量差，应更换合格的灯泡（或灯芯）。

（3）灯泡（或灯芯）的功率选择偏低（使用中发光强度不够），可改用功率稍大的灯泡（或灯芯）。但必须注意以下几点。

① 灯泡必须与灯罩座型号一致，配套使用。

② 若将普通灯泡改为卤素灯泡，应更换灯具总成。

③ 选用大功率灯泡，应先校验发电机功率是否足够，前照灯电路容量是否能够承受。

（4）前照灯反射镜脏污或涂层脱落，应予以清洁或更换。

（5）散光玻璃装配不当，应适当调整。安装散光玻璃时应注意以下几点。

① 标有"TOP"或"↑"符号表示应朝上安装。

② 散光玻璃的棱镜均垂直配置。

③ 散光玻璃中部棱镜较稀部分呈正方形端朝右、呈矩形端朝左（左右以人面对玻璃为准）。

6.2.6 前照灯控制电路与智能化灯光系统

1. 前照灯控制电路

汽车前照灯因车型不同，控制方式也有差异。当灯具的功率较小时，灯具的工作电流直接受灯光总开关控制（参见图 6.6）。当灯具多、功率大时，为减小开关热负荷、电路压降，应采用继电器控制；同时，应增加分路熔断器。

前照灯控制电路有控制火线式[图 6.34(a)]和控制搭铁线式[图 6.34(b)]两种控制方式。

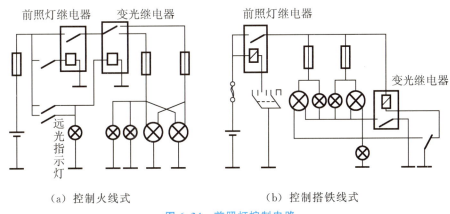

（a）控制火线式　　　　　　　　（b）控制搭铁线式

图 6.34　前照灯控制电路

2. 前照灯自动变光电路

夜间行驶时，为了防止迎面来车的驾驶人眩目，驾驶人必须频繁使用变光开关，而前照灯自动变光装置可以根据迎面来车的灯光强度调节前照灯的远光或近光。

图 6.35 所示为前照灯自动变光电路的工作原理。当迎面来车的前照灯光线照射到传感器上时，通过透镜将光线聚焦到光敏元件上，通过放大器输出信号触发功率继电器，功率继电器将前照灯自动从远光变为近光。当迎面来车驶过后，传感器不再有灯光照射，于是放大器不再向功率继电器输送信号，功率继电器的触点又恢复到远光照明位置。

光敏电阻 PC_1 用来感受光照情况，其电阻值与光照强度成反比。在受到光线照射前，其电阻较高，但受光照后电阻迅速下降，PC_1 和 R_1、R_2、R_3、R_7 及 VT_6 组成 VT_1 的偏压电路。当远光接通时，VT_6 导通，PC_1 受到光照作用，电阻减小到一定值时，VT_1 基极上偏压刚好能产生光束转换，即从远光变为近光；近光接通后，VT_6 截止，偏压电路中只有 R_7、PC_1、R_1 和 R_2，因而 PC_1 灵敏度增大，迎面来车驶过后，PC_1 电阻增大，VT_1 截止，前照灯立即由近光变为远光。

射极输出器 VT_1 的输出，由 VT_2 放大并反相，VT_2 的输出加在施密特触发器 VT_3 和 VT_4 上，VT_4 的集电极控制继电器励磁级 VT_5。当 VT_2 集电极电压超过施密特触发器的阈值时，VT_3 导通，VT_4 截止，VT_5 加偏压截止，功率继电器的触点接通远光灯。

当 PC_1 受到迎面来车的光线照射时电阻下降，放大器 VT_1 和 VT_2 的输出低于施密特触发器的阈值，VT_3 截止，VT_4、VT_5 导通，功率继电器的线圈有电流通过，从而接通近

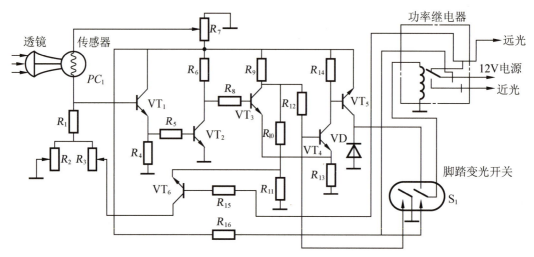

图 6.35 前照灯自动变光电路的工作原理

光灯,直到迎面来车驶过后功率继电器又接通远光灯。

当将脚踏变光开关 S_1 转换到另一状态时,功率继电器始终通电,前照灯始终使用远光灯。

3. 灯光提示报警与自动关灯电路

汽车在白天行驶时,如果遇到雨雪天气,或通过黑暗的涵洞、隧道时,驾驶人为了行车安全打开前照灯,但有时在光线转亮之后一直到停车断开点火开关容易忘记关灯,灯光提示报警与自动关灯电路能够自动发出报警,警告驾驶人关闭前照灯和尾灯,或者自动关闭灯光。

图 6.36 所示为提醒关灯电路。该电路在点火开关断开而前照灯(或驻车灯)仍被接通的情况下,电流可经二极管 VD_1(或 VD_2),使晶体管 VT 产生基极电流而导通,蜂鸣器因被接通而发出声音,以提醒驾驶人关灯。在点火开关被接通的状态下,晶体管 VT 因基极电位提高而截止,蜂鸣器不发出声音。

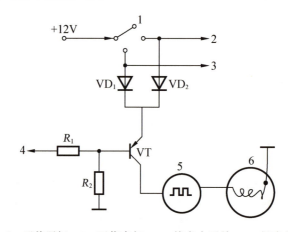

1—车灯开关;2—至前照灯;3—至停车灯;4—接点火开关;5—闪光器;6—蜂鸣器。

图 6.36 提醒关灯电路

4. 前照灯自动关闭延时器电路

前照灯自动关闭延时器是一种自动关闭前照灯的控制装置。当汽车停驶时，为驾驶人下车离去提供一段照明时间。

前照灯自动关闭延时器电路如图 6.37 所示。图中，VT 为高增益的复合晶体管（达林顿功率管），用来接通延时继电器的线圈，其发射极通过机油压力开关搭铁。而机油压力开关的触点在发动机运转时，受机油压力的作用而处于断开状态，此时该电路不起任何作用，只有在发动机停止运转或机油压力不足时该触点才能闭合。

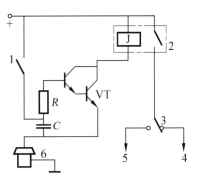

1—延时按钮开关；2—延时继电器；
3—前照灯变光开关；
4，5—接前照灯；6—机油压力开关。

图 6.37　前照灯自动关闭延时器电路

电阻 R 和电容 C 组成延时电路。驾驶人在停车后切断前照灯和点火开关前，只要按下仪表板上的前照灯延时按钮开关，蓄电池就为电容 C 充电。

在电容 C 的充电过程中，达林顿功率管 VT 的基极电位逐渐升高，当电容 C 的充电电压达到 VT 管的导通电压时，VT 管导通，延时继电器的线圈通电，触点闭合，前照灯的远光电路或近光电路被接通。

切断前照灯和点火开关后，即使松开前照灯延时开关按钮，因电容 C 通过电阻 R 和 VT 管放电，前照灯仍能保持通电照明，直到电容 C 电压下降至 VT 管截止，继电器触点断开，前照灯熄灭。延时时间取决于电路中 C 和 R 的参数，一般可延迟 1min。

5. 前照灯昏暗自动发光控制电路

前照灯昏暗自动发光控制电路的作用是在汽车行驶（并非夜间行驶）过程中，当汽车前方的自然光强度降低到一定程度（如汽车通过隧道、林荫路）时，该电路便自动将前照灯电路接通，打开前照灯以确保行车安全。

6. 智能化灯光系统

智能化灯光系统能使汽车前照灯随行驶状况的变化而实时变化，具有 10～15 种光束的前照灯灯光，可以对行驶速度和路面"随机应变"。 例如，在高速公路上行驶时，汽车前照灯会照亮前方不宽且更远的区域。当汽车转弯时，外侧亮度大些，能让驾驶人看清弯道情况；而内侧亮度小些，防止对面会车的驾驶人眩目。

智能化灯光系统的代表产品是自适应前照灯系统（adaptive front-lighting system，AFS），AFS 的灯光分布明显优于普通前照灯系统（图 6.38）。

AFS 使前照灯可以做上、下、左、右四向运动，光束随转向盘转动而转动。此外，光轴自动调整系统能根据车速及转向盘转角自动调整近光灯的照射中心，自动指向弯道内侧，确保弯道内侧的高能见度。

当后排载重较大而导致车身角度上扬时，AFS 将自动调整光轴倾角，避免光轴上扬使对面来车驾驶人产生眩目。与此同时，集成于保险杠上的前雾灯具有转弯照明功能，转向时弯道内侧的雾灯亮起，照明弯道死角，提高行车安全性。

智能化灯光系统还具备丰富的照明辅助功能，主要包括回家照明（停车熄火后前照灯

(a) AFS　　　　　　　　(b) 普通前照灯系统

图 6.38　AFS 与普通前照灯系统的比较

还将在设置时间段内保持照明)、动身照明(用遥控器解锁车门时如果环境较黑暗则前照灯将打开)及昏暗天气照明(隧道内、黄昏或大雨时前照灯自动打开)等,非常人性化。该系统对前照灯的清洁也非常便捷,利用可伸缩的前照灯洗涤装置,可以通过按下仪表板上的按钮快速清洗灯罩上的污物,及时恢复前照灯的照明度。

6.3　汽车信号系统

6.3.1　转向灯及危险报警装置

1. 转向灯电路

在汽车起步、转弯、变更车道或路边停车时,需要打开转向灯以示汽车的趋向,提醒周围车辆和行人注意。

转向灯系统由闪光继电器(简称闪光器)、转向灯开关、转向灯和转向指示灯等组成。当接通危险报警开关时,所有转向灯同时闪烁,可表示车辆遇紧急情况,请求其他车辆避让。根据 GB 7258—2017《机动车运行安全技术条件》的规定,危险报警灯操纵装置不得受点火开关控制。

转向灯闪烁是由闪光器控制电流通断实现的,闪光频率规定为 (1.5 ± 0.5) Hz。有些汽车转向闪光器和危险报警闪光器共用,其转向灯电路如图 6.39 所示;还有些汽车转向闪光器和危险报警闪光器单独设置,其转向灯电路如图 6.40 所示。

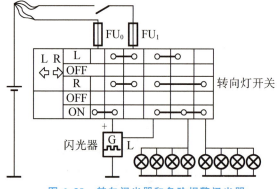

图 6.39　转向闪光器和危险报警闪光器共用的转向灯电路

2. 闪光器的工作原理

常见的闪光器有电容式闪光器、翼片式闪光器、晶体管式闪光器等(图 6.41)。其中,晶体管式闪光器因结构简单、体积小、闪光频率稳定、监控作用明显、工作时有响声而应用广泛。

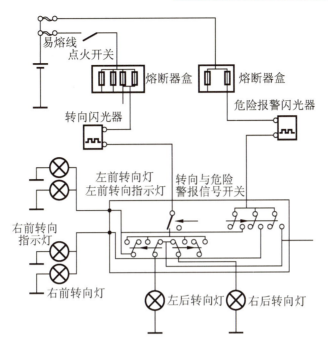

图 6.40 转向闪光器和危险报警闪光器单独设置的转向灯电路

（a）电容式闪光器　　　（b）翼片式闪光器　　　（c）晶体管式闪光器

图 6.41 常见的闪光器

晶体管式闪光器有带继电器的晶体管式闪光器（有触点）、无触点闪光器、集成电路式闪光器等。

（1）带继电器的晶体管式闪光器。

带继电器的晶体管式闪光器的工作原理如图 6.42 所示，它主要由晶体管开关电路和小型继电器组成。

当汽车打开右转向灯时，电流由蓄电池正极流经电源开关 SW—接线柱 B—电阻 R_1—继电器 J 的常闭触点 J—接线柱 S—转向灯开关 K—右转向灯—搭铁—蓄电池负极，形成回路，右转向灯亮。当电流通过电阻 R_1 时，在电阻 R_1 上产生电压降，晶体管 VT 因正向偏压而导通，集电极电流通过继电器 J 的线圈，使继电器 J 的常闭触点 J 立即打开，右转向灯随之熄灭。

晶体管导通的同时，其基极电流向电容器 C 充电。电流由蓄电池正极流经电源开关 SW—接线柱 B—晶体管的发射极 e—基极 b—电容器 C—电阻 R_3—接线柱 S—转向灯开关 K—右转向灯—搭铁—蓄电池负极，形成回路。

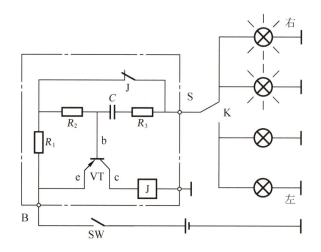

图 6.42　带继电器的晶体管式闪光器的工作原理

随着电容器电荷的积累，充电电流逐渐减小，晶体管的集电极电流也随之减小，当电流减小导致线圈中产生的电磁力不足以维持衔铁的吸合而释放时，继电器 J 的常闭触点 J 再次闭合，转向灯再次发亮。这时电容器 C 通过电阻 R_2、继电器 J 的常闭触点 J、电阻 R_3 放电。放电电流在 R_2 上产生的电压降为晶体管提供反向偏压，加速晶体管截止。当放电电流接近零时，R_1 上的电压降为晶体管 VT 提供正向偏压使其导通。

这样，电容器不断地充电和放电，晶体管不断地导通与截止，控制继电器 J 的常闭触点 J 反复地断开、闭合，从而使转向灯闪烁。

（2）无触点闪光器。

由于带继电器的晶体管式闪光器存在机械触点，使用寿命受到限制。采用一个功率与继电器相当的功率三极管取代继电器，即可构成无触点闪光器；但这种闪光器很快就被集成电路式闪光器取代了。

（3）集成电路式闪光器。

图 6.43 所示为集成电路式闪光器的工作原理。U243B 型集成块是功率低、精度高的汽车电子闪光器专用集成电路。U243B 型集成块的额定电压为 12V，实际工作电压为 9～18V，采用双列 8 脚直插塑料封装。内部电路主要由输入检测器 SR、电压检测器 D、振荡器 Z 及功率输出级 SC 等组成。

输入检测器 SR 用来检测转向灯开关是否接通。振荡器 Z 由一个电压比较器和外接的电阻 R_4 及电容器 C_1 构成。内部电路比较器的一端提供了一个参考电压，其值由电压检测器 D 控制，另一端则由外接的电阻 R_4 和电容器 C_1 提供一个变化的电压，从而形成电路的振荡。振荡器 Z 工作时，输出级的矩形波便控制继电器 J 的线圈的电路并使继电器 J 的触点反复断开和闭合，于是转向灯和转向指示灯闪烁，频率为 80 次/分。

如果一只转向灯烧坏，则流过取样电阻 R_S 的电流减小，其电压降减小，经电压检测器 D 识别后，便控制振荡器 Z 的电压比较器的参考电压，从而改变振荡频率，使转向指示灯的闪光频率加快一倍，以提示驾驶人及时检修。

当打开危险报警开关时，汽车的前、后、左、右转向灯同时闪烁，作为危险报警信号。

照明信号系统 第 6 章

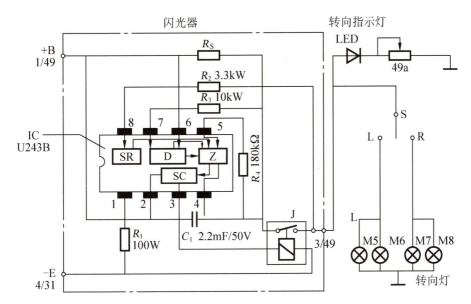

SR—输入检测器；D—电压检测器；Z—振荡器；SC—功率输出级；R_S—取样电阻；J—继电器。

图 6.43　集成电路式闪光器的工作原理

6.3.2　倒车信号装置

倒车信号装置包括倒车灯、倒车报警器和倒车雷达等。

1. 倒车灯

汽车倒车时，为了警示车后的行人和其他车辆注意避让，在汽车的后部装有倒车灯和倒车报警器，它们均由装在变速器上的倒挡开关控制。

当挂入倒挡时，在拨叉轴的作用下，倒挡开关接通倒车灯和倒车报警器电路，从而发出声光倒车信号。图 6.44 所示为倒车灯电路。

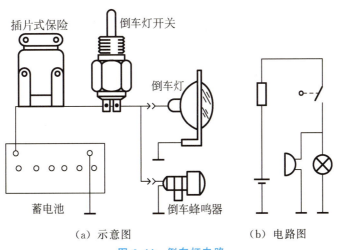

(a) 示意图　　　　　(b) 电路图

图 6.44　倒车灯电路

2. 倒车报警器

常见的倒车报警器有倒车蜂鸣器和倒车语音报警器两种。

(1) 倒车蜂鸣器。

倒车蜂鸣器(图 6.45)是一种间歇发声的音响装置,图 6.46 所示为倒车蜂鸣器电路。其发声部分是一只功率较小的电喇叭,控制电路是由无稳态电路(多谐振荡器)和反相器组成的开关电路。

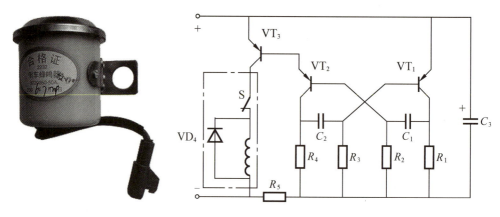

图 6.45 倒车蜂鸣器　　　　图 6.46 倒车蜂鸣器电路

晶体管 VT_1、VT_2 组成一个无稳态电路,由于 VT_1 和 VT_2 之间采用电容器耦合,因此 VT_1 与 VT_2 只有两个暂时的稳定状态,或 VT_1 导通,VT_2 截止;或 VT_1 截止,VT_2 导通,这两个状态周期性地自动翻转。

VT_3 在电路中起开关作用,它与 VT_2 直接耦合,VT_2 的发射极电流就是 VT_3 的基极电流。当 VT_2 导通时,VT_3 因基极有足够大的基极电流而导通并向 VD_4 供电。VD_4 通电使膜片振动,发出声音。

当 VT_2 截止时,VT_3 无基极电流而截止,VD_4 断电,响声停止。如此反复,VT_3 按照无稳态电路的翻转频率不断地导通、截止,从而使倒车蜂鸣器发出"嘀、嘀、嘀"的间歇鸣叫声。

图 6.47 倒车语音报警器

(2) 倒车语音报警器。

随着集成电路技术的发展,现在已经能将语音信号压缩并存储于集成电路中,制成倒车语音报警器(图 6.47)。汽车倒车时,能重复发出"倒车,请注意!"等声音,以提醒车后行人避开车辆而确保驾驶人安全倒车。

倒车语音报警器电路如图 6.48 所示。集成块 IC_1 是储存有语音信号的集成电路,集成块 IC_2 是功率放大集成电路,稳压管 VD 用于稳定语言集成块 IC_1 的工作电压。

为防止电源电压接反,在电源的输入端使用由四个二极管组成的桥式整流电路,无论如何接入 12V 电源,都可保证电路正常工作。

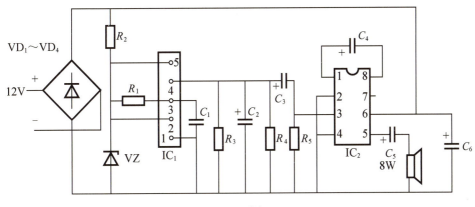

1~8—引脚。

图 6.48 倒车语音报警器电路

当汽车挂入倒挡时,倒车开关接通倒挡报警电路,电源便由桥式整流电路输入语音倒车报警器,语音集成电路 IC_1 的输出端便输出语音电压信号。

此语音电压信号经 C_2、C_3、R_3、R_4、R_5 组成的阻容电路消除杂音,改善音质,并耦合到集成电路 IC_2 的输入端,经 IC_2 功率放大后,通过电喇叭输出,即可发出清晰的"倒车,请注意!"等声音。

3. 倒车雷达

倒车雷达在倒车时起辅助报警作用,使倒车更加安全。倒车雷达由倒车雷达侦测器(也称超声波转换器、声呐传感器,俗称电眼)、控制器、蜂鸣器等组成,如图 6.49 所示。

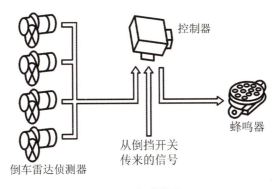

图 6.49 倒车雷达

倒车雷达侦测器安装在车辆后部保险杠上,如图 6.50 所示。它向汽车后部发射超声波,并接收反射回来的超声波。倒车雷达侦测器(图 6.51)由一个无线电收发机和一个处理器组成,处理器将回波信号转变为数字信号后传递给控制器。

倒车雷达的工作原理如图 6.52 所示,汽车挂入倒挡后,倒车雷达侦测器开始自我检测。自我检测通过后,开始检测汽车后部障碍物;控制器接收从倒车雷达侦测器传来的信号,经计算判断障碍物离车尾的距离;如果到达报警位置,就将信号传送给蜂鸣器。

倒车雷达的有效侦测范围如图 6.53 和图 6.54 所示。

图 6.50 倒车雷达侦测器的安装位置

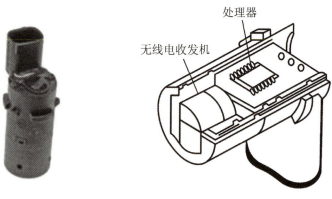

（a）外形　　　　　　　　（b）结构

图 6.51 倒车雷达侦测器的外形和结构

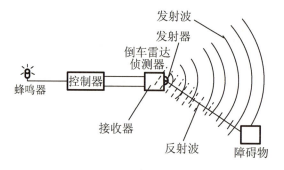

图 6.52 倒车雷达的工作原理

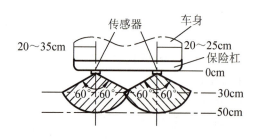

图 6.53 倒车雷达的左右有效侦测范围

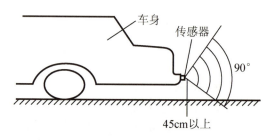

图 6.54 倒车雷达的上下有效侦测范围

汽车倒车将要碰到障碍物时，倒车雷达开始发出报警声，与障碍物越近，报警声频率越高，从而提醒驾驶人汽车将要碰到障碍物，注意安全。

倒车雷达的工作过程如下。

(1) 当汽车挂入倒挡时，倒车雷达开始工作，发出"嘟嘟"的声音，汽车与障碍物的距离相对较远(图 6.55 中的绿区)，表明该系统状态良好。

(2) 当汽车与障碍物相距 1.6m(图 6.55 中的黄区)时，可听到间歇报警声。

(3) 汽车与障碍物越近，声音频率越高，若距离小于 0.2m(图 6.55 中的红区)，则发生连续的报警声。

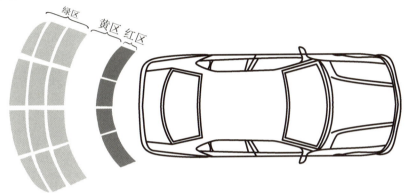

图 6.55　报警区域

在倒车雷达的基础上，有些乘用车已经装备具有汽车前后障碍物距离测试功能的驻车距离控制(parking distance control，PDC)系统。

PDC 系统在汽车的前后保险杠上均装有倒车雷达侦测器，汽车距障碍物的距离可以在车内的屏幕显示器(一般与汽车导航系统的显示器共用)上直接显示出来，并伴有蜂鸣器的报警声。

此外，有些汽车采用可视倒车系统(图 6.56)，在汽车后保险杠或顶部(大型车辆)安装摄像头，直接显示汽车后部的实际情况，使倒车操作更加安全、便捷。

图 6.56　可视倒车系统

6.3.3　电喇叭

1. 电喇叭的作用与分类

汽车上都装有喇叭，用来警告行人和其他车辆，保证行车安全。喇叭按发音动力不同可分为气喇叭和电喇叭；按外形不同可分为螺旋（蜗牛）形喇叭、筒形喇叭、盆形喇叭，如图 6.57 所示；按声频不同可分为高音喇叭和低音喇叭。

(a) 螺旋（蜗牛）形喇叭

(b) 筒形喇叭

(c) 盆形喇叭

图 6.57 外形不同的三种喇叭

气喇叭是利用气流冲击使金属膜片振动产生声响的，外形一般为长筒形，多用在具有空气制动装置的载货汽车上。电喇叭是利用电磁力使金属膜片振动发出声响的，其声音悦耳，广泛应用于各种汽车上。

电喇叭按有无触点可分为普通电喇叭和电子电喇叭两种。普通电喇叭是靠触点的闭合和断开来控制电磁线圈激励膜片振动发出声响的；电子电喇叭是利用晶体管电路产生的脉冲激励膜片振动发出声响的。

在中、小型汽车上，由于安装的位置所限，多采用螺旋形电喇叭和盆形电喇叭。其中，盆形电喇叭具有体积小、质量轻、指向好、噪声小等优点。

2. 电喇叭的结构与工作原理

（1）螺旋形电喇叭。

螺旋形电喇叭的结构如图 6.58 所示。其主要机件有铁芯（"山"形）、磁化线圈、衔

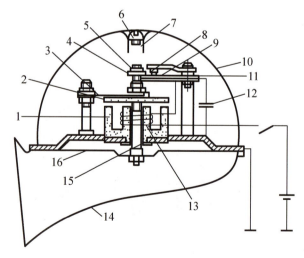

1—铁芯（"山"形）；2—衔铁；3—弹片；4—调整螺母；5—锁紧螺母；6—螺钉；7—支架；
8—活动触点；9—固定触点；10—防护罩；11—绝缘片；12—灭弧电容器；13—磁化线圈；
14—扬声筒；15—中心螺杆；16—膜片。

图 6.58 螺旋形电喇叭的结构

铁、膜片、扬声筒、活动触点、固定触点及灭弧电容器等。膜片借助中心螺杆与衔铁、调整螺母、锁紧螺母连成一体。

当按下喇叭按钮时，电流由蓄电池正极流经喇叭按钮—磁化线圈—活动触点—搭铁—蓄电池负极。当电流通过磁化线圈时，产生电磁吸力，吸下衔铁，中心螺杆上的调整螺母压下活动触点，使活动触点分开而切断电路。此时磁化线圈电流中断，电磁吸力消失，衔铁在弹簧片和膜片的弹力作用下又返回原位，活动触点闭合，电路重新接通。

上述过程反复进行，膜片不断振动，从而发出一定频率的声波，扬声筒共鸣后发出声音。为了减小触点张开时的火花，避免触点烧蚀，在活动触点与固定触点之间并联灭弧电容器。

（2）盆形电喇叭。

盆形电喇叭的工作原理与螺旋形电喇叭的工作原理相同，其结构如图 6.59 所示。

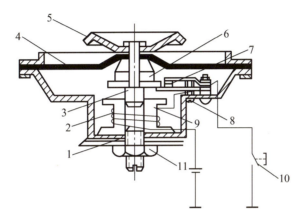

1—下铁芯；2—磁化线圈；3—上铁芯；4—膜片；5—共鸣板；
6—衔铁；7—活动触点；8—调整螺母；9—电磁铁芯；10—喇叭按钮；11—锁紧螺母。

图 6.59 盆形电喇叭的结构

电磁铁芯上绕有磁化线圈，上、下铁芯间的气隙在磁化线圈中间，能产生较大的吸力。它无扬声筒，而是将上铁芯、膜片和共鸣板装在中心轴上。当电路接通时，磁化线圈产生吸力，上铁芯被吸下与下铁芯撞击，产生较低的基本频率，并激励膜片及与膜片连成一体的共鸣板产生共鸣，从而发出比基本频率强且分布比较集中的谐音。为了保护触点不被烧蚀，有些盆形电喇叭在活动触点与固定触点之间也并联了灭弧电容器。

3. 双音电喇叭控制电路

为了得到较为和谐悦耳的声音，在汽车上常装有两个不同音调（高音、低音）的电喇叭。其中高音电喇叭膜片厚、扬声筒短，用 G（高）表示；低音电喇叭膜片薄、扬声筒长，用 D（低）表示。

装用单只螺旋形电喇叭或两只盆形电喇叭时，电喇叭总电流较小（＜8A），一般直接由转向盘上的喇叭按钮控制。当装用两只螺旋形电喇叭时，电喇叭耗用电流较大（＞15A），用喇叭按钮直接控制易烧蚀触点。为解决这一问题，可采用喇叭继电器控制双音电喇叭，如图 6.60 所示。

按下转向盘上的喇叭按钮时，喇叭继电器线圈通电，使铁芯产生电磁吸力，将继电器

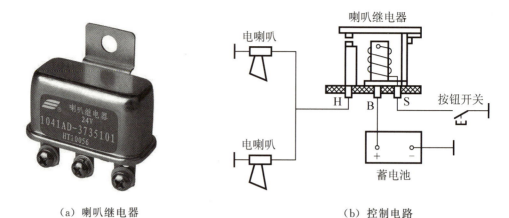

(a) 喇叭继电器　　　　　　　　　　　(b) 控制电路

图 6.60　喇叭继电器及双音电喇叭控制电路

触点闭合，接通双音电喇叭控制电路，喇叭发声。松开转向盘喇叭按钮时，继电器线圈断电，铁芯电磁吸力消失，触点在自身弹力作用下断开，切断了双音电喇叭控制电路，电喇叭停止发声。

喇叭继电器的作用是利用铁芯线圈的小电流控制触点的大电流，从而保护转向盘上的喇叭按钮触点。

4. 电喇叭的调整

螺旋形电喇叭、盆形电喇叭的调整一般有铁芯气隙调整和触点预压力调整两种。**改变铁芯气隙可调整电喇叭音调；改变触点预压力可调整电喇叭音量。**

（1）铁芯气隙（衔铁与铁芯间的气隙）调整。

电喇叭音调与铁芯气隙有关，铁芯气隙小时，膜片的振动频率高（音调高）；铁芯气隙大时，膜片的振动频率低（音调低）。铁芯气隙（一般为 0.7～1.5mm）视电喇叭的高、低音及规格型号而定，如 DL34G 型电喇叭的铁芯气隙为 0.7～0.9mm，DL34D 型电喇叭的铁芯气隙为 0.9～1.05mm。

常见电喇叭铁芯气隙的调整如图 6.61 所示。

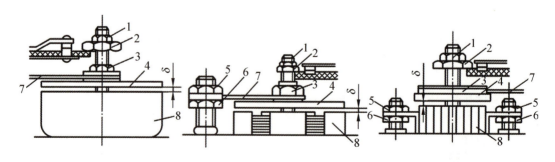

(a) 筒形电喇叭 1　　　　(b) 筒形电喇叭 2　　　　(c) 螺旋形电喇叭

1，3—锁紧螺母；2，5，6—调整螺母；4—衔铁；7—弹簧片；8—铁芯；δ—铁芯气隙。

图 6.61　常见电喇叭铁芯气隙的调整

对图6.61(a)所示的筒形电喇叭,应先松开锁紧螺母,再转动衔铁,即可改变衔铁与铁芯气隙;对图6.61(b)所示的筒形电喇叭,松开上、下调整螺母,即可使铁芯上升或下降,即改变铁芯气隙;对图6.61(c)所示的螺旋形电喇叭,可先松开锁紧螺母,转动衔铁加以调整,然后松开调整螺母,使弹簧片与衔铁平行后紧固。调整时,应使铁芯气隙均匀,否则会产生杂音。

盆形电喇叭铁芯气隙的调整如图6.62所示,调整时应先松开锁紧螺母,再旋转音调调整铁芯。

(2) 触点预压力调整。

电喇叭音量与通过喇叭线圈的电流有关。当触点预压力增大时,流过喇叭线圈的电流增大,电喇叭音量增大;反之音量减小。

触点预压力是否正常,可通过检查电喇叭工作电流与额定电流是否相符来判断。若工作电流等于额定电流,则说明触点预压力正常;若工作电流大于或小于额定电流,则说明触点预压力过大或过小,应予以调整。

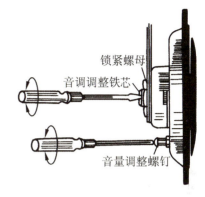

图6.62 盆形电喇叭铁芯气隙的调整

对图6.62所示的盆形电喇叭,可旋转音量调整螺钉(逆时针方向转动时,音量增大)进行调整。调整时不可过急,一般每次转动音调调整螺钉不多于十分之一圈。

由于电喇叭音量和音调的调整并不是完全独立的,它们两者实际上是相互关联的,因此两者需反复调试以获得最佳效果。汽车电喇叭声级在距车前2m、离地面1.2m处测量时,其值应为90～115 dB(A)。

复习思考题

1. 简述汽车灯具的种类与用途。
2. 简述前照灯的基本要求。
3. 汽车前照灯有哪些防眩目装置?
4. 简述智能化灯光系统的功能。
5. 简述倒车雷达的组成和作用。
6. 简述电喇叭音调和音量的调整方法。

【在线答题】

第 7 章 仪表信息系统

汽车仪表是汽车与驾驶人进行信息交流的界面(人机交互界面),能为驾驶人提供必要的汽车运行信息。电子化、信息化和网络化是汽车仪表信息系统的发展趋势。

本章主要介绍汽车仪表、汽车报警装置、汽车电子仪表、汽车信息系统和汽车导航系统,要求学生熟悉汽车仪表的结构和工作原理,掌握汽车仪表常见故障分析。

7.1 汽 车 仪 表

7.1.1 汽车仪表概述

1. 汽车仪表的作用

汽车仪表(图 7.1)是汽车与驾驶人进行信息交流的界面,能为驾驶人提供必要的汽车运行信息,也是维修人员发现和排除故障的重要装置。

图 7.1 汽车仪表

汽车仪表应结构简单、耐振动、抗冲击性能好、工作可靠。在电源电压允许的变化范围内，仪表示值应准确，而且不随环境温度的变化而变化。

仪表板（instrument panel）总成一般由面罩、表框、表芯、表座、底板、印制电路板、插接器、报警灯及指示灯等部件组成。有些仪表板还带有仪表稳压器及报警蜂鸣器。

组合式仪表板应可方便地分解以单独更换零件。若照明、报警或指示用灯泡损坏，则可从仪表板外面更换。

2. 汽车仪表的发展趋势

传统的汽车仪表多为机电式模拟仪表，只能给驾驶人提供汽车运行中必要的数据信息，已远远不能满足现代汽车的要求。

随着电子技术的发展，多功能、高精度、高灵敏度、读数直观的电子数字显示及图像显示的仪表不断应用在现代汽车上。

汽车仪表正向综合信息系统的方向发展，其功能不局限于现在的车速、里程、发动机转速、油量、冷却液温度、转向灯指示等，还增添了一些新功能。例如，带电子控制单元的智能化汽车仪表能指示安全系统运行状态，如轮胎气压、制动装置、安全气囊等。

车速表、发动机转速表、油量表将被集网络诊断和数字显示功能于一体的触摸式液晶屏幕所取代，其具有车载动态信息系统的故障自诊断、道路自主导航、电子地图、车辆定位动态显示等功能。

7.1.2 汽车仪表的结构与工作原理

汽车仪表有电压表、电流表、机油压力表、冷却液温度表、燃油表、仪表稳压器、发动机转速表和车速里程表等。

1. 电压表

电压表用来指示电源系统的工作情况。它不仅能指示交流发电机及其调节器的工作状况，还能指示蓄电池的技术状况，比电流表和充电指示灯直观、实用。

发动机起动时，电压表的示值在9～10V为正常。如果电压表的示值在起动时过低，则说明蓄电池亏电或有故障；如果起动前后电压表的示值基本不变，则说明发电机不发电。

若汽车正常行驶时，电压表的示值不在13.5～14.5V，则说明交流发电机调节器有故障。常见的电压表有电磁式电压表和电热式电压表两种，均受点火开关控制。

（1）电磁式电压表。

电磁式电压表的结构如图7.2所示。它由两只交叉电磁线圈、永久磁铁、转子、指针及刻度盘等组成。两只交叉电磁线圈相互串联，在电路中装有一个稳压管和限流电阻。其中，稳压管的作用是当电源电压达到一定数值时将电压表电路接通。

在点火开关未接通时，永久磁铁将转子磁化，使电压表指针指向最小刻度9V。接通点火开关，电源电压高于稳压管击穿电压后，两只交叉电磁线圈中便有电流流过，产生磁场，与永久磁铁的磁场相互作用，使转子带动指针偏转。

电源电压越高,通过两只交叉线圈的电流越大,其磁场越强,指针偏转角度越大,电压表示值就越大。

(2) 电热式电压表。

电热式电压表的结构如图7.3所示,它由指针、电热丝、双金属片、接线柱及刻度盘等组成。

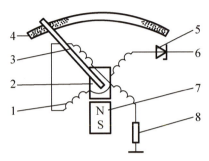

1—交叉电磁线圈;2—转子;3—指针;
4—刻度盘;5—稳压管;6—接线柱;
7—永久磁铁;8—限流电阻。

图7.2 电磁式电压表的结构

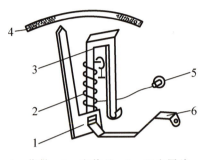

1—指针;2—电热丝;3—双金属片;
4—刻度盘;5—接线柱;6—支架。

图7.3 电热式电压表的结构

当在两接线柱间加一定电压时,电热丝中有电流通过而发热,导致双金属片变形,推动指针摆动。两接线柱间的电压越高,电热丝发热量越大,双金属片变形量越大,指针偏转角度就越大;反之指针偏转角度就越小。

2. 电流表

电流表用来指示蓄电池的充放电电流值,监视充电系统是否正常工作。电流表按其结构不同可分为电磁式电流表和动磁式电流表两种。

(1) 电磁式电流表。

电磁式电流表的结构如图7.4所示。电流表内的黄铜板条固定在绝缘底板(图中未标出)上,两端与接线柱相连,下边前侧夹有永久磁铁,后侧支撑有转轴,在转轴上装有带指针的软钢转子。

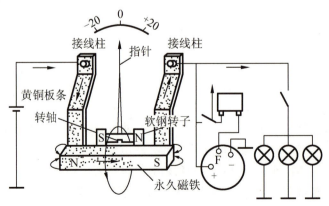

图7.4 电磁式电流表的结构

没有电流通过时，软钢转子被永久磁铁磁化而相互吸引，使指针保持在中间"0"的位置。当蓄电池向外供电时，放电电流通过黄铜板条产生的磁场与永久磁场形成一个合成磁场，使软钢转子逆时针偏转一个与合成磁场方向一致的角度。软钢转子带动指针指向刻度盘"－"侧。放电电流越大，合成磁场越强，电流表指针偏转角度越大，指示放电电流数值也越大。当发电机向蓄电池充电时，其电流流向相反，电流表指针沿顺时针方向偏转，指向刻度盘"＋"侧。充电电流越大，指针的偏转角度也越大。

（2）动磁式电流表。

动磁式电流表的结构如图 7.5 所示。黄铜导电板固定在绝缘底板（图中未标出）上，两端与接线柱相连，中间夹有磁轭，与黄铜导电板固定装在一起的针轴上装有指针和永磁转子。

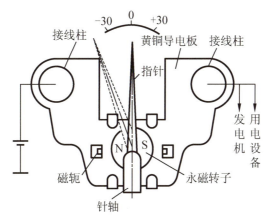

图 7.5　动磁式电流表的结构

没有电流通过时，永磁转子通过磁轭构成磁回路，使指针保持在中间"0"的位置。当蓄电池向外供电时，放电电流通过黄铜导电板产生磁场，使永磁转子带动指针向刻度盘"－"侧偏转。放电电流越大，指针的偏转角度也越大，指示放电电流的数值也越大。当发电机向蓄电池充电时，充电电流通过黄铜导电板产生的磁场使指针向刻度盘"＋"侧偏转。充电电流越大，指针的偏转角度也越大。

3. 机油压力表

机油压力表简称油压表，其作用是指示发动机主油道内的机油压力，它与装在发动机主油道（或粗滤器壳）上的油压传感器配合工作。 常用的油压表有电热式油压表和电磁式油压表两种。

（1）电热式油压表。

电热式油压表的结构如图 7.6 所示。油压表传感器的形状为圆盘形，内部有感受机油压力的膜片，膜片下方的油腔与润滑系统主油道相通。膜片上方顶着弓形弹簧片，弹簧片的一端焊有银合金触点，另一端固定并搭铁。双金属片上绕有电热线圈，电热线圈的一端焊在双金属片上，另一端接在接触片上。校正电阻与电热线圈并联。

油压表内也装有双金属片，其上绕有电热线圈，电热线圈一端经接线柱和传感器的触点串联，另一端接电源正极。双金属片的一端制成钩状，钩在指针上，另一端则固定在调

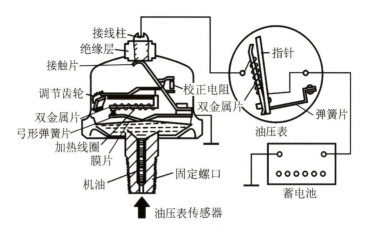

图 7.6 电热式油压表的结构

整齿扇上。

当电热式油压表接入电路中工作时,电流由电源正极经接线柱—双金属片上的电热线圈—传感器接线柱—接触片—弹簧片—搭铁,形成回路。

发动机运转时,发动机机油压力增大,膜片向上拱曲,传感器内触点的压力增大,电热线圈只有经过较长时间通电后,才能使双金属片弯曲变形将触点分开。触点分开后,只需较短时间的冷却,触点重新闭合。

因此,当油压升高时,传感器内触点断开时间短、闭合时间长,平均电流增大,双金属片变形相应增大,指针指示较高的油压。反之,当油压降低时,传感器内触点断开时间长、闭合时间短,电路中平均电流减小,双金属片变形量相应减小,指针指示较低的油压。

(2) 电磁式油压表。

电磁式油压表的结构如图 7.7 所示。油压表传感器是利用油压推动滑臂来改变可变电阻阻值的。

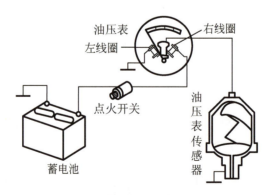

图 7.7 电磁式油压表的结构

当油压较低时,传感器中电阻值增大,油压表右线圈中电流相对减小,而左线圈中电流相对增大,转子转向合成磁场方向,带动指针指向较低的油压值;当油压升高时,传感器中的电阻值减小,油压表右线圈中的电流相对增大,而左线圈中的电流相对减小,转子转向合成磁场方向,带动指针指向较高的油压值。

发动机处于怠速工况时,电磁式油压表的示值不得低于 100kPa;发动机处于低速工况时,其示值不得低于 150kPa。其示值应为 200～400kPa,一般不允许超过 600kPa。

4. 冷却液温度表

冷却液温度表的作用是指示发动机冷却液的温度。正常情况下,冷却液温度表的示值为 85～95℃。冷却液温度表与装在发动机冷却液管路上的冷却液温度传感器(冷却液温度感应塞)配合工作。常用的冷却液温度表有电热式冷却液温度表和电磁式冷却液温度表,电磁式冷却液温度表又分双线圈式冷却液温度表和三线圈式冷却液温度表。

(1) 电热式冷却液温度表。

① 电热式冷却液温度表配电热式冷却液温度传感器,其结构如图 7.8 所示。由图可见,电热式冷却液温度表除刻度盘示值与电热式油压表不同外,其他结构均类似。

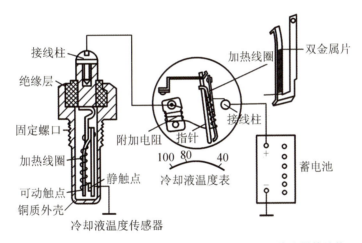

图 7.8　电热式冷却液温度表配电热式冷却液温度传感器的结构

冷却液温度传感器外面是铜质外壳,壳内的底板支架上装有可动触点,并直接搭铁。双金属片与支架平行固定于底板上,其上绕有电热线圈,电热线圈一端接触点,另一端经接线柱与冷却液温度表相连。

双金属片使触点具有一定的初始压力,当冷却液温度升高时,双金属片向离开固定触点方向弯曲,使触点间压力减小,触点的闭合时间变短、断开时间变长,流过电热线圈的脉冲平均电流减小,冷却液温度表指针指在高温区。当冷却液温度降低时,触点间压力增大,触点的闭合时间变长、断开时间变短,流过电热线圈的脉冲平均电流增大,冷却液温度表指针指在低温区。电热式冷却液温度表电路的特点是当点火开关切断时,指针停留在刻度值最高位置。

② 电热式冷却液温度表配热敏电阻式冷却液温度传感器,其结构如图 7.9 所示。热敏电阻式冷却液温度传感器主要由热敏电阻、弹簧、壳体等组成。

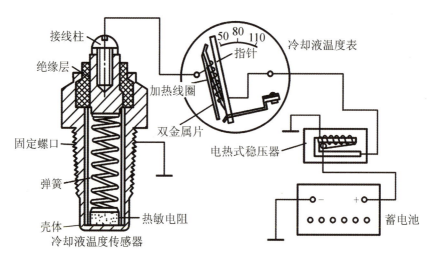

图 7.9 电热式冷却液温度表配热敏电阻式冷却液温度传感器的结构

热敏电阻下端与壳体接触,通过壳体搭铁;上端通过弹簧与接线柱相通。现代汽车多采用负温度系数热敏电阻式冷却液温度传感器。当发动机冷却液温度较低时,冷却液温度传感器的负温度系数热敏电阻较大,冷却液温度表电路电流较小,冷却液温度表加热线圈温度较低,双金属片受热弯曲变形量较小,带动指针指示低温区。

发动机冷却液温度上升后,负温度系数热敏电阻减小,冷却液温度表电路电流增大,冷却液温度表加热线圈温度上升,双金属片受热弯曲变形量增大,带动指针指示高温区。由于电源电压变化会影响热敏电阻式冷却液温度器的指示,因此电热式冷却液温度表配有仪表稳压器。

(2) 电磁式冷却液温度表。

① 双线圈式冷却液温度表。双线圈式冷却液温度表的结构如图 7.10 所示。由图可见,其指示表部分除刻度盘外,其他结构都与电磁式油压表类似。

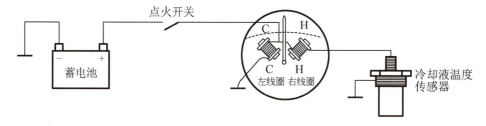

图 7.10 双线圈式冷却液温度表的结构

双线圈式冷却液温度表也配有负温度系数热敏电阻式冷却液温度传感器。当发动机冷却液温度发生变化时,冷却液温度传感器直接控制左、右线圈中的电流,使两个铁芯作用于衔铁上的电磁力发生变化,从而带动指针偏转,指示相应的温度。

② 三线圈式冷却液温度表。三线圈式冷却液温度表的结构及电路如图 7.11 所示。其与负温度系数热敏电阻式冷却液温度传感器配套使用。三线圈式冷却液温度表内有一矩形塑料架,架中安装永磁转子、转轴与指针的旋转组合件。架上绕有三个环绕永磁转子的线圈。线圈 C(冷)与线圈 H(热)通电后产生磁场,其方向呈 90°夹角。线圈 B(补偿)与线圈 C

串联，磁场方向一致。三个线圈的合成磁场决定永磁转子的偏转角度及指针的指向。

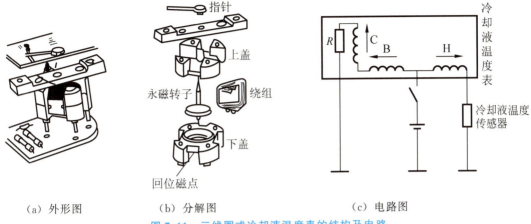

（a）外形图　　　（b）分解图　　　（c）电路图

图 7.11　三线圈式冷却液温度表的结构及电路

当发动机冷却液温度升高时，冷却液温度传感器的负温度系数热敏电阻减小，冷却液温度表线圈 H 电流增大，磁场增强，三个线圈的合成磁场向线圈 H 一侧偏转，永磁转子随之偏转，指针指示高温区。切断冷却液温度表电路，永磁转子会在回位磁点的作用下缓慢退回零位。

为防止车辆行驶过程中振动引起指针摆动，由于该类指针使用聚硅氧烷阻尼油，因此接通或断开点火开关后，指针稍停一段时间后偏转。

5．燃油表

燃油表的作用是指示汽车油箱中的存油量。它与装在油箱内的燃油传感器（一般为可变电阻式传感器）配合工作。燃油表分电磁式燃油表和电热式燃油表两种。电磁式燃油表又分双线圈式燃油表和三线圈式燃油表。

（1）电磁式燃油表。

① 双线圈式燃油表。双线圈式燃油表的结构如图 7.12 所示。双线圈式燃油表有左、右两只线圈（线圈内有铁芯），中间置有铁芯转子，铁芯转子上连有指针。可变电阻式传感器由可变电阻器、滑片、浮子等组成。浮子漂浮在油面上，随油面的高低而起落，带动滑片使可变电阻器的阻值随之改变。

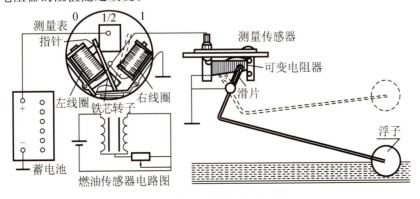

图 7.12　双线圈式燃油表的结构

当油箱内无油时，浮子下降到最低位置，测量传感器上的可变电阻器被短路，右线圈也被短路；而左线圈在电源电压的作用下，电流达到最大值，产生的电磁强度也最大，吸引铁芯转子带动指针偏向最左端，指在"0"刻度上。

当向油箱中加油时，随着油量的增大，浮子上升，可变电阻阻值逐渐增大。左线圈中的电流逐渐减小，电磁强度降低。右线圈中电流逐渐增大，电磁强度增强，两线圈的合成磁场偏向右方，吸引指针顺时针偏转，指示油量增大。

当油箱注满燃油时，浮子上升到最高位置，测量传感器的可变电阻被全部接入，这时左线圈中的电流最小，而右线圈中的电流最大，电磁力也达到最大值，在两线圈的合成磁场作用下，带动指针偏向最右端指在"1"刻度上，表示油箱装满燃油。

测量传感器的可变电阻末端搭铁，可避免滑片与可变电阻接触不良时产生火花而引起火灾危险。

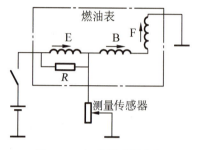

图 7.13　三线圈式燃油表的电路

② 三线圈式燃油表。三线圈式燃油表的电路（图 7.13）与三线圈式冷却液温度表的电路基本相同。当燃油表通电后，线圈 E（空）与线圈 F（满）产生的磁场呈 90°夹角，其合成磁场的方向决定永磁转子的偏转角度。线圈 B（补偿）产生的磁场极性与线圈 E 产生的磁场极性相反。测量传感器与线圈 F 及线圈 B 并联。

当油箱注满燃油时，浮子上升至最高位置，串联于电路中的电阻阻值最大，线圈 B 与线圈 F 的电流达到最大值，磁场强度也达到最大值，三个线圈的合成磁场将偏转至线圈 F 一侧，永磁转子在合成磁场的作用下向线圈 F 一侧偏转，指针在永磁转子的带动下指向满油箱刻度"F"。

油箱中油量减小、油面下降后，浮子下落，串联于电路中的电阻减小，线圈 E 的电流增大，线圈 B 与线圈 F 的电流减小，磁场强度降低，合成磁场向线圈 E 一侧偏转，永磁转子在合成磁场的作用下也向线圈 E 一侧偏转，指针指示低油量刻度。

图 7.13 中分流电阻 R 的作用是补偿线圈绕制误差对指示精度的影响。

（2）电热式燃油表。

电热式燃油表的结构如图 7.14 所示。为了稳定电源电压，在电路中还串联了一个电热式仪表稳压器。

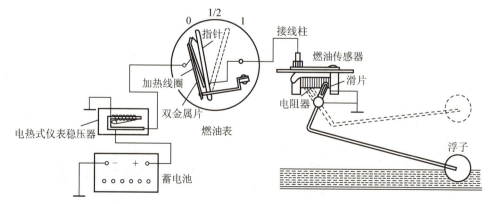

图 7.14　电热式燃油表的结构

当燃油量较大时,浮子上升,燃油传感器电阻减小,流过指示表电热线圈中的电流较大,双金属片变形量增大,指针指向燃油量较多方向;相反,当燃油量减较少时,浮子下降,燃油传感器电阻较大,流过电热线圈中的电流减小,双金属片变形量减小,指针指向燃油量较少方向。

6. 仪表稳压器

电热式冷却液温度表及燃油表配用可变电阻式传感器时,应在电路中串联仪表稳压器,以稳定仪表平均电压,减小仪表的指示误差。常见的仪表稳压器有电热式仪表稳压器和电子式仪表稳压器两种。

(1) 电热式仪表稳压器。

电热式仪表稳压器的结构如图 7.15(a)所示。它由双金属片、活动触点、固定触点、电热线圈和调整螺钉等组成。

电热线圈绕在双金属片上,一端搭铁,另一端焊在双金属片上。双金属片的一端用铆钉固定,并与仪表接线相连;另一端铆有活动触点。固定触点铆在调节片上,调节片的一端也用铆钉固定并与电源接线相连。两触点之间的压力可通过调整螺钉调整。

电热式仪表稳压器的电路如图 7.15(b)所示,当电源电压偏高时,电热线圈中的电流增大,产生热量快,使活动触点在较短的时间内断开,于是活动触点闭合时间短;当电源电压偏低时,电热线圈中的电流减小,产生热量慢,使活动触点闭合时间长,从而使仪表稳压器输出电压平均值基本平稳。

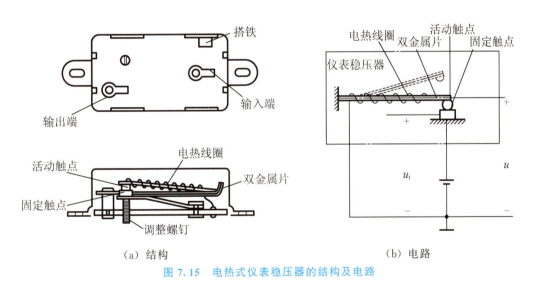

图 7.15 电热式仪表稳压器的结构及电路

(2) 电子式仪表稳压器。

采用电子式三端稳压器可简化仪表结构,降低仪表成本,提高稳压精度,延长使用寿命。电子式仪表稳压器的电路如图 7.16 所示,A 端为输出端,"－"端为搭铁,"＋"端为输入端,该仪表稳压器的输出电压为 9.5~10.5V。

7. 发动机转速表

发动机转速表用来指示发动机曲轴转速。发动机转速表按结构不同可分为机械式发动

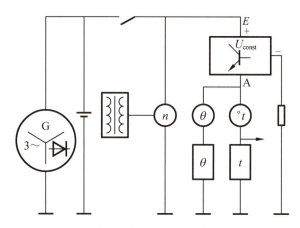

图 7.16 电子式仪表稳压器的电路

机转速表和电子式发动机转速表,其中应用较广泛的是电子式发动机转速表。电子式发动机转速表按转速信号的获取方式不同又可分为从点火系统获取信号的发动机转速表、测取飞轮(或正时齿轮)转速的发动机转速表、从柴油机燃油供应系统获取转速信号的发动机转速表。

图 7.17 所示为脉冲式电子发动机转速表的电路,其信号取自点火系统初级电路。当发动机工作时,初级电路不断开闭,其开闭次数与发动机转数成正比。例如,六缸四冲程发动机的曲轴转一圈,初级电路开闭三次。

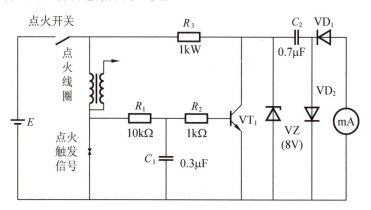

图 7.17 脉冲式电子发动机转速表的电路

当初级电路闭合时,晶体管 VT_1 无偏压而处于截止状态,电容器 C_2 充电,充电电路为:蓄电池正极—电阻 R_3—电容器 C_2—二极管 VD_2—蓄电池负极。

当初级电路断开时,晶体管 VT_1 的基极电位接近电源正极而导通,此时电容器 C_2 便通过导通的晶体管 VT_1、发动机转速表测量机构(实际上为电流表)和二极管 VD_1 构成放电电路,从而驱动发动机转速表测量机构。

当初级电路不断开闭时,C_2 不断充放电,其平均放电电流与发动机转速成正比,通过发动机转速表指针便可指示发动机的转速。

驾驶人使用发动机转速表可以正确地选择换挡时机,防止发动机超速运转。发动机转速表上标有红色危险区,发动机转速一般不得超过危险标线,否则会造成发动机早期损坏。

8. 车速里程表

车速里程表用来指示汽车行驶速度和汽车累计行驶里程,由车速表和里程表两部分组成。车速里程表按工作原理可分为磁感应式车速里程表和电子式车速里程表两种。

(1) 磁感应式车速里程表。

磁感应式车速里程表的结构如图 7.18 所示,其主动轴由变速器或分动器传动输出轴经软轴驱动。

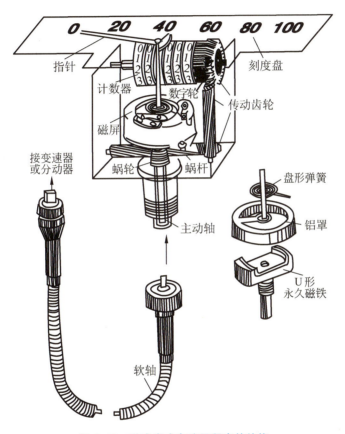

图 7.18 磁感应式车速里程表的结构

汽车行驶时,主动轴带动 U 形永久磁铁旋转,在铝罩上产生涡流磁场和转矩,驱使铝罩克服盘形弹簧弹力同向旋转,从而带动指针在刻度盘上指示相应的车速。

车速越高,永久磁铁旋转越快,铝罩上的涡流转矩越大,铝罩带着指针偏转的角度越大,指示的车速也越大;反之,车速越低,指针指示的车速越小。

另外,主动轴旋转带动三套蜗轮蜗杆按一定传动比传动,从而逐级带动数字轮转动,计数器为十进制,右边数字轮每旋转一周,相邻的左边数字轮计数器便自动增加1,从右往左其单位依次为 0.1km,1km,10km,…,依此类推,就能累计出汽车的续驶里程。

汽车停驶时，永久磁铁及蜗轮蜗杆均停止转动，铝罩上的涡流磁场和转矩消失，转速表指针在盘形弹簧作用下回到"0"位，计数停止。当汽车继续行驶时，里程表继续计数。

（2）电子式车速里程表。

奥迪系列乘用车的组合仪表中装有电子式车速里程表。电子式车速里程表的电路主要由车速传感器、电子电路、车速表和里程表四部分组成。

车速传感器由变速器驱动，能够产生与汽车行驶速度成正比的电信号。它由一个舌簧开关和一个含有四对磁极的永磁转子组成，如图7.19所示。

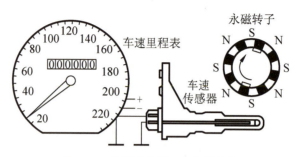

图7.19　电子式车速里程表的结构

永磁转子每转1周，舌簧开关中的触点闭合8次，产生8个脉冲信号；汽车每行驶1km，车速传感器将输出约4000个脉冲。

电子电路的作用是将车速传感器输出的具有一定频率的电信号，经整形、触发后输出一个与车速成正比的电流信号。

车速表实际上是磁电式电流表，当汽车以不同车速行驶时，从电子电路输出的与车速成正比的电流信号驱动车速表指针偏转，从而指示相应的车速。

里程表由步进电动机及六位数字的十进位齿轮计数器组成。车速传感器输出的电信号经功率放大器放大后驱动步进电动机，带动六位数字的十进位齿轮计数器工作，从而累计续驶里程。

为确保车速表指示精确，应按规定对车速表进行检测。

安装在仪表板背后的印制电路板（图7.20）是将连接电路印制在聚氯乙烯塑料薄片上，一方面使各仪表及指示灯之间的电路连续，另一方面实现了仪表板与线束之间的连接。印制电路使仪表电路连接简单、清晰，提高了使用的方便性和可靠性。

仪表与印制电路板的连接是通过安装螺钉实现的。指示灯、照明灯的灯泡首先安装在灯座上，然后与灯座一起旋装于相应的安装孔中，灯泡两端可实现与印制电路板的连接；仪表线束与仪表板之间用插接器连接，插座形状有矩形和圆形等。

汽车仪表电路（图7.21）因车型不同而有所差异。电流表指示充放电状态，油压表不配仪表稳压器，冷却液温度表和燃油表配有电热式仪表稳压器。仪表稳压器输出端直流平均电压为(8.6 ± 0.15)V。解放汽车仪表稳压器输出端直流平均电压为(7 ± 0.15)V。

大众车系（如迈腾、速腾等）的燃油表、冷却液温度表配有电子式三端稳压器，其输出端直流平均电压为9.5～10.5V。

仪表信息系统 第7章

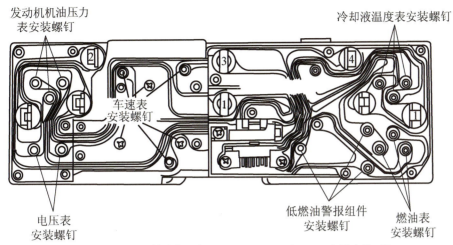

1—照明灯；2—右转向指示灯；3—远光指示灯；4—左转向指示灯。

图 7.20 印制电路板

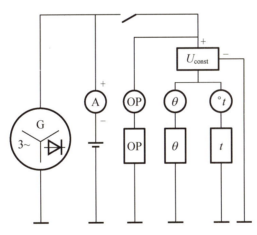

图 7.21 汽车仪表电路

7.1.3 汽车仪表常见故障分析

1. 电热式机油压力表常见故障分析

电热式机油压力表常见故障及故障原因见表 7-1。

表 7-1 电热式机油压力表常见故障及故障原因

常见故障	故障原因
指针不转（电源正常）	指示表损坏； 传感器线圈断线或机械故障； 引线脱落

续表

常见故障	故障原因
接通电源,发动机未起动,指针转动	传感器内部搭铁或短路
指针指示值不准	传感器或指示表调整不当或损坏

2. 电磁式燃油表常见故障分析

电磁式燃油表常见故障及故障原因见表 7-2。

表 7-2　电磁式燃油表常见故障及故障原因

常见故障	故障原因	常见故障	故障原因
燃油表不动或微动	左线圈引线脱落； 左线圈烧断； 接错电源； 指针和转子卡住； 指针和表面卡住	指针总在满刻度处	燃油表到传感器连接不良； 传感器电阻引线断线； 传感器电阻断线； 活动触点接触不良
指针只在零处微动	右线圈引线脱落； 右线圈烧断； 传感器浮筒漏油	指针跳动	传感器搭铁不良； 铜片触点烧蚀； 触点压得不紧； 指针和表面有摩擦
指针总在 1/2 处	跨接电阻接触不良或断线； 传感器氧化锈蚀		

3. 电热式冷却液温度表常见故障分析

装有热敏电阻传感器的电热式冷却液温度表常见故障及故障原因见表 7-3。

表 7-3　电热式冷却液温度表常见故障及故障原因

常见故障	故障原因
指针不转(电源正常)	仪表稳压器不正常； 仪表稳压器发热线圈断线或引线脱落； 双金属片发热线圈引线脱落； 热敏电阻失效
指针指示值不准	仪表稳压器工作不正常； 仪表发热线圈短路； 热敏电阻老化

4. 车速里程表常见故障分析

磁感应式车速里程表常见故障及故障原因见表 7-4。

表7-4 磁感应式车速里程表常见故障及故障原因

常见故障	故障原因
指针不转	变速器软轴的蜗轮或蜗杆损坏； 软轴两端的方头磨损变小； 车速表内孔过大； 软轴缩短； 驱动轴卡滞； 软轴折断
指针转动但比标准值小	盘形弹簧拉得太紧； 各传动部件缺油或有污垢； 永久磁铁失去磁性
指针转动但比标准值偏大且不回零位	盘形弹簧变软或未盘紧
里程表数字轮不动	蜗轮、蜗杆卡住； 数字轮锈蚀卡住； 数字轮和小传动齿轮变形卡住
里程表只有一半数字轮工作	有一个轮两边的齿损坏； 小齿轮损坏
指针跳动	轴承孔扩大或轴尖磨损； 铝罩变形与永久磁铁摩擦； 软轴安装位置不当； 蜗轮、蜗杆个别齿损坏； 永久磁铁吸入铁屑摩擦铝罩

7.2 汽车报警装置

7.2.1 汽车报警装置的作用

为了警示汽车、发动机或某一系统处于不良或特殊状态，引起驾驶人注意，保证汽车可靠工作和安全行驶，防止事故发生，汽车上安装了多种报警装置，主要包括报警灯和监视器两类。

报警灯由报警开关控制，当被监测的系统或总成工作不正常时，报警开关自动接通而使报警灯发亮，以引起驾驶人注意。报警灯有前照灯和尾灯故障报警灯、冷却液温度报警灯、机油压力报警灯、燃油不足报警灯、气压不足报警灯、制动灯断线报警灯、液面过低报警灯等。

报警灯通常安装在仪表板上，功率为1～4W，在灯泡前设有滤光片，使报警灯发出黄光或红光，滤光片上通常制有标准图形符号。有些汽车报警灯采用LED显示，标准图形符号标在LED旁边。

常见的汽车报警灯、指示灯的图形符号及含义见表7-5。

表 7-5 常见的汽车报警灯、指示灯的图形符号及含义

名称	图形符号	含义
雾灯指示灯		用于指示前后雾灯的工作状态。打开雾灯时，该灯同时点亮；关闭雾灯时，该灯熄灭
远光指示灯		用于指示远光灯的工作状态。打开远光灯时，该灯同时点亮；关闭远光灯时，该灯熄灭
示宽指示灯		用于指示示宽灯的工作状态。常态下为熄灭状态，打开示宽灯时，该灯点亮；关闭示宽灯或打开大灯时，该灯熄灭
转向指示灯		用于指示转向灯的工作状态。常态下为熄灭状态，打开左转向灯或右转向灯时，该灯（左或右箭头灯）闪烁；关闭转向灯时，该灯熄灭
车门未关指示灯		用于指示车门的关闭状况。任意车门未关或未关严时，该灯点亮并显示未关车门；所有车门均关闭时，该灯熄灭
安全带指示灯		用于指示安全带是否处于锁止状态。若该灯点亮，说明驾驶人或乘员未将安全带扣紧或安全带锁扣未插到位。有些车型会有相应的提示声响（蜂鸣器鸣叫）。驾驶人或乘员扣好安全带时，该灯熄灭
驻车制动器指示灯		用于指示驻车制动器的工作状态。起动驻车制动器时，该灯点亮。关闭驻车制动器时，该灯熄灭。在某些车型（如德国大众车系）中，该灯兼作制动液液面过低报警灯
清洗液指示灯		用于指示风窗玻璃清洗液量。常态下为熄灭状态。风窗玻璃清洗液因使用消耗而存量不足时，该灯点亮，提示驾驶人及早补充风窗玻璃清洗液
制动器磨损报警灯		用于指示行车制动器的磨损情况。常态下处于熄灭状态。车辆自检时，会点亮数秒，之后熄灭。行车制动器磨损超限时，该灯点亮或闪烁
冷却液温度指示灯		用于指示发动机冷却液温度情况。常态下处于熄灭状态。车辆自检时，会点亮数秒，之后熄灭。冷却液温度异常时，该灯点亮或闪烁

续表

名称	图形符号	含义
ABS 指示灯		用于指示 ABS 的工作情况。常态下处于熄灭状态。车辆自检时，会点亮数秒，之后熄灭。ABS 异常时，该灯点亮或闪烁
燃油量指示灯		用于指示燃油量的储备情况。常态下处于熄灭状态。车辆自检时，会点亮数秒，之后熄灭。燃油量过少时，该灯点亮或闪烁
充电指示灯		用于指示汽车电源系统的工作情况。发电机工作正常并向蓄电池充电时，该灯熄灭；发电机不工作或蓄电池处于充放电状态时，该灯点亮
机油压力指示灯		用于指示发动机机油压力的情况。机油压力正常时，该灯熄灭；机油压力异常时，该灯点亮
SRS 指示灯		用于指示 SRS 的工作情况。常态下处于熄灭状态。车辆自检时，会点亮数秒，之后熄灭。SRS 异常时，该灯点亮或闪烁
发动机故障指示灯		用于指示发动机电子控制系统的工作情况。常态下处于熄灭状态。车辆自检时，会点亮数秒，之后熄灭。发动机电子控制系统异常时，该灯点亮或闪烁
O/D 指示灯		用于指示 O/D 挡（超速挡）的工作状态。常态下为熄灭状态。车辆自检时，会点亮数秒，之后熄灭。驾驶人按下超速挡锁止开关时，该灯点亮。行车中若电控自动变速器电子控制系统异常，该灯点亮或闪烁
TCS 指示灯		用于指示 TCS（牵引力控制系统）的工作状态。常态下为熄灭状态。车辆自检时，会点亮数秒，之后熄灭。驾驶人按下 TCS 锁止开关时，该灯点亮。行车中若 TCS 异常，该灯点亮或闪烁
VSC 指示灯		用于指示 VSC 系统（车辆稳定控制系统，常见于日本丰田车系和德国大众车系）的工作状态。常态下为熄灭状态。车辆自检时，会点亮数秒，之后熄灭。行车中若 VSC 系统异常，该灯点亮或闪烁
EPC 指示灯		用于指示 EPC 系统（电子动力控制系统，也称电子油门系统，常见于德国大众车系）的工作状态。常态下为熄灭状态。车辆自检时，会点亮数秒，之后熄灭。行车中若 EPC 系统异常，该灯点亮或闪烁

7.2.2 监视器及控制电路

监视器主要用来反映灯光信号系统是否正常工作，常见的有前照灯监视器和尾灯监视器。

1. 前照灯监视器

前照灯监视器有光导纤维式前照灯监视器和感应式前照灯监视器两种。

（1）光导纤维式前照灯监视器。

光导纤维是一种远距离传输光线的装置，由有机玻璃丝制成，它的外部包有具有隔光作用的透明的聚合物质，当灯泡产生的光线通过光导纤维时在其内部经多次反射，曲折前进传到末端。

将光导纤维一端接到前照灯反光镜内，接收前照灯灯泡的光线；另一端接到左右挡泥板处的前照灯监视器上，驾驶人便可方便地判断前照灯是否正常发光。当接通前照灯时，监视器在变光前后均应发亮；否则说明该侧前照灯有故障。

光导纤维及光导纤维式前照灯监视器的工作原理如图 7.22 所示。

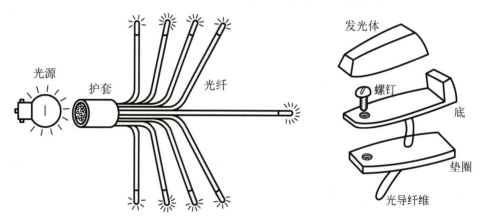

(a) 光导纤维的工作原理　　　　　　(b) 光导纤维式前照灯监视器的工作原理

图 7.22　光导纤维及光导纤维式前照灯监视器的工作原理

另外，在只需要微弱光线照明且不便安装灯泡的地方（如仪表表面、烟灰缸、门锁孔），也可采用光导纤维照明。

（2）感应式前照灯监视器。

感应式前照灯监视器由感应器、灯泡、指示灯等元器件组成，其电路如图 7.23 所示。当前照灯开关打开（四灯制的只有两只灯泡，即双丝灯泡对监视器有作用）时，电流由蓄电池、灯光开关流到前照灯灯丝，然后经过感应器线圈搭铁形成回路。线圈通电后产生磁场，磁簧开关接通。于是前照灯监视器的灯泡也因有了搭铁回路而点亮，表示前照灯正常工作。

如果前照灯线路断路或灯丝烧断，则感应器线圈无电磁吸力，磁簧开关也不起作用，监视灯不亮，驾驶人便得知前照灯有故障。

2. 尾灯监视器

利用尾灯监视器，驾驶人在驾驶座位上即可检查尾灯及制动灯的工作情况。通常尾灯监视器有两种：一种是采用光导纤维的光导纤维式尾灯监视器；另一种是感应式尾灯监视器，采用电路设计，将警告灯装在仪表板上。

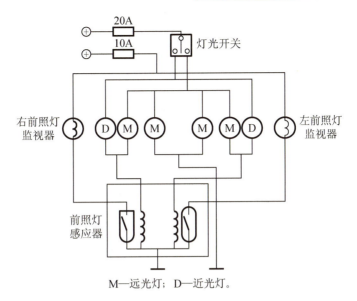

图 7.23 感应式前照灯监视器电路

(1) 光导纤维式尾灯监视器。光导纤维的一端接到尾灯反光镜内,以引导光源;另一端接指示器。指示器大多安装在后挡泥板上方的适当位置。开尾灯或踩制动踏板时,指示器发光,表示尾灯或制动灯工作正常。

(2) 感应式尾灯监视器。感应式尾灯监视器电路如图 7.24 所示。在正常情况下制动时,踩下制动踏板,制动灯开关接通,电流分别流经左右两电磁线圈,使左右制动信号灯亮。此时,两线圈产生的磁场相互抵消,舌簧开关触点断开,报警灯不亮。

若左(右)制动信号灯或尾灯线断路或灯丝烧断,则左(右)电磁线圈无电流通过,而通电的线圈所产生的电磁吸力吸动舌簧开关触点闭合,报警灯点亮,表示一侧制动灯或尾灯电路有断路故障。

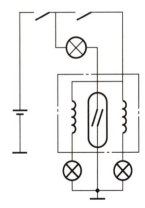

图 7.24 感应式尾灯监视器电路

7.2.3 报警灯及报警灯开关

1. 机油压力过低报警灯

(1) 弹簧管式机油压力过低报警灯。弹簧管式机油压力过低报警灯电路如图 7.25 所示。报警灯开关为盒形,内有管形弹簧,管形弹簧一端经管接头连通润滑系统主油道;另一端焊有动触点,静触点经接触片与接线柱相连。

当机油压力低于一定值时(一般为 0.03~0.1MPa),管形弹簧呈向内弯曲状态,于是动触点闭合,电路接通,该报警灯点亮。当机油压力达到正常值时,管形弹簧变形量大,动触点断开,该报警灯熄灭。

(2) 膜片式机油压力过低报警灯。膜片式机油压力过低报警灯电路如图 7.26 所示。当机油压力低于一定值时,油压报警开关中的动触点下降与静触点接触,接通灯电路,该报警灯点亮。

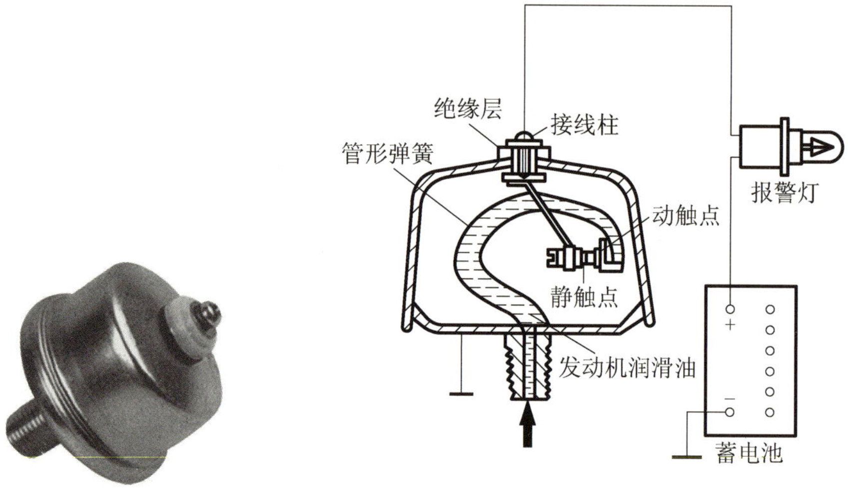

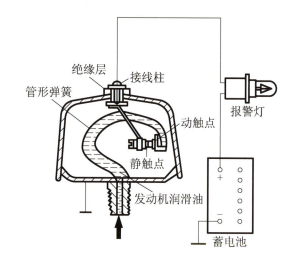

(a) 实物图　　　　　　　　(b) 电路图

图 7.25　弹簧管式机油压力过低报警灯电路

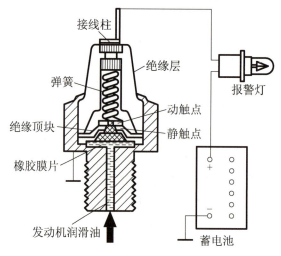

图 7.26　膜片式机油压力过低报警灯电路

2. 燃油不足报警灯

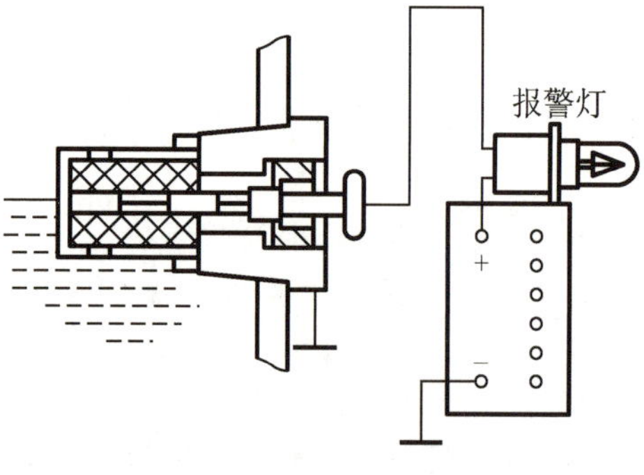

燃油不足报警灯电路如图 7.27 所示。其报警开关为热敏电阻式报警开关，装在油箱内。

当油箱内燃油量较多时，负温度系数的热敏电阻元件浸没在燃油中，散热快，温度较低，电阻较大。因此，电路中几乎没有电流，该报警灯不亮。而当燃油量减少到规定值以下时，负温度系数的热敏电阻元件露出油面，散热较慢，温度升高，电阻减小，电路中电流增大，该报警灯点亮。

图 7.27　燃油不足报警灯电路

3. 气压过低报警灯

制动系统气压过低报警电路如图 7.28 所示。报警开关装在储气筒或制动阀压缩空气输入管中。接通电源，当储气筒内的气压低于 0.45MPa 时，由于作用在橡胶膜片下方的空气压力减小，于是橡胶膜片在复位弹簧的作用下向下移动，使动触点闭合，电路接通，该报警灯点亮。

当储气筒中的气压升到 0.45MPa 以上时，由于橡胶膜片下方的空气压力增大，复位弹簧压缩，动触点断开，电路切断，该报警灯熄灭。行车中气压过低报警灯突然点亮时，应立即停车，查找原因，排除故障，使气压恢复正常值后再行驶。

4. 冷却液温度过高报警灯

冷却液温度过高报警灯电路如图 7.29 所示，其报警开关为双金属片式报警开关。当冷却液温度正常时，双金属片变形量较小，动触点断开，该报警灯不亮。如果冷却液温度升高到 95～105℃ 以上时，双金属片变形量较大，动触点闭合，电路接通，该报警灯点亮。

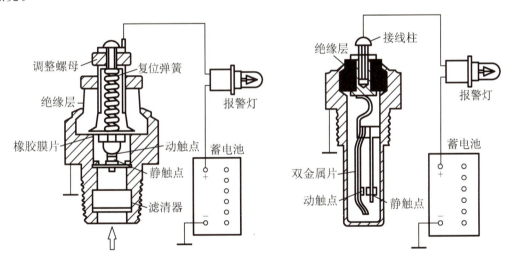

图 7.28 制动系统气压过低报警灯电路　　　图 7.29 冷却液温度过高报警灯电路

5. 冷却液、制动液、风窗玻璃清洗液液面过低报警灯

冷却液、制动液、风窗玻璃清洗液液面过低报警灯电路如图 7.30 所示。

当浮子随液面下降到规定位置以下时，永久磁铁吸动舌簧开关使之闭合，接通电路，该报警灯点亮。当液面在规定位置以上时，浮子上升，永久磁铁吸力不足，舌簧开关在自身弹力作用下使电路断开，该报警灯不亮。

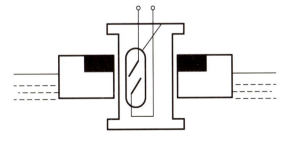

图 7.30 冷却液、制动液、风窗玻璃清洗液液面过低报警灯电路

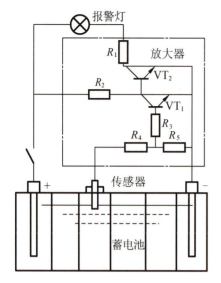

图7.31 蓄电池液面过低报警灯电路

6. 蓄电池液面过低报警灯

蓄电池液面过低报警灯电路如图7.31所示。其报警开关为电子式报警开关，由传感器和放大器组成，传感器为铅棒，通常安装在由正极柱算起第三个单体蓄电池内。

当蓄电池液面高度正常时，传感器铅棒上的电位为8V，从而使VT_1导通、VT_2截止，该报警灯不亮。当蓄电池液面在最低限以下时，铅棒无法与电解液接触，也就无正电位，从而使VT_1截止、VT_2导通，该报警灯点亮。

7. 舌簧开关式电流传感器

舌簧开关式电流传感器广泛用于汽车灯具系统，用于检测制动灯、尾灯、牌照灯及制动灯的灯丝是否断开，当有一个灯泡灯丝断开时，该报警灯点亮。

舌簧开关式电流传感器的外形如图7.32所示，其结构如图7.33所示。

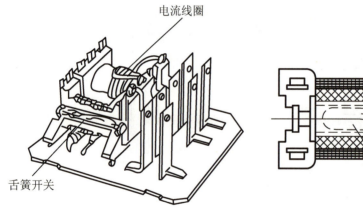

图7.32 舌簧开关式电流传感器的外形

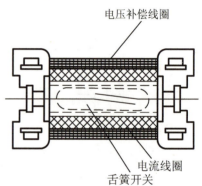

图7.33 舌簧开关式电流传感器的结构

舌簧开关式电流传感器电流线圈的外面绕有电压补偿线圈，其作用是防止电压的变化引起传感器的误动作。在骨架的中间设置舌簧开关。

图7.34所示为舌簧开关式电流传感器电路，当舌簧开关闭合时，若灯泡全部工作正常，电流线圈中有额定电流流过，这时在电流线圈产生的磁力作用下，舌簧开关闭合，如果有灯泡灯丝断开，则相应的电流线圈中电流减小，磁力减弱，使舌簧开关断开，进行报警。

图7.35所示为灯泡线路故障显示继电器电路，该继电器就是检测制动灯、尾灯灯丝断开时的传感器。

8. 制动器摩擦片磨损报警电路

磨损检测传感器用于检测汽车制动器摩擦片的磨损情况。常用的检测摩擦片磨损情况的方法如下：当制动器摩擦片超过磨损允许的限度时，磨损检测传感器本身被磨损，并将此磨损情况转变为电信号输入电子控制单元，并接通报警电路。

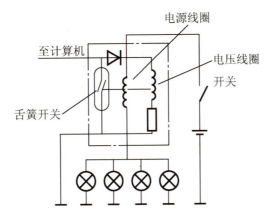

图 7.34　舌簧开关式电流传感器电路

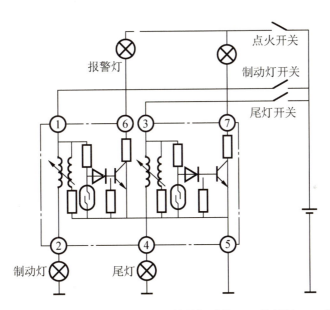

1—接制动灯开关；2—接制动灯；3—接尾灯开关；4—接尾灯；5—搭铁；
6—接制动灯故障报警灯；7—接尾灯故障报警灯。

图 7.35　灯泡线路故障显示继电器电路

磨损检测传感器在盘式制动器上的安装情况如图 7.36 所示。

磨损检测传感器是一个安装在摩擦片中的 U 形金属丝，U 形金属丝的顶端在制动器摩擦片的磨损极限位置。

磨损检测传感器电路如图 7.37 所示。制动器摩擦片没有磨损到极限位置时，输出电压为零；当摩擦片磨损到规定限度时，U 形金属丝部分被磨断，电路断开，这时输出电压为高电平。异常信号输入电子控制单元中或通过电阻 R 接通报警电路，使报警灯点亮。

7.2.4　常见汽车报警灯电路

汽车普遍采用楔形仪表灯泡作为报警灯光源。汽车报警灯电路（白炽灯泡型）如图 7.38 所示。

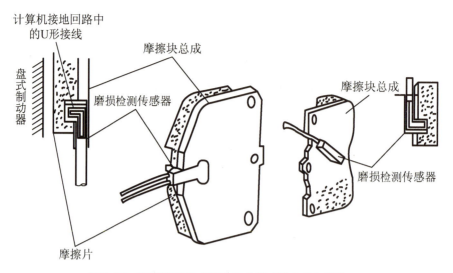

图7.36　磨损检测传感器在盘式制动器上的安装情况

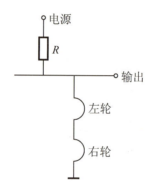

图7.37　磨损检测传感器电路

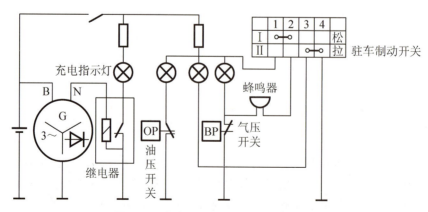

图7.38　汽车报警灯电路(白炽灯泡型)

接通点火开关ON挡时，充电指示灯通过继电器动断触点形成回路而点亮；油压过低报警灯因油压开关闭合也点亮。

发动机起动后，充电指示灯因发电机中性接线柱 N 向继电器线圈供电使继电器动断触点断开而熄灭；油压过低报警灯因发动机已建立油压使油压开关断开而熄灭。

驻车制动器指示灯在驻车制动器拉杆拉紧时点亮，而在驻车制动器拉杆松开时熄灭。制动气压过低时，气压过低报警灯点亮，此时若松开驻车制动器拉杆，则制动气压过低报警蜂鸣器发出鸣叫声，以示气压过低，起步有危险。

例如，大众车系（如速腾、迈腾等）采用 LED 作为报警灯。LED 报警灯具有结构简单、使用寿命长、能耗低、美观、易于识别等优点。

LED 报警灯电路（图 7.39）一般需要增设降压电阻及电子驱动控制器，比白炽灯泡型汽车报警灯电路复杂。

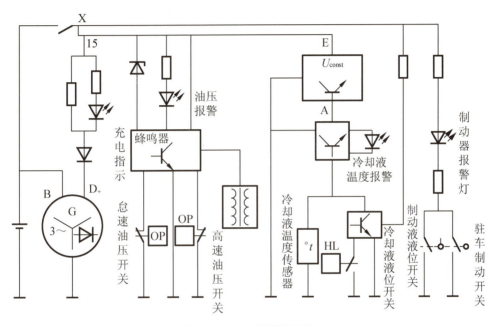

图 7.39 LED 报警灯电路

7.3　汽车电子仪表

7.3.1　汽车电子仪表的优点

随着电气设备的不断增加，汽车电气系统变得越来越复杂。汽车电子仪表因具有如下优点而将逐步取代常规的指针式仪表。

（1）能提供大量复杂的信息，适应汽车排气净化、节能、安全性和舒适性的要求。

（2）能满足小型、轻量化的要求，使有限的车厢空间尽可能宽敞些。

（3）显示图形设计的自由度高，造型美观、实用。

（4）具有高精度和高可靠性，免除机电式仪表中的可动部分。

（5）具有一表多用的功能，用一组显示器进行分时显示，并可同时显示多个信息，使组合仪表得以简化。

常见电子仪表外观如图 7.40～图 7.42 所示。

图 7.40　奇瑞 QQ3 乘用车电子仪表

图 7.41　东风雪铁龙凯旋乘用车电子仪表

【拓展图文】

图 7.42　宝马(BMW)E60 乘用车电子仪表

7.3.2　电子显示器件

电子显示器件大致可分为发光型电子显示器件和非发光型电子显示器件两类。发光型电子显示器件有 LED、真空荧光显示器件、阴极射线管、等离子显示器件和电致发光显示器件等；非发光型电子显示器件有液晶显示器和电致变色显示器件等。

1. LED

LED 发出的颜色有红色、绿色、黄色、橙色等，可单独使用，也可以组合使用。在使用中，常把 LED 焊接到印制电路板上，以形成数字显示或带色光杆显示（图 7.43）。

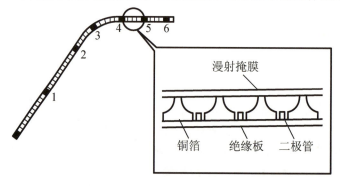

图 7.43　LED 光杆显示

图 7.44 所示为 LED 数码显示装置。有些仪表则用 LED 组成的光点矩阵形显示器。LED 较适用于作为汽车指示灯、数字符号段或点数不太多的光杆图形显示。

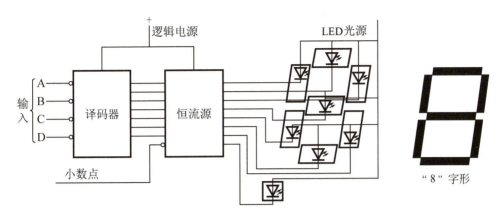

图 7.44　LED 数码显示装置

2. 真空荧光显示器件

真空荧光显示器件实际上是一种低压真空管,它由玻璃、金属等材料制成。真空荧光显示是一种主动显示,其发光原理与电视机中的显像管相似。

真空荧光显示器件的结构和工作原理如图 7.45 所示。

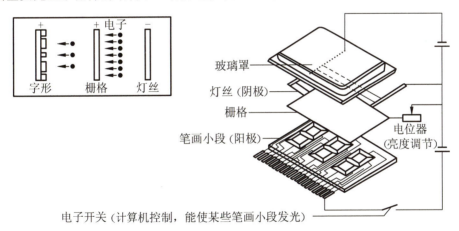

图 7.45　真空荧光显示器件的结构和工作原理

汽车用数字式车速里程表的真空荧光显示器件可显示三位数字。其阳极为 20 个字形笔画小段,上面涂有荧光体(或磷光体),各与一个接线柱连接,并且笔画内部相互连接;其阴极为灯丝,在灯丝与笔画小段(阳极)之间插入栅格,其构造与一般电子管相似。

整个装置密封在一个被抽成真空的玻璃罩内。当阳极(字形)接至电源"+"极、阴极(灯丝)与电源"—"极相接时获得一定的电源电压,其灯丝作为阴极发射电子(在电场力的作用下),栅格控制电子流加热并加速,使其射向阳极(字形)。

由于玻璃罩内抽成真空,前面装有平板玻璃并配有滤色镜,因此能使通过栅格轰击阳极(字形)的电子激发出亮光,显示所要看到的内容。

真空荧光显示器件具有色彩鲜艳、可见度高、立体感强等特点,是最早引入汽车仪表中的发光型电子显示器件。但由于制作大型的多功能真空荧光显示器件成本较高,因此现在大多由一些小型的单功能真空荧光显示器件组成汽车电子仪表板。

真空荧光显示器件有如下缺点。

(1) 其发光的荧光粉接近白色,使显示段与非显示段之间的对比度降低。

(2) 由于真空荧光显示器件是一种真空管,为保持一定的强度,必须采用一定厚度的玻璃外壳,因此其体积和质量较大。

(3) 驱动电路与显示器件难以一体化,实现大容量显示的难度较大。

作为汽车用显示器件,它的某些缺点必须克服,可设法组成多功能复合型显示装置。目前,国外大型的真空荧光显示器件已经试制成功,能构成显示汽车车速、发动机转速等信息的彩色显示器件。

3. 液晶显示器

液晶是一种有机化合物,由长杆形分子构成。在一定的范围内,液晶既具有普通液体的流动性质,又具有晶体的某些特征。

液晶显示器(liquid crystal display,LCD)是一种非发光型平板显示器件,其结构如图7.46所示。

LCD有两块厚度约为1mm的玻璃基板,玻璃基板上涂有透明的导电材料,以形成电极图形,两玻璃基板间注入一层 $5\sim20\mu m$ 厚的液晶,再在两玻璃基板的外表面分别贴上前偏振片和后偏振片,并将整个显示板完全密封,以防湿气和氧气侵入,从而构成透射式LCD。

若在后玻璃基板的后面加上反射镜,则组成反射-透射式LCD。图7.47所示为汽车仪表用反射-透射式LCD的工作原理。

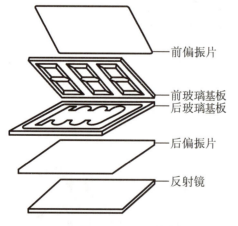

图7.46　LCD的结构

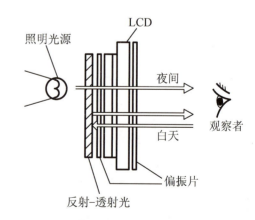

图7.47　汽车仪表用反射-透射式LCD的工作原理

因为LCD为非发光型显示器件,所以夜间显示必须采用照明光源,从而削弱了它所具有的低能耗优点;LCD的低温响应特性较差;LCD的显示图形不够华丽、明显,这也是所有非发光型显示器件共有的缺陷。

但是,LCD 的优点很多,其电极图形的设计自由度极高,设计成任意显示图形的工艺都很简单,这是作为汽车用电子显示器件的一个重要优点,而且其工作电压低(一般为 3V),能耗小($1\mu W/cm^2$),并且能很好地与 CMOS(互补金属氧化物半导体器件)电路匹配。由于 LCD 具有这些优点,因此常用于汽车电子钟和彩色光杆式仪表板。

4. 阴极射线管

阴极射线管(cathode ray tube,CRT)也称显像管或电子束管,它是一种特殊的真空管。其结构与工作原理和家用及办公用计算机彩色显示器相似。

CRT 具有灵活的全彩色显示及图像显示,分辨率和对比度高等,工作温度范围大($-50\sim100℃$),响应速度在微秒级以下,是显示图像质量较高的一种显示器件。

但是作为汽车用电子显示器件,CRT 体积太大,即使是扁平形的 CRT 也存在一些缺点。

随着现代汽车向高度信息化显示的方向发展,CRT 进一步小型化,一些大型汽车公司创立了彩色 CRT 的汽车信息中心。

7.3.3 汽车电子仪表的维护

1. 电子仪表板的检测

电子仪表板与一般电子设备不同,它和所配的逻辑电路板较易损坏,而且价格高。因此,应仔细研究原厂的技术文件,按照厂家的要求对其进行检测。在检测过程中,还要特别小心谨慎,防止因失误造成损坏。

很多电子仪表板都具有自检功能。对于能自检的车辆,在使用测试设备对仪表进行检测之前,应完成仪表板的全部自检。

除有特殊说明外,不能以蓄电池全电压加于电子仪表板的任何输入端。

电子仪表板要用许多插接器把线束连接到仪表板上,这些插接器一般使用不同颜色以便辨认。插接器上有闭锁凸舌,以保证可靠连接。测试时,当必须将测试仪表和线束连接时,要注意防止插接器插头和插座受损。为此,在用仪表测试时通常使用一个备用插接器插头。

2. 电子仪表板的维修注意事项

电子仪表板上的部件都比较精密,维修和使用要求都比较高,测试时应遵照厂家维修手册的有关规定,修理工作应由专业维修人员负责。电子仪表板维修时的一般注意事项如下。

(1) 切断电源。当更换电子仪表板上的部件时,通常要拆下电子仪表板总成。在进行这项作业前,应切断蓄电池电源。

(2) 静电放电。人身是一个大的静电发生器。静电电压随气候条件的变化而不同。高的静电电压将对车上的精密电子设备(如发动机控制装置、仪表和收音机等)造成损害。所以,从电子仪表板上卸下母板时,应在干净的地方进行,要注意防止人身上的静电损坏集成电路片。

为清除人身上的静电,应经常接触已知接地点。例如,可以经常触摸办公室内的墙壁、金属门框、暖气片等。在拆装作业中，只能用手拿电子仪表板的侧边，不能触及显示窗和显示屏的表面。

（3）静电搭铁。为了减少维修人员身上带有的静电，作业时应使用静电保护装置，如佩戴防静电手环（图7.48），一端戴在手腕上，另一端接车身搭铁端，这样可有效消除静电。

（4）元器件的保管。电子仪表板新的元器件存放在镀镍包装袋内，应在安装时从袋内取出而不要提早取出。取出时，注意不要碰触导电接头。应注意爱护需要修理的电子仪表板，拆下后应立即装进包装袋内，以防再受损害。

图7.48　防静电手环

（5）车速里程表电路片的处理。在处理车速里程表电路片时，必须使用原有的塑料盒，以免因静电放电而损坏。如果不慎触及电路片的接头，则仪表的读数消除，此时必须到专门的修理厂重新编程后使用。

7.4　汽车信息系统

7.4.1　汽车信息系统的特点

汽车仪表技术发展很快，传统的机电式模拟仪表已经过时，以电子仪表为基础开发出来的、基于网络技术的汽车信息系统是代表汽车仪表技术的发展方向。

汽车信息系统主要有以下特点。

(1) 采用网络通信。网络的使用可以减少线束，同时具有很高的安全性、通信可靠性和实时性，而且简单实用。网络化仪表特别适用于环境温度变化剧烈、电磁辐射强和振动大的汽车环境。

(2) 信息显示中心。信息显示中心是驾驶人与汽车进行信息交互的重要接口和界面。与传统仪表相比，信息显示中心可以迅速、准确地处理各种信息，并在信息显示中心的屏幕上以数字或图形符号显示，而且可以显示更多、更丰富的信息，使驾驶人及时掌握汽车的运行状态，妥善处理各种情况。

(3) 更大的记忆容量。汽车信息系统不仅可以记录车速、里程等信息，而且可以记录发动机的工作状态、驾驶人不同的舒适性要求、空调调节状态等信息。这就要求增加EEPROM（电擦除可编程只读存储器）的容量，或者要求主芯片整合EEPROM的容量足够大。

(4) 低能耗及高整合度（高度集成）。在要求低能耗（节能）的大背景下，汽车信息系统的静态电流和整体能耗都很低。

尽管汽车信息系统的功能越来越强、结构越来越复杂，但可以通过高整合度（高度集成）设计来提高可靠性。例如，在仪表内只有主芯片和电源芯片，而驱动芯片整合在主芯片或LCD中。

(5) 传感器的运用。对于抗干扰能力较强、对环境要求比较高的传感器，可以直接将其安装在汽车仪表内,从而方便信号的处理和传输。

(6) 个性化设置。 汽车信息系统的显示屏幕背光色彩富于变化,驾驶人可以调节并选择自己喜欢的颜色。图形和数字色彩绚丽能给人赏心悦目的享受。

7.4.2 典型汽车信息系统简介

下面以上汽荣威ROEWE 550乘用车为例,介绍汽车信息系统的基本构成。

1. 荣威ROEWE 550汽车信息系统主界面

荣威ROEWE 550汽车信息系统主界面(图7.49)采用全数字化显示,主控显示屏由三大部分组成。左侧是行车速度显示区域,右侧是车辆保养、导航信息显示区域,中间是数字化显示的发动机转速表。冷却液温度表和燃油表环绕在发动机转速表两侧,各种报警灯和指示灯的分布也清晰简洁,一目了然。

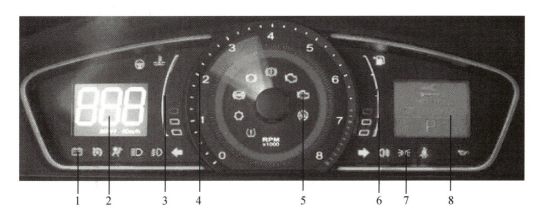

1—左侧报警灯和指示灯显示区域;2—行车速度显示区域;3—冷却液温度表;4—发动机转速表;
5—环状分布的报警灯显示区域;6—燃油表;7—右侧报警灯和指示灯显示区域;
8—车辆保养、导航信息显示区域。

图 7.49 荣威 ROEWE 550 汽车信息系统主界面

2. 荣威 ROEWE 550 汽车信息系统的功能

荣威 ROEWE 550 汽车信息系统将传统的汽车仪表指针式显示全面转变为数字化电子显示,车速表(图7.50)和发动机转速表(图7.51)的显示更加清晰、醒目。

布置在仪表板右侧的车辆保养、导航信息显示区域可以显示丰富的行车状态信息,也可以在行车前后对汽车状态信息进行设置和显示。显示内容包括建议保养里程(能折算出估计的日期)、续驶里程、行驶总里程、当前挡位、瞬时油耗等,甚至可以预先设置限速报警等,如图7.52~图7.55所示。

通过按压布置在转向盘左右两侧盘辐上的滚轮式手控按钮,可以采用计算机化的操作来实现各种信息的显示。

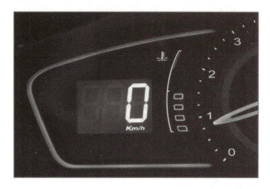

图 7.50 车速表

图 7.51 发动机转速表

图 7.52 建议保养里程

图 7.53 续驶里程

图 7.54 瞬时油耗

图 7.55 限速报警

7.4.3 汽车平视显示器系统

1. 平视显示器系统的作用

平视显示器（head up display，HUD），即抬头显示。 HUD 系统最初应用于战斗机上，最早装备 HUD 系统是法国的幻影系列战斗机。

车辆高速行驶特别是夜间高速行车时，驾驶人可能会低头观看仪表显示或观看中控台显示，如果前方有紧急情况，就可能因来不及采取有效措施而造成事故。为避免这种情况发生，有些高档汽车（如雪铁龙C6）上装备了HUD系统（图7.56），它可以将有关信息显示在前风窗玻璃的驾驶人平视视野中，而且显示位置、显示亮度可调。这样可以避免低头看仪表，从而缩短眼球对前方的视觉盲区时间。HUD系统对减少因低头、走神引起的交通事故，确保行车安全有重要意义。

2. 平视显示器系统的工作原理

在汽车HUD系统中，位于仪表台后端的显示屏将重要信息（如车辆速度、导航提醒等）投射到前风窗玻璃上，通过前风窗玻璃反射给驾驶人。由于驾驶人看到的是显示屏的虚像，因此HUD系统所显示的信息仿佛是浮在前方发动机盖上。

HUD系统严格来说并不是单一的电子系统，其成像依赖光学技术和材料学技术，透明的高折射率镀膜是成像的关键。一般采用浸渍法和网印法将这种高折射率镀膜镀到前风窗玻璃的表层。由于高折射率镀膜中含有TiO_2和SiO_2，其折射率为$1.8\sim2.2$，大于普通前风窗玻璃1.52的折射率，因此其表面的反射率增大，再经过多次光干涉就可在远处成像。

在HUD系统中使用的透明放大反射膜，最初光透射率约为70%，膜厚约为530nm，这个厚度正是绿色的选择性反射的峰值波长，也是大多数早期汽车HUD系统显示（图7.57）多为绿色的原因。

图7.56　雪铁龙C6乘用车装备的HUD系统

图7.57　早期汽车HUD系统显示

透明放大反射膜的缺点不仅是颜色单调，而且观测方向不同会造成光线干涉，引起字符外观的变化。大多数汽车公司都增大了透明放大反射膜的膜厚，能支持整个可见光区域反射，从而实现HUD系统的多彩色显示和与角度无关的均匀外观，如图7.58所示。当然，它需要高亮度的光源支持，而且成本较高。

图7.58　增大透明放大反射膜膜厚的HUD系统显示

【拓展图文】

【拓展视频】

7.5 汽车导航系统

7.5.1 汽车导航系统的作用

汽车导航系统也称汽车行驶导向系统，其主要作用是引导汽车在繁忙的交通状态或复杂的道路网络中选择最佳路径，使其能在尽可能短的时间和路程内安全、快速地到达目的地。汽车导航系统还可以随时监控汽车的运行状态（如行驶轨迹、行驶速度等），防止汽车被盗或对被盗汽车进行追踪定位。

要对汽车进行导航，必须实时了解汽车所在位置，汽车行驶状态和路网、交通信息。而这些信息的获取依赖全球定位技术、计算机技术和无线网络通信技术。

7.5.2 全球定位系统

全球定位系统（global positioning system，GPS）是以人造卫星为定位基础，向全球各地全天候地提供三维位置、三维速度等信息的一种无线电导航和定位系统。

1. 全球定位系统的组成

GPS 主要由空间部分、地面控制系统、用户设备部分组成。

（1）空间部分。

GPS 的空间部分由 24 颗人造地球卫星组成。人造地球卫星位于距地表 20200km 的上空，均匀分布在 6 个轨道面上（每个轨道面 4 颗），轨道倾角为 55°，如图 7.59 所示。此外，还有 4 颗有源备份卫星在轨运行。

人造地球卫星的分布使得在全球任何地方、任何时刻都可观测到 4 颗以上人造地球卫星。目前，民用 GPS 的定位精度已达到 10m 以内。

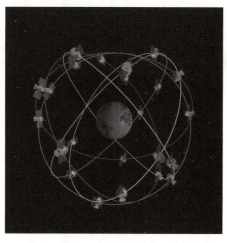

图 7.59 GPS 人造地球卫星的分布

（2）地面控制系统。

地面控制系统由监测站、主控制站、地面天线等组成。其中，地面天线负责收集由人造地球卫星传回的信息，并计算卫星星历、相对距离、大气校正等数据。

（3）用户设备部分。

用户设备部分即 GPS 信号接收机，其主要功能是捕获按一定人造地球卫星截止角选择的待测卫星，并跟踪这些人造地球卫星的运行。

用户设备部分捕获到跟踪的人造地球卫星信号后，就可测量出地面天线至人造地球卫星的伪距离和距离的变化率，解调出人造地球卫星轨道参数等数据。根据这些数据，用户设备部分中的微机就可按定位解算方法进行定位计算，计算出用户所在地理位置的经度、纬度、高度、速度、时间等信息。

2. 全球定位系统的定位原理

GPS 的定位原理如图 7.60 所示。汽车接收到 GPS 人造地球卫星发出的精确电波发射时刻和位置信息，获取电波传播时间，根据无线电波传播速度（3×10^8 m/s）可以计算出汽车与三个人造地球卫星之间的距离，以三个不同人造地球卫星为中心的球面相交点就是汽车所在位置。

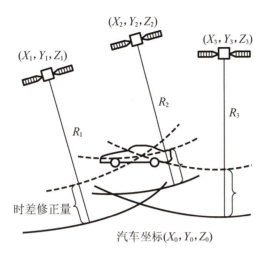

图 7.60 GPS 的定位原理

设汽车的坐标为(X_0, Y_0, Z_0)，三个人造地球卫星的坐标分别为(X_i, Y_i, Z_i)，$i=1,2,3$，则有

$$R_i = \sqrt{(X_i-X_0)^2+(Y_i-Y_0)^2+(Z_i-Z_0)^2} \quad (7\text{-}1)$$

$$R_i = C \cdot t_i \quad (7\text{-}2)$$

式中，R_i——各卫星到汽车的距离（m）；

C——无线电波传播速度（m/s），其值与光速相等；

t_i——各卫星电波传到汽车所用时间（s）。

求解方程组[联立式(7-1)和式(7-2)]后可以得出汽车的坐标。

当出现接收信息时差使三个球面无法相交时，可利用第四个人造地球卫星的坐标进行修正。

7.5.3 汽车全球定位系统的组成

汽车 GPS 的组成如图 7.61 所示，车辆前座中央有显示器，可显示道路地图和其他有关交通信息，其数据由 CD‑ROM（只读存储光盘）提供或在导航系统服务商的网络上下载。

汽车的前、后部都装有 GPS 接收天线，GPS 接收器装在后备箱内，地磁传感器装在车顶，在变速器输出轴上装有车速传感器，转向机构上装有转向盘转角传感器等。有关信息经导航 ECU 统一管理，通过 LCD 输出，对汽车进行导航。

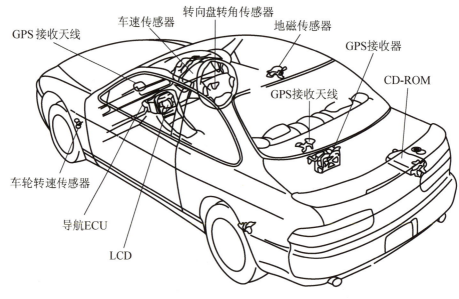

图 7.61　汽车 GPS 的组成

7.5.4　典型汽车导航系统简介

1. 汽车导航系统的分类

（1）按安装方式分。

① 内置式汽车导航系统。内置式汽车导航系统一般由汽车生产商在生产环节安装，外形经过专门设计，固定在汽车仪表台内，与汽车内饰浑然一体。

② 外置式汽车导航系统。外置式汽车导航系统多为后期安装，安装简便，适合各类汽车的后期改装。

（2）按功能分。

① DVD（多用途数字光盘）汽车导航系统。DVD 汽车导航系统集导航和娱乐功能于一体，功能丰富。

② HDD（硬盘驱动器）汽车导航系统。HDD 汽车导航系统可存储大量信息，满足三维立体图像的存储要求，而且它的地图显示性能相当好，在高档汽车中已有应用。

③ 通信导航系统。通信导航系统应用无线通信技术接收地图等信息，具有上述两种产品的各项功能。它虽然前期投入较少，但每月仍需支付通信费用。

2. 车载内置式卫星导航系统

车载内置式卫星导航系统安装在仪表台内，一般位于转向盘的右侧。只要输入目的地的名称，该系统即可迅速检索并显示出适宜的行车路线。

在行驶中，语音提示系统就像一位神通广大的向导，会告诉驾驶人该如何行驶。驾驶人基本上不用看显示屏，只要听语音提示就能准确地驾车前行。

需要转弯时，语音提示系统会在距转弯处 700m 时提醒一次，这样驾驶人可以提前并线（变道），保证安全行车；在距转弯处 300m 时，语音提示系统会再提醒一次；到转弯路口处，语音提示系统会告诉驾驶人就在这个路口左转或右转。

遇到交通环岛（转盘）时，语音提示系统会告诉驾驶人在环岛的第几个路口驶出。每次转弯之后，语音提示系统都会告诉驾驶人距下一个转弯路口的距离。这样，就可以根据语音提示的路程来控制车速。

当转弯时遇到岔路口，驾驶人拿不准是转向哪条路时，电子导航仪马上显示出路口的精确放大图，图上有箭头提示驾驶员应该走哪条路，只需用余光扫一眼显示屏，就能准确地驾车驶往要去的方向，轻松自如、保证无误地引导驾驶人到达目的地。

3. 车载外置式卫星导航系统

由于车载外置式卫星导航系统是后期配置的，往往很难与车辆内饰实现和谐统一，不利于车内的整体布局，加之智能手机的导航功能日益强大，目前，车载外置式卫星导航系统的应用日渐衰落。

基于北斗卫星系统的高德地图、百度地图等移动智能终端导航系统，因其结构小巧、便于携带且导航功能强大（能实现车道级的精准导航），因此得到了广泛的应用。

复习思考题

1. 常见的汽车仪表有哪些？其作用是什么？
2. 简述汽车报警装置的作用和类别。
3. 简述汽车信息系统的主要特点。
4. 汽车 HUD 系统的作用是什么？
5. 简述汽车导航系统的作用与类别。

【在线答题】

第8章 安全与舒适系统

汽车安全与舒适系统可为驾驶人提供清晰的视野，简化操作；影音娱乐设备可使驾驶人心情愉悦，对确保行车安全具有重要意义。

本章主要介绍风窗刮水清洗设备和电动辅助装置，要求学生熟悉风窗玻璃刮水设备、电动辅助装置的结构和工作原理，掌握其常见故障诊断与排除方法。

8.1 风窗刮水清洗设备

为了保证在各种使用条件下风窗玻璃表面干净、清洁，汽车都安装了刮水器，许多汽车还安装了风窗清洗装置和风窗除霜（雾）装置。

8.1.1 电动刮水器

【拓展视频】

【拓展图文】

1. 电动刮水器的作用

电动刮水器（俗称雨刷）的作用是保证驾驶人在雨天、雪天和雾天有良好、清晰的视野，它具有一个或两个橡皮刷，由驱动装置带动其来回摆动，以除去风窗玻璃上的水、雪等。

2. 电动刮水器的结构

电动刮水器主要由电动机、蜗轮蜗杆减速机构、自动停位器、刮水器开关、联动机构及刮片等组成（图 8.1），其传动机构如图 8.2 所示。

蜗轮蜗杆减速机构和电动机连成一体，使总体结构更加紧凑。刮水器的电动机由磁场、电枢、电刷等组成。按磁场结构来分，电动机有绕线式（励磁式）电动机和永磁式电动机（图 8.3）两种。其中，永磁式电动机具有体积小、质量轻、结构简单的特点，广泛应用在乘用车上。

电动刮水器的变速是利用直流电动机的变速实现的，由直流电动机电压平衡方程式可得转速公式为

$$n=\frac{U-I_aR_a}{KZ\Phi} \tag{8-1}$$

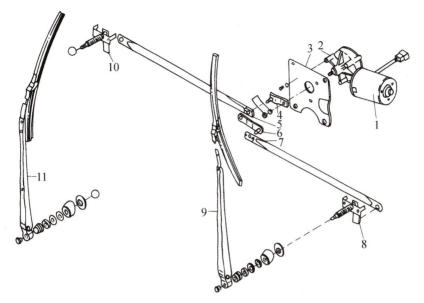

1—电动机；2—蜗轮蜗杆减速机构；3—底板；4，6—曲柄；5，7—连杆；
8，10—摆杆；9，11—摆臂。

图 8.1　电动刮水器的结构

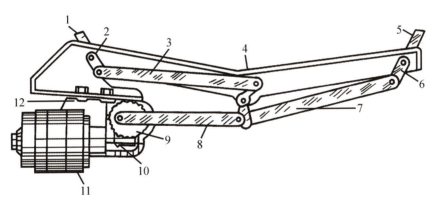

1，5—刮片架；2，4，6—摆杆；3，7，8—连杆；9—减速蜗轮；10—蜗杆；11—电动机；12—底板。

图 8.2　电动刮水器的传动机构

式中，n——转速（r/min）；

U——电动机端电压（V）；

I_a——过电枢绕组中的电流（A）；

R_a——电枢绕组的电阻（Ω）；

K——常数；

Z——正、负电刷间串联的电枢绕组数；

Φ——磁极磁通（Wb）。

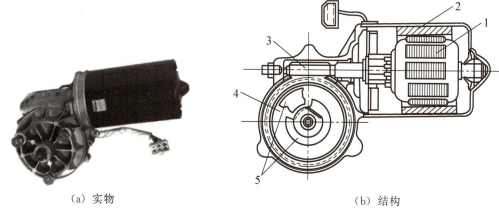

(a) 实物　　　　　　　　　　　　　(b) 结构
1—电枢；2—永久磁铁磁极；3—蜗杆；4—蜗轮；5—自动停位滑片。
图 8.3　永磁式电动机

永磁式电动机的磁场由永久磁铁产生，磁场强度不能改变，为了改变工作速度，可采用三刷式电动机，改变三个电刷正、负电刷之间串联的电枢线圈数目来实现变速，其变速原理如图 8.4 所示。

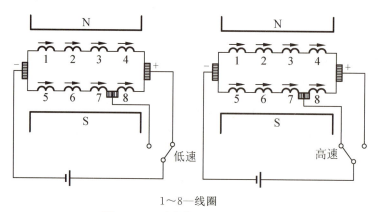

1～8—线圈
图 8.4　三刷式电动机的变速原理

当电动刮水器开关拨至低速挡时，电源电压加在"＋"电刷与"－"电刷之间，其内部形成两条对称的并联支路，一条支路由线圈 1、2、3、4 串联组成，另一条支路由线圈 5、6、7、8 串联组成，各线圈反向电动势方向如图 8.4 中箭头所示。各线圈反向电动势方向相同，互相叠加，相当于四对线圈串联，电动机以较低转速稳定旋转。

当电动刮水器开关拨至高速挡时，电源电压加在"－"电刷与偏置电刷之间，从图 8.4 中可以看出，电枢绕组的一条支路由五个线圈（线圈 1、2、3、4、8）串联，另一条支路由三个线圈（线圈 5、6、7）串联，其中线圈 8 与线圈 1、2、3、4 的反电动势方向相反，相互抵消后，相当于只有三对线圈串联，因而只有升高转速才能使反电动势达到与运转阻力矩相应的值，形成新的平衡，故此时转速较高。

自动停位器的组成和电路如图 8.5 所示，它由装在蜗轮蜗杆减速机构端盖上的自动复位触片和嵌在蜗轮上的自动复位滑片组成。自动停位器能保证电动刮水器开关在任何时候断开时，刮水片自动停止在风窗玻璃的底部。

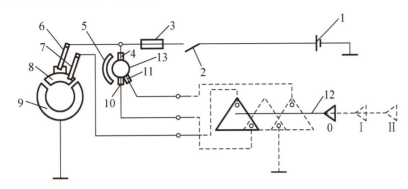

1—蓄电池；2—电源开关；3—熔断器；4，10，11—电刷；5—永久磁铁；6，7—自动复位触片；
8，9—自动复位滑片；12—电动刮水器开关；13—电枢。

图 8.5 自动停位器的组成和电路

自动复位滑片 8 与壳体绝缘，而自动复位滑片 9 直接搭铁；自动复位触片靠自身弹力保持与自动复位滑片接触。能与自动复位滑片 9 接触的自动复位触片 7 为自动停位触点，它与电动刮水器开关连接，在电动刮水器开关置于断开位置(0 挡)时与电动机低速电刷 10 接通；能与自动复位滑片 8 接触的自动复位触片 6 为自动停位电源触点，它始终与电动机接电源的电刷 4 接通。蜗轮运转时，两弹片触点与两组滑片处于时通时断的状态。

3. 电动刮水器的工作原理

由图 8.5 可见，将电动刮水器开关置于不同挡位，可实现电动刮水器的低速运转、高速运转及停机复位等功能。

接通电源开关，当电动刮水器开关置于"Ⅰ"挡时，电刷 4、10 工作，电动机通电，因电刷 4、10 间串联的电枢线圈较多，故电枢在永久磁场作用下低速运转。电路为：蓄电池正极→电源开关→熔断器→电刷 4→电枢绕组→电刷 10→电动刮水器开关→搭铁→蓄电池负极。

当电动刮水器开关置于"Ⅱ"挡时，电刷 4、11 工作，电动机通电，因电刷 4、11 间串联的电枢线圈较少，故电枢在永久磁场作用下高速运转。电路为：蓄电池正极→电源开关→熔断器→电刷 4→电枢绕组→电刷 11→电动刮水器开关→搭铁→蓄电池负极。

当电动刮水器开关置于"0"挡时，如果刮水片没有停到适当位置，则自动复位触片 7 与自动复位滑片 9 接触，维持电动刮水器电动机电路接通，以低速运行。电路为：蓄电池正极→电源开关→熔断器→电刷 4→电枢绕组→电刷 10→电动刮水器开关→自动复位触片 7→自动复位滑片 9→搭铁→蓄电池负极。

当刮水片摆到适当位置后，自动复位触片 7 与自动复位滑片 9 脱开，切断电动机的搭铁线，电动机减速，为了使其尽快停止，通过自动复位滑片 8 将自动复位触片 6、7 短接，使电枢绕组通过自动复位滑片 8、自动复位触片 6、自动复位触片 7 形成回路，产生制动作用，使刮水片停到适当位置。电路为：电枢绕组"+"→电刷 4→自动复位触片 6→自动复位滑片 8→自动复位触片 7→电动刮水器开关→电刷 10→电枢绕组"−"。

当汽车在毛毛细雨或浓雾天气下行驶时，风窗玻璃表面形成不连续的水滴，如果电动刮水器的刮水片按一定速度连续刮拭，微量的水分和灰尘就会形成一层薄膜，不仅不能将风窗玻璃刮拭干净，而且会使风窗玻璃模糊不清，影响驾驶人的视野。为此，有些汽车的电动刮水器具有自动间歇刮水功能，在碰到上述行驶条件时，只需将刮水开关拨至间歇工作挡位，电动刮水器便在间歇继电器的控制下，按每停止 2～12s 刮水一次的规律自动刮拭，使风窗玻璃洁净，驾驶人可以获得良好的视野。间歇继电器有机械式间歇继电器和电子式间歇继电器两类，原理各不相同。

图 8.6 所示为采用机械式间歇继电器控制的电动刮水器电路，刮水器开关有 0、Ⅰ、Ⅱ、Ⅲ四个挡位，其中 0 挡为停止挡、Ⅰ挡为间歇挡、Ⅱ挡为低速挡、Ⅲ挡为高速挡。机械式间歇继电器由时间继电器、一对动合触点 A 和一对动断触点 B 组成。

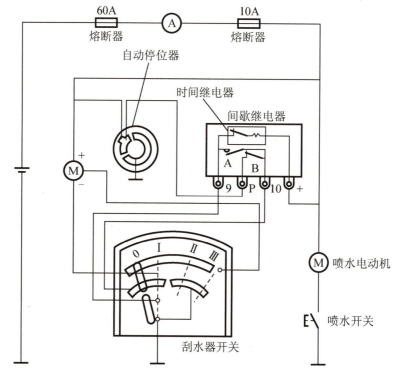

图 8.6 采用机械式间歇继电器控制的电动刮水器电路

图 8.7 机械式间歇继电器

机械式间歇继电器（图 8.7）的工作原理如下。当电动刮水器开关拨至"Ⅰ"挡时，机械式间歇继电器中的时间继电器通电。电路为：蓄电池正极→总熔断器(60A)→电流表→熔断器(10A)→间歇继电器"+"接线柱→时间继电器线圈、触点→间歇继电器"9"接线柱→电动刮水器开关内部触点→搭铁→蓄电池负极，时间继电器线圈产生吸力，将动合触点 A 闭合，动断触点 B 断开。此时，电动机通过机械式间歇继电器形成回路。电路为：蓄电池正极→总熔断器(60A)→电流表→熔断器(10A)→电动机电刷"+"→电枢绕组→电刷"-"→电动刮水器开关内部触点→间歇继电器接线柱"10"→动合触点 A→电动刮水器开关→搭铁→蓄电池负极。电动机低速运转，带动刮水片工作。

机械式间歇继电器中的时间继电器线圈因通电发热变形，逐渐使其触点张开而断电，在弹簧的作用下，动合触点 A 被断开，动断触点 B 又闭合。如果此时自动停位触点处于自动停位器的搭铁滑片上，电动机不会因继电器线圈断电而停止工作。此时，电路为：蓄电池正极→总熔断器(60A)→电流表→熔断器(10A)→电动机电刷"＋"→电枢绕组→电刷"－"→电动刮水器开关内部触点→间歇继电器接线柱"10"→动断触点 B→间歇继电器接线柱"P"→自动停位器搭铁滑片→搭铁→蓄电池负极。当电动机转到图示所在位置（自动停位器的电源触点和自动停位触点处在同一滑片上）时，间歇继电器接线柱"P"的搭铁电路断开，电动机电路被切断，电动机停止工作。

受机械惯性的作用，电动机停止工作后还会转动，因此电动机以发电机方式运行而产生制动，迫使电动机立即停止转动，使刮水片正好处于风窗玻璃下方。

间歇几秒后，时间继电器线圈因温度降低恢复变形，其触点重新接通，电动机又开始工作。如此反复循环，构成了电动机的间歇工作。

当电动刮水器拨至"Ⅱ""Ⅲ"挡时，电动机的转速直接由电动刮水器开关控制，电动刮水器开关内部"Ⅰ"挡的触点与搭铁断开。只有将电动刮水器开关拨至"0""Ⅰ"挡时，自动停位器才起作用。

4. 雨滴感知型刮水系统

虽然电动刮水器能够实现间歇控制，但不能随雨量的变化及时调整刮水片的刮水频率。**雨滴感知型刮水系统能根据雨量自动调节刮水频率，使驾驶人始终有清晰、良好的视野。**

（1）雨滴感知型刮水系统的结构。

雨滴感知型刮水系统主要由雨滴传感器、间歇控制电路（间歇刮水放大器）、电动机三大部分组成，其结构如图 8.8 所示。

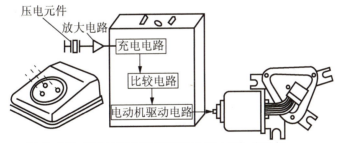

图 8.8　雨滴感知型刮水系统的结构

雨滴传感器也称雨滴检测传感器或雨量传感器，用于检测是否下雨及雨量，广泛用于汽车自动刮水系统、汽车智能灯光系统和汽车智能天窗系统中。

依据工作原理不同，雨滴传感器有根据雨滴冲击能量的变化进行检测的压电式雨滴传感器、根据静电电容量变化进行检测的电容式雨滴传感器和根据光亮变化进行检测的光电式雨滴传感器等。在雨滴感知型刮水系统中，多采用压电式雨滴传感器。

压电式雨滴传感器利用雨滴下落的冲击能量撞击传感器的振动片，将振动能量传给压电元件，从而将雨量转变为与之对应的电信号，其结构如图 8.9 所示。

（2）雨滴感知型刮水系统的工作原理。

雨滴感知型刮水系统的工作原理如图 8.10 所示。当该系统工作时，雨滴传感器将雨量转变为与之对应的电信号,经放大后送入间歇控制电路,给充电电路充电,使充电电路中的电容两端电压上升。当电压上升至与基准电压相等时,驱动电路使电动机工作一次。雨量越大,雨滴传感器感应出的电信号越强,充电越快,电动机的工作频率越高;反之,电动机的工作频率越低。

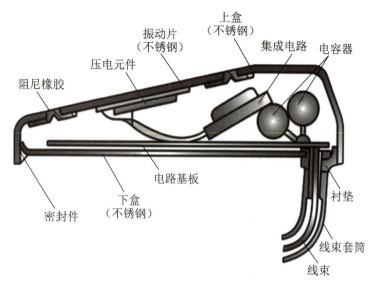

图8.9 压电式雨滴传感器的结构

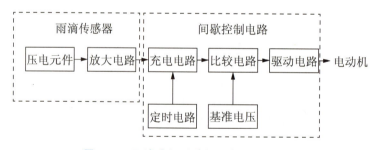

图8.10 雨滴感知型刮水系统的工作原理

当雨量很小时,雨滴传感器没有电压信号输出,只有定时电路对充电电路进行定时充电,一段时间后,充电电路的输出电压与基准电压相等,电动机工作一次。根据雨量的大小,电路可以实现无级调速。

5. 柔性齿条传动刮水器

图8.11所示为柔性齿条传动刮水器。与一般拉杆传动式刮水器相比,这种刮水器具有体积小,噪声低等优点,而且可将电动机总成安装在空间较大的位置,便于维修。

电动机驱动的蜗轮轴上有一个曲柄销,它驱动连杆机构,而连杆和装在硬管里的柔性齿条连接,因此在连杆运转时,柔性齿条做往复运动,柔性齿条的往复运动带动齿轮齿条减速器中的小齿轮做往复运动,从而驱动刮水片摆动。

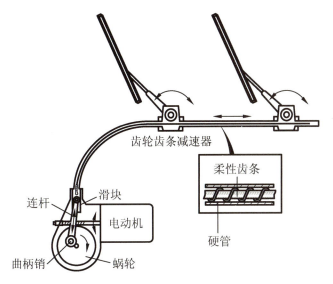

图 8.11 柔性齿条传动刮水器

6. 电动刮水器的常见故障诊断与排除

电动刮水器的常见故障有：电动刮水器各挡位均不工作、个别挡位不工作、不能自动停位等。

(1) 各挡位均不工作。

① 故障现象：接通点火开关后，电动刮水器开关置于各挡位均不工作。

② 故障原因：熔断器断路、电动机或开关有故障、机械传动部分锈蚀或与电动机脱开、连接电路断路或插接件松脱。

③ 可参照下列步骤进行诊断检查并酌情维修：首先检查熔断器，熔断器应无断路，电路应无松脱；然后检查电动机及开关的电源线和搭铁线，应接触良好，没有断路；再检查开关各接线柱在相应挡位能否正常接通；最后检查电动机和机械连接情况。

(2) 个别挡位不工作。

① 故障现象：接通点火开关后，电动刮水器个别挡位(低速、高速或间歇挡)不工作。

② 故障原因：电动机或开关有故障、间歇继电器有故障、连接导线断路或插接件松脱。

③ 如果电动刮水器在高速挡或低速挡不工作，可参照下列步骤进行诊断检查并酌情维修：首先检查对应故障挡位的电路是否正常；然后检查开关接线柱在相应挡位能否正常接通；最后检查电动机电刷是否接触不良。如果电动刮水器在间歇挡不工作，就应按顺序检查间歇开关(或电动刮水器开关的间歇挡)、电路和间歇继电器。

(3) 不能自动停位。

① 故障现象：电动刮水器开关断开或在间歇挡工作时，电动刮水器不能自动停止在设定的位置。

② 故障原因：电动机自动停位器损坏、电动刮水器开关损坏、刮水臂调整不当、导线连接错误。

③ 可参照下列步骤进行诊断检查并酌情维修：首先检查刮水臂的安装及电动刮水器

开关导线连接是否正确;然后检查电动刮水器开关在相应挡位的接线柱能否正常接通;最后检查电动机自动停位器的触点能否正常闭合并且接触良好。

8.1.2　风窗清洗装置

1. 风窗清洗装置的作用

汽车在灰尘较多的环境中行驶时,一些灰尘飘落在风窗玻璃上会影响驾驶人的视野。为此,许多汽车的刮水系统增设了风窗清洗装置,必要时向风窗玻璃表面喷洒专用清洗液或水,在刮水片的配合下,保持风窗玻璃表面洁净。

2. 风窗清洗装置的结构

风窗清洗装置由储液罐、清洗泵、输液管、喷嘴、三通接头等组成,其结构如图8.12所示。

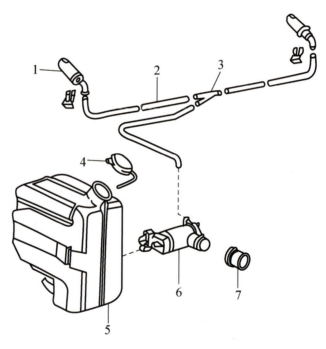

1—喷嘴;2—输液管;3—三通接头;4—箱盖;5—储液罐;6—清洗泵;7—衬垫。
图8.12　风窗清洗装置的结构

其中,储液罐由塑料制成,其内有清洗液。有些储液罐上装有液面传感器,以便监视清洗液量。

汽车风窗玻璃清洗液(俗称玻璃水,由于具有防冻功能,因此又称防冻玻璃水)要求对附着在风窗玻璃上的物质具有浸透、乳化分散及溶解功能,以便将其清洗干净。

清洗泵(俗称喷水电动机)的作用是将清洗液加压,通过输液管和喷嘴喷洒到风窗玻璃表面。它由一个永磁电动机和液压泵组成。

3. 风窗清洗装置的工作原理

风窗玻璃清洗装置电路比较简单，一般和电动刮水器共用一个熔断器。有些汽车清洗开关单独设置安装，有些则与电动刮水器开关组合，便于操作。

当清洗开关接通时，电动机带动清洗泵转动，将清洗液加压，通过输液管和喷嘴喷洒到风窗玻璃表面；同时，电动刮水器低速运行，以改善清洗效果。

有些高档汽车还配有前照灯自动清洗装置(图 8.13)，平时隐藏在保险杠里，使用时喷头自动伸出并向前照灯喷出清洗液，以确保前照灯光线良好，驾驶人视野清晰。

图 8.13 前照灯自动清洗装置

4. 风窗清洗装置的常见故障诊断与排除

风窗玻璃清洗装置的常见故障分为所有喷嘴均不工作和个别喷嘴不工作两种情况。

(1) 故障原因：电动机或开关损坏、电路断路、清洗液液面过低或连接管脱落、喷嘴堵塞。

(2) 诊断步骤：如果所有喷嘴均不工作，则应首先检查清洗液液面和连接管是否正常；然后检查电动机搭铁线和电源线有无断路、松脱；最后检查清洗开关和电动机是否正常。如果个别喷嘴不工作，则一般是喷嘴堵塞所致。

8.1.3 风窗除霜(雾)装置

1. 风窗除霜(雾)装置的作用

在较冷的季节，有雨、雪或雾的天气，空气中的水蒸气会在冷的风窗玻璃上凝结成细小的水滴，甚至结冰，从而影响驾驶人的视野。为了防止水蒸气在风窗玻璃上凝结，一般汽车上都设置风窗除霜(雾)装置，需要时可以对风窗玻璃进行加热。

2. 风窗除霜(雾)装置的结构和工作原理

在装有空调或暖风装置的汽车上，可以通过风道向前面及侧面风窗玻璃吹热风以加热风窗玻璃，防止水蒸气凝结。对后风窗玻璃的除霜，常常是利用电热丝加热实现的。如图 8.14 所示，在后风窗玻璃内表面均匀间隔地镀有数条很窄的导电膜，形成电热丝，在需要时接通电路，即可对后风窗玻璃进行加热。这种后风窗玻璃除霜装置功率为 50～100W，在乘用车上应用很广泛。

3. 风窗除霜(雾)装置的常见故障诊断与排除

风窗玻璃除霜(雾)装置的常见故障是其不工作。

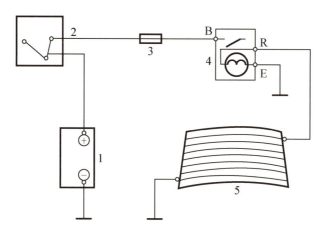

1—蓄电池；2—点火开关；3—熔断器；4—除霜（雾）器开关及指示灯；5—除霜（雾）器(电热丝)。

图8.14　后风窗玻璃的风窗除霜(雾)装置

(1) 故障原因：熔断器或控制电路断路、电热丝或开关损坏。

(2) 诊断步骤：首先检查熔断器是否正常；然后将开关接通后检查电热丝电源侧电压是否正常。如果电压为零或低于电源电压，应检查开关和电源电路；否则检查电热丝是否断路。若电热丝断路，则可用润滑脂清理加热丝端部，并用蜡和硅脱膜剂清理电热丝断头，再用专用修理剂修补，将断点处连接起来，保持适当时间后即可使用。

8.2　电动辅助装置

为了减轻驾驶人和乘客的劳动强度，提高舒适性和操作方便性，汽车上应用的电动辅助装置越来越多，应用广泛的有电动车窗、电动天窗、电动座椅、电动门锁、感应式电动尾门、电动后视镜等。

8.2.1　电动车窗

【拓展图文】

【拓展视频】

1. 电动车窗的作用

电动车窗(也称自动车窗)利用电动机驱动玻璃升降器(又称换向器)实现车窗的升降。

2. 电动车窗的结构

电动车窗主要由玻璃升降器、电动机、开关等组成。

玻璃升降器有两种。一种是用齿扇来实现换向作用的电动车窗齿扇式升降器，如图8.15所示，齿扇上连有螺旋弹簧。当车窗上升时，弹簧伸展，释放能量，以减轻电动机负荷；当车窗下降时，弹簧压缩，吸收能量，从而使车窗无论是上升还是下降，电动机的负荷都基本相同。另一种是用柔性齿条和小齿轮来实现换向作用的电动车窗齿条式升降器，如图8.16所示，车窗玻璃连在柔性齿条的一端，电动机带动轴端小齿轮转动，使柔性齿条移动，以控制车窗升降。

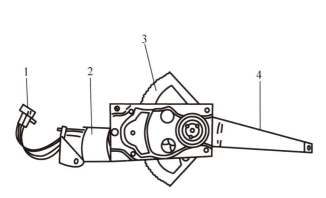
1—电线接头；2—电动机；
3—齿扇；4—推力杆（用于推动车窗玻璃）。

图 8.15　电动车窗齿扇式升降器

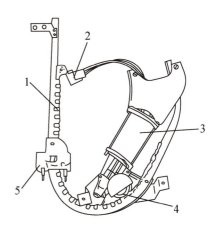
1—柔性齿条；2—电线接头；3—电动机；
4—小齿轮；5—定位架。

图 8.16　电动车窗齿条式升降器

3. 电动车窗的工作原理

不同汽车所采用的电动车窗电路不同，按电动机类型可分为永磁式电动机的电动车窗电路和双绕组串励式电动机的电动车窗电路两种。

采用永磁式电动机时，电动机不直接搭铁，电动机的搭铁受开关控制，通过改变电动机的电流方向改变电动机的转向，从而实现车窗升降，采用永磁式电动机的电动车窗电路如图 8.17 所示。

采用双绕组串励式电动机时，电动机一端直接搭铁，电动机有两组磁场绕组，通过接通不同的磁场绕组改变电动机的转向，从而实现车窗的升降，采用双绕组串励式电动机的电动车窗电路如图 8.18 所示。

在电动车窗电路中，一般都设有驾驶人集中控制的主控开关和每个车窗的独立控制开关，每个车窗的控制开关可由乘员自己操作。但是，有些汽车的主控开关备有安全开关，可以切断其他各车窗的电源，使其他各车窗的控制开关不起作用，这个开关只能由驾驶人操作。

采用永磁式电动机时，因为开关既控制电动机的电源线，又控制电动机的搭铁线，所以开关结构和电路比较复杂。但是，永磁式电动机结构简单，采用永磁式电动机的电动车窗应用比较广泛。

图 8.19 和图 8.20 以采用永磁式电动机的电动车窗为例，标出了驾驶人和乘员分别操作使右前车窗下降时的电流方向。驾驶人控制的主控开关中的右前车窗开关，在其"下"的位置时，右前车窗电动机的一端通过主控开关与搭铁断开后接电源而通电转动，使右前车窗向下运动。乘员控制右前车窗的独立控制开关，在其"下"的位置时，右前车窗电动机的一端通过独立操作开关与搭铁断开后接电源而通电转动，使右前车窗向下运动。

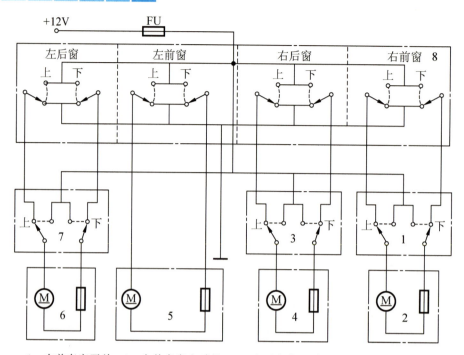

1—右前车窗开关；2—右前车窗电动机；3—右后车窗开关；4—右后车窗电动机；
5—左前车窗电动机；6—左后车窗电动机；7—左后车窗开关；8—驾驶人主控开关组件。

图 8.17　采用永磁式电动机的电动车窗电路

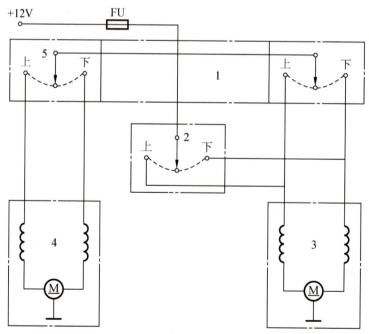

1—驾驶人主控开关组件；2—右前车窗开关；3—右前车窗电动机；4—左前车窗电动机；5—左前车窗开关。

图 8.18　采用双绕组串励式电动机的电动车窗电路

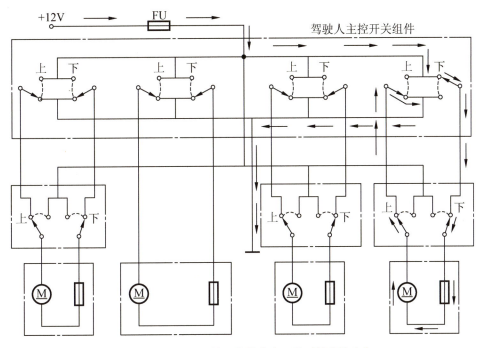

图 8.19　主控开关控制右前车窗下降时的电流方向

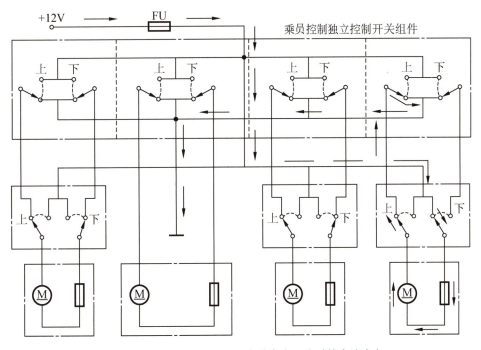

图 8.20　独立控制开关控制右前车窗下降时的电流方向

4. 电动车窗的常见故障诊断与排除

电动车窗的常见故障有所有车窗均不能升降、部分车窗不能升降或只能一个方向运动。

（1）所有车窗均不能升降。

① 故障原因：熔断器断路，连接导线断路，有关继电器、开关损坏，电动机损坏，搭铁点锈蚀、松动。

② 诊断步骤：首先检查熔断器是否断路，若熔断器良好，则应将点火开关接通，然后检查有关继电器和开关火线接线柱上的电压是否正常，若电压为零，则应检查电源电路；若电压正常，则应检查搭铁线是否良好。搭铁不良时，应清洁并紧固搭铁线；若搭铁良好，则应对继电器、开关和电动机进行检测。

(2) 部分车窗不能升降或只能朝一个方向运动。

① 故障原因：该车窗按键开关损坏、该车窗电动机损坏、连接导线断路、安全开关故障。

② 诊断步骤：如果车窗不能升降，首先检查安全开关是否工作，该车窗的按键开关工作是否正常；然后通电检查该车窗的电动机正反转是否运转稳定。若有故障，则应检修或更换新件；若正常，则应检修连接导线。如果车窗只能朝一个方向运动，一般是按键开关故障或部分导线断路或接错所致，可以先检查导线连接是否正常，再检查按键开关。

8.2.2 电动天窗

电动天窗也称太阳车顶或电动车顶，是汽车移动式车顶的一种，即在车厢顶部可以打开或关闭部分车顶，以改善车厢内的采光、通风和换气。

1. 电动天窗的结构

电动天窗主要由天窗组件、滑动机构、驱动机构、开关和控制器等组成，如图 8.21 所示。

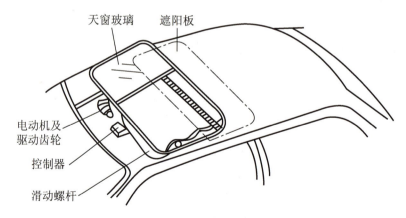

图 8.21 电动天窗的结构

(1) 天窗组件。

电动天窗的天窗组件主要由天窗玻璃、遮阳板组成，以实现车厢内的采光、通风、换气及遮挡阳光。

(2) 滑动机构。

如图 8.22 所示，电动天窗的滑动机构主要由导向杆、导向销钉、导向槽、连杆、托架（负责托举天窗玻璃）、前枕座和后枕座等组成。

滑动机构接收滑动螺杆传来的动力，后枕座和连杆驱使导向销钉在托架内事先设计好

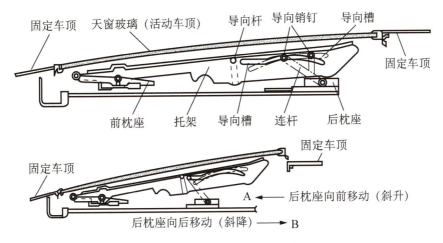

图 8.22 电动天窗的滑动机构

的、几何形状固定的导向槽内,沿着导向槽的轨迹滑动,从而驱动托架,举托天窗玻璃(活动车顶)运动,实现天窗的开启、关闭等动作。

① 倾斜上升(斜升)。当后枕座向前移动时,导向销钉也沿导向槽向前滑动,连杆沿 A 方向移动,从而推举车顶玻璃,实现天窗斜升。

② 倾斜下降(斜降)。当后枕座沿 B 方向向后移动时,导向销钉沿导向槽向后滑动,连杆沿 B 方向移动,从而降下车顶玻璃,实现天窗斜降。此工作完成之后,天窗玻璃可常规滑动开启。

(3)驱动机构。

如图 8.23 所示,电动天窗的驱动机构主要由永磁式直流电动机和传动机构等组成。

① 永磁式直流电动机。永磁式直流电动机通过传动机构为天窗的开启和关闭提供动力。永磁式直流电动机能双向转动,即通过改变电流的方向来改变永磁式直流电动机的旋转方向,从而实现天窗的开启或关闭。

② 传动机构。传动机构主要由蜗轮蜗杆传动机构、中间齿轮传动机构(主动中间齿轮、过渡中间齿轮)和驱动齿轮等组成。齿轮传动

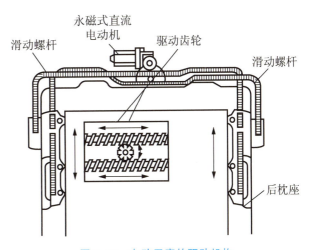

图 8.23 电动天窗的驱动机构

机构接收永磁式直流电动机的动力,经减速、增矩后将动力传给滑动螺杆,以实现天窗的开启或关闭;同时将动力传给凸轮,凸轮顶动限位开关,使限位开关的触点闭合或断开。主动中间齿轮与蜗轮固定安装在同一轴上,并与蜗轮同步转动;过渡中间齿轮与驱动齿轮固定安装在同一输出轴上,由主动中间齿轮驱动,使驱动齿轮带动天窗玻璃开启或关闭。

（4）开关。

电动天窗的开启或关闭由控制开关和限位开关控制。

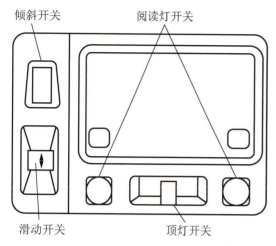

图 8.24 电动天窗的控制开关

① 控制开关。电动车窗的控制开关如图 8.24 所示，因控制开关布置在汽车顶部驾驶人触手可及的地方，故也称车顶开关。控制开关主要包括滑动开关和倾斜开关。滑动开关具有滑动开启、滑动关闭和断开（中间位置）三个挡位。倾斜开关具有倾斜上升（斜升）、倾斜下降（斜降）和断开（中间位置）三个挡位。操作这些开关，天窗驱动机构的永磁式直流电动机正反转动，使天窗呈现不同的状态。

② 限位开关。限位开关（行程开关）主要用来检测天窗位置。限位开关靠凸轮转动来实现触点的闭合或断开。凸轮安装在驱动机构的动力输出端，当永磁式直流电动机输出动力时，通过驱动齿轮和滑动螺杆减速、增矩后，驱动凸轮转动。于是，凸轮周缘的凸起部位顶动限位开关，使其触点闭合或断开，进而实现对天窗的自动控制。

电动天窗系统有两个限位开关（限位开关 1 和限位开关 2）。限位开关 1 用来检测车顶玻璃停止的位置，即在全关闭位置前约 200mm 处和在斜降过程中的全关闭位置；限位开关 2 用来检测车顶玻璃在滑动过程中的全关闭位置。

限位开关、控制开关与永磁式直流电动机工作状态的逻辑关系见表 8-1。

表 8-1 限位开关、控制开关与永磁式直流电动机工作状态的逻辑关系

天窗玻璃（活动车顶）的位置		斜升/斜降 ←倾斜期间→	暂停位置 ←暂停→	全部关闭 ←滑动期间→	暂停位置 ←暂停→	全部开启 ←滑动期间→
限位开关1 ON/OFF						
限位开关2 ON/OFF						
控制开关	滑动开关 开启	×	○	○	○	○
	滑动开关 关闭	×	×	○	○	○
	倾斜开关 斜升	○	○	×	×	×
	倾斜开关 斜降	○	×	×	×	×

注：○ 表示工作；× 表示不工作；ON 表示限位开关的触点闭合；OFF 表示限位开关的触点断开。

（5）控制器。

控制器是一个数字逻辑电路（与非门逻辑电路），内部设有定时器、蜂鸣器和继电器

等，其作用是接收开关输入的信号，通过数字电路进行逻辑运算，确定继电器的动作（继电器的触点闭合或断开），以控制天窗的开启或关闭。

2. 电动天窗的工作原理

电动天窗的工作原理如图 8.25 所示。

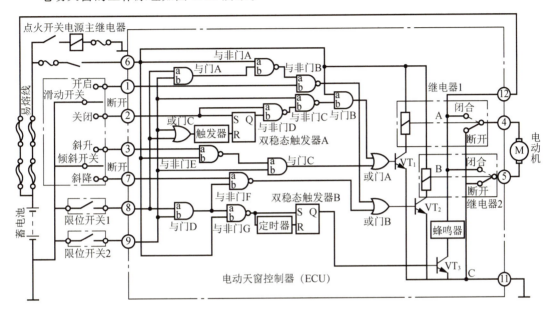

图 8.25　电动天窗的工作原理

（1）天窗滑动开启。

当天窗处于关闭状态时，限位开关 1 和限位开关 2 的触点均处于 ON（闭合）状态。当点火开关处于 ON（闭合）状态时，若将滑动开关推向开启一侧，则天窗控制器内部的逻辑电路使功率晶体管 VT_1 截止，继电器 1 的线圈失电，其受控触点断开；功率晶体管 VT_2 导通，继电器 2 的线圈得电，其受控触点闭合，电路为：蓄电池正极→易熔线→天窗控制器 12 端子→A 接点→B 接点→天窗控制器 5 端子→电动机→天窗控制器 4 端子→C 接点→天窗控制器 11 端子→搭铁。电动机正转，驱动天窗滑动开启。

滑动开关开启期间，功率晶体管 VT_2 保持导通状态。但天窗全部开启后，如果滑动开关仍保持在开启状态，则在电动机内部电流断路器的作用下，电动机电流自行切断，天窗停止在全部开启状态。

（2）天窗滑动关闭。

当天窗处于全部开启状态时，限位开关 1 和限位开关 2 的触点均处于 ON（闭合）状态。当点火开关处于闭合状态时，若将滑动开关推向关闭一侧，则天窗控制器内部的逻辑电路使功率晶体管 VT_2 截止，继电器 2 的线圈失电，其受控触点断开；功率晶体管 VT_1 导通，继电器 1 的线圈得电，其受控触点闭合，电路为：蓄电池正极→易熔线→天窗控制器 12 端子→A 接点→天窗控制器 4 端子→电动机→天窗控制器 5 端子→C 接点→天窗控制器 11 端子→搭铁。电动机反转，驱动天窗滑动关闭。

即使滑动开关仍为关闭状态，当天窗运行到距离全部关闭位置前约 200mm 时，限位开关 1 也会在凸轮的作用下，由 ON（闭合）状态转变为 OFF（断开）状态，天窗控制器内部的逻辑电路使功率晶体管 VT_1 和 VT_2 均截止，继电器 1 和继电器 2 的线圈均失电，其受控触点均断开，电动机失去电源，停止工作。于是，天窗在距离全部关闭位置前约 200mm 处停止运行，即处于暂停状态。

如果想从这个暂停位置将天窗进一步关闭，驾驶人必须先将滑动开关拨到断开位置，再将滑动开关推至关闭一侧。此后，天窗控制器内部的逻辑电路使电动机反转，继续进行关闭天窗动作。

天窗运行到完全关闭位置后，限位开关 2 的触点会在凸轮的作用下，由 ON（闭合）状态转变为 OFF（断开）状态。天窗控制器内部的逻辑电路使电动机失去电源，电动机停止工作。于是，天窗停止在完全关闭的位置。

设计上述"距离全部关闭位置前约 200mm 处暂停"的功能是为了确保天窗关闭时的操作安全性。

（3）天窗倾斜上升。

在天窗处于完全关闭状态下，限位开关 2 的触点处于 OFF（断开）状态。若驾驶人倾斜开关推向斜升一侧，则天窗控制器内部的逻辑电路使功率晶体管 VT_1 导通，电动机反转，推动后枕座向前移动，即沿 A 方向移动（参见图 8.22），从而推举天窗，实现天窗倾斜上升。

若天窗倾斜上升到最高点（极限位置）后，倾斜开关仍保持斜升状态，则在电动机内部电流断路器的作用下，电动机的电流自行切断，天窗停止在倾斜上升的最高点（极限位置）处并保持不动。

（4）天窗倾斜下降。

在倾斜上升的情况下，限位开关 1 和限位开关 2 的触点均处于 OFF（断开）状态。若驾驶人将倾斜开关推向斜降一侧，则天窗控制器内部的逻辑电路使功率晶体管 VT_2 导通，电动机正转，推动后枕座向后移动，即沿 B 方向移动（参见图 8.22），从而实现天窗倾斜下降。

当天窗下降到完全关闭位置时，限位开关 1 的触点由 OFF（断开）状态转变为 ON（闭合）状态，天窗控制器内部的逻辑电路使功率晶体管 VT_2 截止，电动机失电。于是，天窗停止在倾斜下降的最低点（极限位置）处并保持不动。

（5）保护提醒。

当天窗已经处于倾斜开启状态（两个限位开关的触点均处于 OFF 状态）时，若驾驶人将点火开关转至 ACC 或 OFF 位置时，则天窗控制器内部的逻辑电路会驱动蜂鸣器发出报警声，以提醒驾驶人注意——天窗仍处于倾斜开启状态，如果驾驶人要离车而去，则应及时将天窗关闭。

8.2.3　电动座椅

【拓展视频】

1. 电动座椅的作用

电动座椅又称自动座椅，即用电动机调整的座椅。它不仅可以满足驾驶人多种坐姿的操作和安全要求，而且可以满足乘员对舒适性的要求。

2. 电动座椅的结构

电动座椅由座椅开关、电动机、控制装置、传动机械和执行机构等组成。

3. 电动座椅的工作原理

电动座椅一般使用三个电动机实现座椅六个不同方向（上、下、前、后、前倾、后倾）的位置调整。三个电动机分别称为前高度调整电动机、后高度调整电动机与前后移动电动机。用这三个电动机控制座椅前部高度、后部高度及座椅的前后位移，从而实现座椅位置的调整。电动座椅的工作原理如图 8.26 所示。

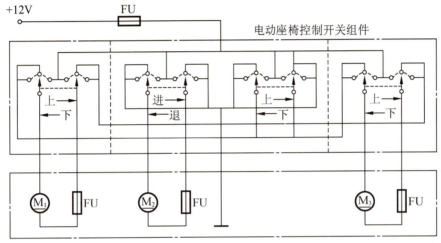

图 8.26　电动座椅的工作原理

座椅开关通过控制电动机的搭铁和电源，使三个电动机按所需方向旋转。

当座椅开关置于上或下的位置时，前高度调整电动机 M_1 与后高度调整电动机 M_3 同时旋转；当座椅开关位于前倾或后倾位置时，只有一个高度电动机旋转；如果座椅开关位于前移或后退的位置时，前后移动电动机 M_2 旋转。

图 8.27 所示为电动座椅前方上升时的电流方向示意图。控制座椅后方上升和下降的操作方法与控制座椅前方上升和下降的方法类似。

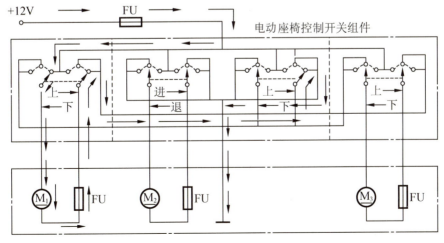

图 8.27　电动座椅前方上升时的电流方向示意图

有些乘用车的电动座椅设有存储器，具有存储功能。 通过每个座椅的位置传感器（电位器）来反映座椅的调整位置，座椅的位置固定后，驾驶人按下存储器上相应的按钮，存储器就将位置传感器的信息存储起来，作为以后自动调整的依据。需要时，只要按存储器相应的按钮，ECU就能按储存的各座椅的位置信息自动调整座椅到适当的位置。图8.28所示为具有存储功能的电动座椅示意图。

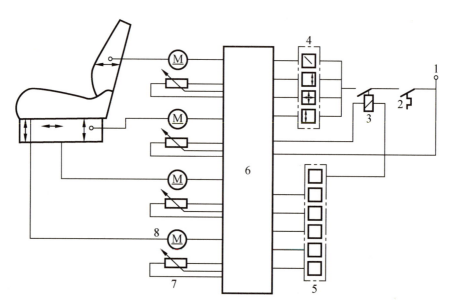

1—接蓄电池；2—热过载保护；3—主继电器；4—手动调整开关；
5—存储器操作开关；6—ECU；7—位置传感器；8—电动机。

图8.28 具有存储功能的电动座椅示意图

有些汽车的乘客座椅也具有上述相似的控制系统，一般有四个移动方向，分别是前进、后退、前方上升、前方下降，通过两个电动机就可以实现调整。

4. 电动座椅的实例

丰田Lexus400电动座椅分不带存储功能和带存储功能两种电路，分别如图8.29和图8.30所示。

凌志LS400电动座椅不仅有滑动电动机（前后移动电动机）、前垂直电动机（前高度调整电动机）和后垂直电动机（后高度调整电动机），而且增加了调节椅背倾斜角度的倾斜电动机和调节腰垫位置的腰垫电动机，进一步改善椅背的舒适性；每个电动机内部都设有热保护触头，以防电动机过载损坏；带存储功能的电动座椅由专门的ECU控制，滑动电动机、前垂直电动机、后垂直电动机、倾斜电动机和腰垫电动机都有各自的位置传感器，以便存储相应的位置信息；头枕电动机无位置传感器，不能存储信息。

有些制造厂用可调的支撑气垫调整驾驶人的坐姿，使驾驶人感觉更加舒适和安全，可调整坐姿的电动座椅如图8.31所示。

5. 电动座椅的常见故障诊断与排除

电动座椅常见故障有电动座椅完全不动作或其某个方向不能工作。

安全与舒适系统 第8章

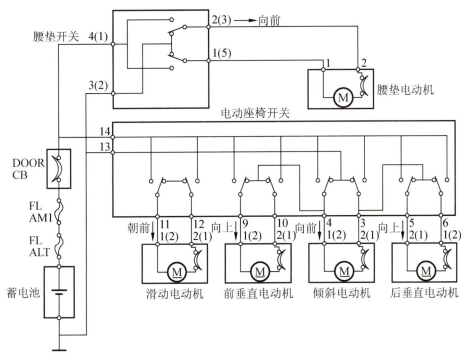

（ ）内的数字适用于 RHD 汽车

图 8.29　丰田 Lexus400 电动座椅电路（不带存储功能）

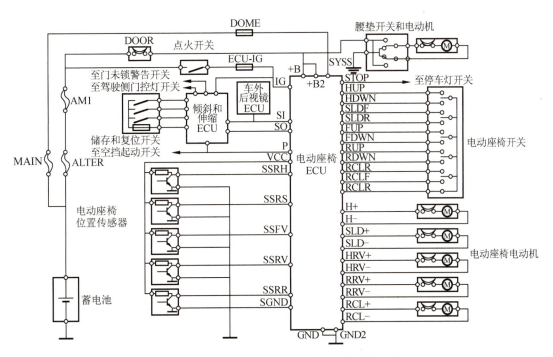

图 8.30　丰田 Lexus400 电动座椅电路（带存储功能）

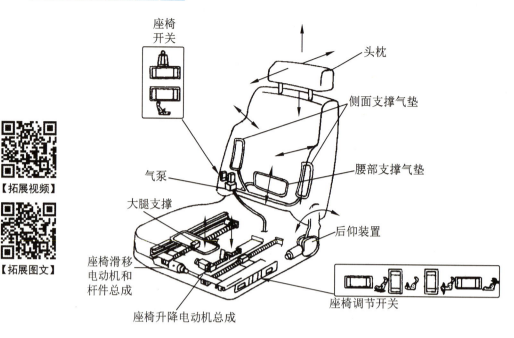

图 8.31 可调整坐姿的电动座椅

（1）电动座椅完全不动作。

① 故障原因：熔断器断路、导线断路、座椅开关有故障等。

② 故障诊断与排除：首先检查熔断器是否断路，若熔断器良好，则应检查导线连接是否正常；然后检查开关。对于有存储功能的电动座椅，还应检查 ECU 的电源电路和搭铁线是否正常，若开关、导线等都正常，则应检查 ECU。

（2）电动座椅某个方向不能工作。

① 故障原因：该方向对应的电动机损坏，开关、连接导线断路。

② 故障诊断与排除：先检查导线是否正常，再检查开关和电动机。

8.2.4 电动门锁

1. 电动门锁的作用、结构及工作原理

（1）电动门锁的作用。

电动门锁借助电动机（或电磁铁）使车门锁住或打开。

（2）电动门锁的结构。

电动门锁由门锁开关、电动机（或电磁铁）、传动机构和执行机构等组成。

（3）电动门锁的工作原理。

不同汽车电动门锁的功能和控制电路不同。有些汽车的电动门锁开关由门锁杆操作；有些汽车采用独立开关；有些汽车有多个集中控制的电动门锁开关，驾驶人或乘员可以把所有的车门锁住或打开；有些汽车则有一个集中控制的电动门锁开关和多个单独控制的门锁开关，驾驶人可以操作集中控制的电动门锁开关，把所有的车门锁住或打开，乘员只能操作单独的门锁开关，把对应的车门锁住或打开。其中，集中控制的电动门锁开关通常安装在驾驶人车门和前排乘员车门上；单独控制的门锁开关通常安装在相应的车门上。

图 8.32 所示为电动门锁电路。驾驶人或乘员利用电动门锁开关可以接通或断开电动门锁继电器,电动门锁继电器包括锁定继电器和开锁继电器。

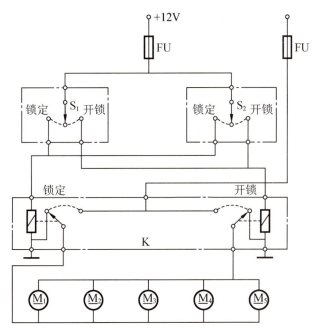

S_1—左前电动门锁开关;S_2—右前电动门锁开关;K—电动门锁继电器;M_1—尾门锁电动机;
M_2—左后门锁电动机;M_3—左前门锁电动机;M_4—右前门锁电动机;
M_5—右后门锁电动机;FU—熔断器。

图 8.32 电动门锁电路

电动门锁开关都不接通时,所有电动机两端都通过电动门锁继电器直接搭铁,电动机不转;电动门锁开关接通(开锁或锁定)时,一个电动门锁继电器通电,使电动机一端不再搭铁,而与电源接通,使电动机通过两个电动门锁继电器和电源形成回路而通电运转。不同的电动门锁继电器工作,可以改变电动机中电流的方向,使电动门锁电动机的转向改变,从而实现电动门锁的开锁和锁定。

图 8.33 所示为电动门锁开关在锁定位置时的电流方向。将电动门锁开关置于锁定位置时,电源通过电动门锁开关给锁定继电器线圈供电,继电器动作,其动断触点断开、动合触点闭合,电动机一端经该触点与电源接通,另一端经开锁继电器动断触点接地,电动机旋转将各车门锁住。当电动门锁开关断开电源(开关放在中间位置)时,锁定继电器释放。

当电动门锁开关在开锁位置时,开锁继电器线圈有电,继电器吸合,其动断触点断开、动合触点闭合,电动机一端经该触点与电源接通,另一端经锁定继电器动断触点接地,电动机中的电流方向与图 8.33 所示的电流方向相反,电动机反向旋转把电动门锁打开。当电动门锁开关在中间位置时,开锁继电器释放。

2. 集中控制电动门锁

集中控制电动门锁开关(左前门上的电动门锁提钮)由驾驶人控制,驾驶人可以通过按

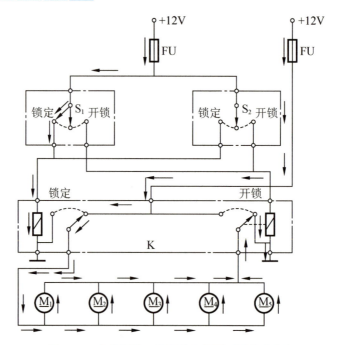

图 8.33　电动门锁开关在锁定位置时的电流方向

下或提起左前门上的电动门锁提钮或操作该车门上的电动门锁钥匙对四个车门电动门锁集中控制,把所有的车门锁定或开启;乘员只能操作单独的电动门锁开关(右前、右后和左后车门上的电动门锁提钮)以开启或锁定相应车门的电动门锁。

集中控制电动门锁电路如图 8.34 所示,V_{30}、V_{31}、V_{32} 分别为右前门锁电动机、左后门锁电动机、右后门锁电动机,J_{53} 为包含集中控制开关(点画线框内中右部的两位两掷开关)的集中控制继电器。

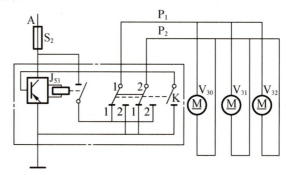

图 8.34　集中控制电动门锁电路

集中控制电动门锁的集中控制过程如下。

(1) 电动门锁锁定过程。在压下左前门电动门锁提钮使集中控制开关第 2 位接通的过程中,集中控制开关的附带触点 K 短暂闭合,从而使集中控制继电器 J_{53} 的触点闭合,接通电动门锁电动机电路,电动机反转,带动各电动门锁锁定。电路为:A 路电源→熔断器 S_2→J_{53} 的闭合触点→集中控制开关第 2 掷第 2 位→P_2→电动机 V_{30}、V_{31}、V_{32}→P_1→集中控制开关第 1 掷第 2 位→搭铁→电源负极。此时,集中控制继电器 J_{53} 控制其触点闭合 1~

2s 后断开，切断 A 路电源与电动机的通路，电动机停转，使电动门锁保持锁定状态。

（2）电动门锁开启过程。将左前门电动门锁提钮提起，使集中控制开关第 2 位触点断开，第 1 位触点闭合。在电动门锁提钮被提起的过程中，触点 K 短暂闭合，从而使集中控制继电器 J_{53} 的触点再次闭合。电路为：A 路电源→熔断器 S_2→J_{53} 的闭合触点→集中控制开关第 1 挪第 1 位→P_1→电动机 V_{30}、V_{31}、V_{32}→P_2→集中控制开关第 2 挪第 1 位→搭铁→电源负极。加在电动机上的电源极性改变，电动机 V_{30}、V_{31}、V_{32} 正转，带动电动门锁开启。集中控制继电器 J_{53} 控制其触点闭合 1～2s 后断开，切断 A 路电源与电动机的通路，电动机停转，使电动门锁保持开启状态。

3. 电动门锁的常见故障诊断与排除

电动门锁的常见故障有所有电动门锁均不工作和部分电动门锁不工作两种情况。

（1）所有电动门锁都不能工作。

① 故障原因：熔断器断路、继电器故障、门控开关触点烧蚀、搭铁点锈蚀或松动、连接导线断路。

② 故障诊断与排除：首先检查熔断器是否断路，若熔断器良好，则应将门控开关接通，然后检查电动机接线柱上的电压是否正常，若电压为零，则应检查继电器和电源电路；若电压正常，则应检查搭铁线是否良好。搭铁不良时，应清洁并紧固搭铁线；若搭铁良好，则应对开关和电动机进行检测。

（2）部分电动门锁不工作。

① 故障原因：该门锁电动机损坏或对应开关、连接导线断路。

② 故障诊断与排除：先检查电路是否正常，再检查对应开关和电动机。

4. 中央控制电动门锁

中央控制电动门锁简称中控门锁，是指利用 ECU 对汽车锁门、开门进行控制和完成其他功能的系统。驾驶人可以锁定或开启所有车门，乘员可以利用各车门的机械式弹簧锁锁定或开启车门。

（1）中控门锁的作用。

① 根据汽车的状态等控制车门，同时开启或锁定电动门锁。

② 控制、打开后备箱盖。

③ 控制、打开顶灯、中控台各操作键照明灯及电动门锁照明灯。

有些中控门锁还具有自动锁门（当行驶速度超过某一限值而驾驶人忘记锁门时，中控门锁自动锁定车门）、防盗锁定、防止钥匙锁入车内和遥控门锁等功能。

（2）中控门锁的结构。

中控门锁主要由门锁总成、门锁控制开关、钥匙开关、ECU、门锁电动机和位置开关等组成，其结构如图 8.35 所示。

有遥控功能的中控门锁还包括遥控器，图 8.36 所示为典型的中控门锁遥控器。

（3）中控门锁的工作原理。

电动门锁 ECU 根据钥匙开关、电动门锁控制开关的位置及车速传感器的信号发出锁门或开门指令，通过电动机或电动门锁继电器实现锁门或开门。

若驾驶人未从点火开关中拔出钥匙便锁车门，则电动门锁 ECU 根据钥匙开关提供的信号自动开锁，使所有车门门锁都打开。

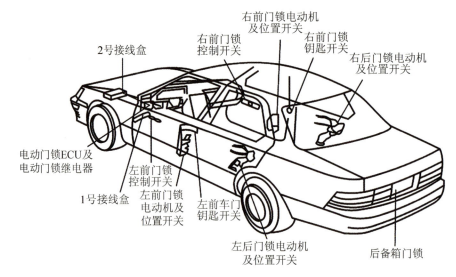

图 8.35 中控门锁的结构

最简单的中控门锁遥控器就是一个发射器，其以电磁波的形式发出开门、锁门等指令。汽车天线接收遥控器电波后，将其输送到电动门锁 ECU，电动门锁 ECU 先确定遥控器，再做出指令，通过执行器实现相应操作。

图 8.36 典型的中控门锁遥控器

8.2.5 感应式电动尾门

1. 感应式电动尾门的作用

感应式电动尾门也称"一脚踢"式后备箱尾门。在汽车后部保险杠的下方装有传感器，当驾驶人随身携带汽车钥匙靠近车尾，并用脚部轻扫传感器的感应区域时，尾门会自动打开，省去了驾驶人拿出钥匙并用钥匙打开后备箱尾门的操作，大大提高了操作舒适性和便捷性。

2. 感应式电动尾门的操作流程

感应式电动尾门的操作流程如图 8.37 至图 8.39 所示。

3. 感应式电动尾门的工作原理

装备感应式电动尾门的车型很多，如 2023 款长安逸达、2024 款领克 01、2024 款北京汽车 BJ30 全系车型等。不同车型的感应式电动尾门的结构略有区别，但工作原理都是相似的。

图 8.37 踢腿（朝保险杠下方做出踢腿动作）

图 8.38 尾门自动打开（便于放置物品）

图 8.39 再踢一腿（尾门关闭）

感应式电动尾门正常工作的前提条件是驾驶人靠近汽车尾门,并且身上携带汽车的合法钥匙。汽车防盗系统借此判断驾驶人是否为合法车主。

感应式电动尾门的结构如图 8.40 所示。两个小腿动作传感器用于检测驾驶人小腿的动作,脚部动作传感器及 ECU 用于检测驾驶人的脚部动作。

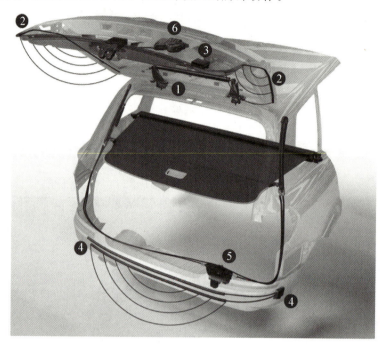

1—电动机;2—夹紧传感器;3—尾门 ECU;4—小腿动作传感器;
5—脚部动作传感器及 ECU;6—最终 ECU。

图 8.40 感应式电动尾门的结构

当驾驶人靠近汽车尾门,并向保险杠底部做出踢腿动作(图 8.41)时,小腿动作传感器和脚部动作传感器能检测到这一动作,并将驾驶人的踢腿动作转变成电信号传送给尾门 ECU。尾门 ECU 即发出控制指令,使电动机正向通电工作,打开尾门。

图 8.41 驾驶人做出踢腿动作

当驾驶人放置好物品，再次做出踢腿动作（或驾驶人按下尾门内门板上的尾门关闭按钮，如图 8.42 所示）时，尾门 ECU 发出控制指令，使电动机反向通电工作，关闭尾门。

图 8.42　尾门关闭按钮

如果在关闭尾门的过程中，夹紧传感器检测到有异物卡在尾门与门框之间，则尾门 ECU 及时发出指令，终止关门动作，并重新打开尾门。

8.2.6　电动后视镜

1. 电动后视镜的作用、结构及工作原理

（1）电动后视镜的作用。

电动后视镜可以使驾驶人通过电动机随意调节后视镜的后视角度。某些高档汽车的电动后视镜还具有自动折叠功能。

（2）电动后视镜的结构。

电动后视镜由调整开关、电动机、传动机构和执行机构等组成。

（3）电动后视镜的工作原理。

电动后视镜的工作原理如图 8.43 所示。

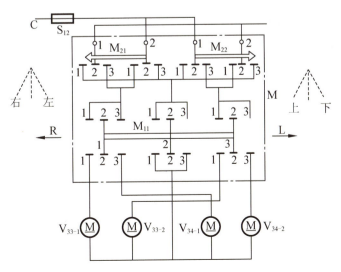

【拓展视频】

图 8.43　电动后视镜的工作原理

图 8.43 中，C 是受点火开关控制的电源线，1、3 是搭铁线。电动机 V_{33-1} 调整右外侧后视镜的左右摇摆角度；V_{33-2} 调整右外侧后视镜的上下摇摆角度；V_{34-1} 调整左外侧后视镜的左右摇摆角度；V_{34-2} 调整左外侧后视镜的上下摇摆角度，所有电动机均由组合开关 M 控制，该开关既可旋动，又可上下、左右拨动。将组合开关 M 分为三个具有独立控制功能的子开关 M_{11}、M_{21}、M_{22}，接通点火开关后，可根据需要操作组合开关 M 进行调整，调整方法如下。

① 左外侧后视镜上下角度的调整。将组合开关旋钮旋向 L(左) 位置，开关 M_{11} 的第 3 位接通，左外侧后视镜被选中。此时，如果向上拨动组合开关 M 的旋钮，则子开关 M_{22} 的第 1 位接通，电动机 V_{34-2} 的电枢电流从下方流入、上方流出，后视镜向上摆动，电路为：C 路电源→熔断器 S_{12}→M_{22} 的第 1 掷第 1 位→M_{11} 的第 2 掷第 3 位→电动机 V_{34-2}→M_{11} 的第 3 掷第 3 位→M_{22} 的第 2 掷第 1 位→搭铁→电源负极。如果向下拨动组合开关 M 的旋钮，则子开关 M_{22} 的第 3 位接通，电动机 V_{34-2} 的电枢电流从上方流入、下方流出，后视镜向下摆动，电路为：C 路电源→熔断器 S_{12}→M_{22} 的第 1 掷第 3 位→M_{11} 的第 3 掷第 3 位→电动机 V_{34-2}→M_{11} 的第 2 掷第 3 位→M_{22} 的第 2 掷第 3 位→搭铁→电源负极。

② 左外侧后视镜左右角度的调整。在组合开关旋钮处于 L(左) 位置的前提下，向左拨动组合开关 M 的旋钮，子开关 M_{21} 的第 3 位接通，电动机 V_{34-1} 电枢电流从下方流入、上方流出，电动机旋转带动左外侧后视镜向左摆动，电路为：C 路电源→熔断器 S_{12}→M_{21} 的第 2 掷第 3 位→M_{11} 的第 2 掷第 3 位→电动机 V_{34-1}→M_{11} 的第 1 掷第 3 位→M_{21} 的第 1 掷第 3 位→搭铁→电源负极。当向右拨动组合开关 M 的旋钮时，子开关 M_{21} 的第 1 位接通，电动机 V_{34-1} 电枢电流从上方流入、下方流出，电动机旋转方向改变，从而带动左外侧后视镜向右摆动，电路为：C 路电源→熔断器 S_{12}→M_{21} 的第 2 掷第 1 位→M_{11} 的第 1 掷第 3 位→电动机 V_{34-1}→M_{11} 的第 2 掷第 3 位→M_{21} 的第 1 掷第 1 位→搭铁→电源负极。

同理，调整右外侧后视镜角度时，将组合开关旋钮旋至 R(右) 位置，左、右拨动组合开关旋钮，可控制电动机 V_{33-1} 电枢电流的方向，带动右外侧后视镜左右摆动；上下拨动组合开关旋钮，可控制电动机 V_{33-2} 电枢电流的方向，带动右外侧后视镜上下摆动。

2. 防眩目后视镜

防眩目后视镜(图 8.44)一般安装在车厢内，由一面特殊镜子、两个光敏二极管及电子控制器组成。

在普通反射平面镜的镜面上铺设一层液晶导电层，可以利用液晶通电改变透光率(变色)的原理降低反射率，从而达到防眩目的目的。

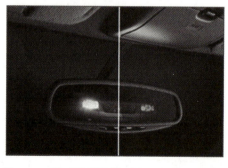

图 8.44 防眩目后视镜(左侧无防眩目功能)

两个光敏二极管分别在后视镜的前面及背面，分别接收汽车前面及后面射来的光线。当后面跟随车辆的前照灯照射在车内后视镜上时，后面的光强于前面的光，此反差被两个光敏二极管感知并向电子控制器输出一个电信号到后视镜导电层上，使后视镜镜面电化层颜色变深，即使再强的光照射在车内后视镜上也不会反射到驾驶人眼睛上，避免眩目。

防眩目后视镜不仅具有防眩目功能，还具有方向指引、温度显示等功能，已成为中、高档乘用车的标准配置。

3. 电动后视镜的常见故障诊断与排除

电动后视镜的常见故障有电动后视镜均不工作和电动后视镜部分功能不正常两种。

（1）故障原因：保险装置及导线断路、开关及电动机有故障等。

（2）如果电动后视镜都不工作，往往是保险装置或电源电路、搭铁电路断路引起的，也可能是控制开关有故障。可以首先检查保险装置是否正常；然后检查控制开关线头有无脱落、松动，电源电路或搭铁电路是否正常；最后检查控制开关。

（3）如果电动后视镜部分功能不正常，往往是个别电动机及控制开关对应部分有故障，或对应电路断路、接触不良等引起的。可以先检查导线连接情况，再检查控制开关和电动机。

复习思考题

1. 简述汽车电动刮水器的作用与工作原理。
2. 简述汽车电动车窗的作用与工作原理。
3. 简述汽车电动座椅的作用与工作原理。
4. 简述汽车电动门锁的作用与工作原理。

【在线答题】

第 9 章　汽车电路分析

教学提示

汽车电路是所有汽车电气设备构成的综合性网络,其复杂程度因车而异。掌握汽车电路的分析方法对汽车电路维修工作有重要意义。

教学要求

本章主要介绍汽车电路的组成、识图、典型汽车电路分析和汽车电路检修,要求学生了解汽车电路的组成和接线规律,熟悉汽车电路的分析方法,掌握汽车电路诊断方法。

9.1　汽车电路的组成

汽车电路是将电源系统、起动系统、点火系统、照明信号系统、仪表信息系统、电子控制装置及辅助电器等,按照各自工作特性和彼此之间的内在联系,通过连接导线、开关、保护装置、继电器、中央接线盒等连接起来的综合性网络。

汽车电路与一般电路一样,也是由电源、负载(用电设备)、连线导线、开关、保护装置等组成的,但其有自身的特点和规律。

9.1.1　连接导线

汽车电气设备的连接导线一般由铜质多丝软线外包绝缘层构成,有低压导线和高压导线两类。低压导线又有普通导线、起动电缆和蓄电池搭铁电缆之分;高压导线又有铜芯导线和阻尼导线之分。

1. 低压导线

为了充分发挥连接导线的作用、降低成本,低压导线的横截面面积有多种规格。

低压导线的横截面面积主要是根据用电设备的工作电流选择的,低压导线的横截面面积与允许载流量的关系见表 9-1。但是,对于功率很小的电器,为保证连接导线的机械强度,低压导线的横截面面积不得小于 $0.5 mm^2$。

表 9-1　低压导线的横截面面积与允许载流量的关系

低压导线的横截面面积/mm^2	0.5	0.8	1.0	1.5	2.5	3.0	4.0	6.0	10	13
允许载流量/A	—	—	11	14	20	22	25	35	50	60

由于连接蓄电池与起动机之间的电缆线和蓄电池搭铁线，每 100A 电流产生的电压降一般为 0.1~0.15V，因此该导线横截面面积要足够大。蓄电池的搭铁线一般是铜丝编织而成的扁形软铜线。

为了便于安装、维修，不同用电设备和同一元件不同接线柱上的低压导线常用不同的颜色区分。我国汽车用低压导线的主色、代号和用途见表 9-2。

表 9-2 我国汽车用低压导线的主色、代号和用途

主色	代号	用途
红	R	电源系统
白	W	点火系统、起动系统
蓝	Bl	雾灯
	G	外部照明信号系统
黄	Y	车身内部照明系统
棕	Br	仪表、警报系统、喇叭系统
紫	V	收音机、点烟器、电子钟等辅助系统
灰	Gr	辅助电气设备的电动机及操作系统
黑	B	搭铁线

在有些电路图中，低压导线上标有符号。该符号由两部分组成：第一部分是阿拉伯数字，表示低压导线的横截面面积（mm²）；第二部分是英文字母，表示低压导线的主色和辅助色（呈轴向条纹状或螺旋状的颜色，图 9.1）。例如，1.5 RB 表示横截面面积为 1.5mm²、带有黑色条纹的红色低压导线。

为了使汽车上繁多的低压导线整齐美观、接线安装方便及保护绝缘层，将同方向的低压导线用塑料带或用棉纱编织带包扎成束，称为线束（图 9.2 和图 9.3）。

图 9.1 低压导线的主色和辅助色

图 9.2 用塑料带包扎的线束

图 9.3 用棉纱编织带包扎的线束

【拓展图文】

在制造厂里按车型设计并制造好线束后，用卡簧或绊钉将其固定在车上的既定部位，其抽头恰好在各电气设备的接线柱附近，安装时按线号装在与其对应的接线柱上。不同车型的线束各不相同，同一车型对应发动机、底盘和车身部分的线束可以有多个，线束在汽车上的布置示意图如图9.4所示。

在汽车上安装线束时应注意：线束应按规定位置、走向铺放，在适当位置用卡簧、绊钉或专用线卡固定牢固，以免松动磨坏；安装时线束不能拉得太紧，尤其要注意在拐弯处，在绕过锐角或穿过孔、洞时，应用专用橡皮或套管保护，否则线束容易磨坏而造成短路、断路等故障，严重时会烧毁线束引起火灾；各接头必须连接牢固、接触良好。

为了提高接线速度、减少接线错误，越来越多的汽车在低压电路中采用插接器（图9.5）。插接器由插头和插座两部分组成，使用场合不同，其形状、脚数不同，颜色也有区别。

【拓展图文】

图9.4　线束在汽车上的布置示意图　　　　图9.5　插接器

如图9.6所示，拆卸插接器时，双手要捏紧插头和插座，并使锁止片张开后再将插头和插座分开，切不可直接硬拉导线，以免造成插头或插座内导线断路或接触不良。插接器端子有故障时，可用小一字螺钉旋具或专用工具从插接器中取出端子和导线，如图9.7所示。

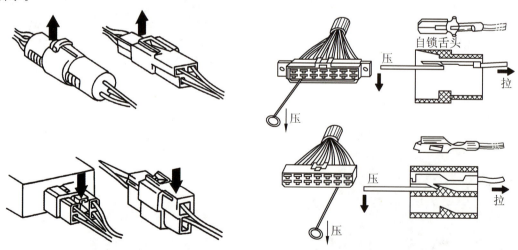

图9.6　拆卸插接器的方法　　　　图9.7　取出插接器端子的方法

插接器接合时，应将其导向槽重叠在一起，使插头与插孔对准再稍用力插入，这样可以使器件十分牢固地连接。插接器的导向槽是插接器连接时为了使其正确定位而设置的凸凹轨。由于导向槽的作用，一对插头、插座一般不可能插错；非成对的插头与插座因其脚数及形状不同，一般也不可能插错。

插头与插座所对应导线的粗细、颜色、符号完全对应，安装时应注意观察。

2. 高压导线

在汽车上使用两种高压导线：一种是汽油发动机汽车点火系统所用的点火高压导线，另一种是 HID 灯专用高压导线。

(1) 点火高压导线。

在汽车点火线圈至火花塞之间的电路使用的点火高压导线(参见图 5.25)，简称高压导线。高压导线用来传送高电压，其工作电压一般大于 15kV；但其通过的电流强度很小，因此点火高压导线的绝缘包层很厚，耐压性能好，线芯横截面面积很小。

高压导线有铜芯导线和阻尼导线等。其中，阻尼导线可抑制和衰减点火系统产生的高频电磁波，降低对无线电设备及电控装置的干扰。因此，阻尼导线在汽车点火系统中广泛使用。

按阻尼导线的制造方法和结构不同，阻尼导线可分为金属阻丝式阻尼导线和塑料芯导线式阻尼导线。金属阻丝式阻尼导线又有金属阻丝线芯式阻尼导线和金属阻丝线绕电阻式阻尼导线两种。金属阻丝线芯式阻尼导线是由金属电阻丝束绕在绝缘线束上，外包绝缘体制成的；金属阻丝线绕电阻式阻尼导线是先由电阻丝绕在耐高温的绝缘体上制成电阻，再外包不同形式的绝缘套制成的。

塑料芯导线式阻尼导线是用塑料和橡胶等材料制成直径为 2mm 的电阻线芯，在其外面紧紧地编织着玻璃纤维，最外面包有高压聚氯乙烯（PVC）塑料或橡胶等绝缘体。这种结构形式的制造过程易实现自动化、成本低且可制成高阻值线芯，应用越来越广泛。

不同车型采用的阻尼导线的阻值不同，在检修或更换时要注意测量。

(2) HID 灯专用高压导线。

HID 灯专用高压导线(图 9.8)采用硅橡胶(绝缘电阻为 200GΩ/cm)绝缘，高压导线标称横截面面积为 $0.59mm^2$，外护套采用热塑性弹性体材料。HID 灯专用高压导线非常柔软，工作环境温度范围很大(−60～+105℃)，可耐 23kV 高电压。

 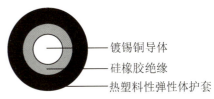

(a) 实物图　　　　　　　　　　　(b) 横截面结构

图 9.8　HID 灯专用高压导线

9.1.2　开关

为了方便、有效地控制各电气设备的工作，汽车电路中安装了许多开关。有些开关只控制一种电气设备，功能单一，结构和接线比较简单；有些开关（如点火开关、灯光开关及组合开关等）则控制多种电气设备，功能多，结构和接线比较复杂。按操作方式不同，汽车开关有旋转式开关、推拉式开关、顶杆式开关、扳柄式开关、翘板式开关及组合式开关等。

1. 旋转式开关

旋转式开关主要用作暖风机开关、点火开关及收音机电源、音量开关等。

（1）暖风机开关。

暖风机开关的结构如图9.9所示。

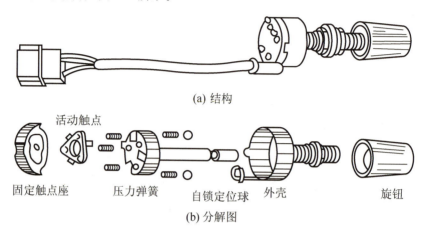

图9.9　暖风机开关的结构

（2）点火开关。

点火开关（图9.10）是一种复合开关，需用钥匙对其进行操作。点火开关一般都具有自动复位的起动挡位并配有钥匙，以备停车时锁住，因此又称钥匙开关。

图9.10　点火开关

点火开关除控制点火电路外，通常还控制仪表电路、发电机励磁电路、起动继电器电路及一些辅助电器电路等。点火开关的工作原理如图9.11所示。

图9.11右侧表示此开关为旋转式三挡点火开关。虚线中间下三角及数字表示该点火开关在0、Ⅰ、Ⅱ挡位可以定位，Ⅲ挡位不能定位（开关旋转至Ⅲ挡位松开时自动回到Ⅱ挡位）。图9.11左侧表示开关在0、Ⅰ、Ⅱ、Ⅲ挡位时的通断功能。

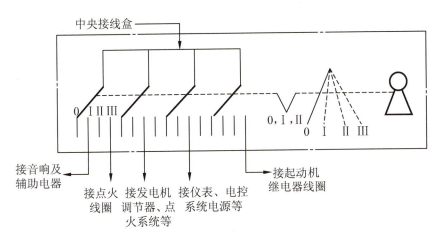

图 9.11 点火开关的工作原理

可用点火开关的挡位图表示各挡位的开关内部连接情况,点火开关挡位见表 9-3,点火开关有四个接线柱和三个挡位。

表 9-3 点火开火挡位

开关挡位	接线柱			
	1 (BAT)	2 (IG)	3 (ACC)	4 (ST)
Ⅲ	○―――――――○			
0	○			
Ⅰ	○―――○			
Ⅱ	○―――○		○	

○―○:连接

点火开关的四个接线柱分别如下:1号(BAT,即蓄电池 battery)为电源接线柱,与蓄电池正极和发电机电枢接线柱相连;2号(IG,即点火 ignition)为点火接线柱,连接点火电路、仪表电路及发电机励磁电路等;3号(ACC,即辅助设备 accessory)为辅助电器接线柱,连接收音机、点烟器等辅助电器;4号(ST,即起动 start)为起动接线柱,连接起动电路。

点火开关的三个挡位分别如下:Ⅰ挡为正常点火挡(进口汽车也标为 ON),Ⅱ挡为起动挡(进口汽车也标为 ST,自动复位),Ⅲ挡为辅助电器挡(进口汽车也标为 ACC,在 0 位时逆时针旋转)。

有些进口汽车和国产汽车的点火开关通常设有转向盘锁止(LOCK)挡,当点火开关转至 LOCK 挡时,转向盘被锁止。这些点火开关各挡的位置通常按 LOCK、OFF、ACC、ON、ST(顺时针旋转)的顺序排列。

为了提高点火开关的工作性能,有些点火开关具有四个以上接线柱,设置减荷继电器控制接线柱或有多个电源接线柱等。

大多数汽车的点火开关安装在转向柱管上(图 9.12 和图 9.13),以便停车时锁止转向盘。近年来，有很多汽车采用按钮式点火开关，并将其安装在仪表板台板上（图9.14和图9.15）。将钥匙插入点火开关后，轻按一下按钮即可接通汽车电源，按下按钮稍长时间可起动发动机，再按一下按钮即可熄火。

图 9.12　别克君越乘用车点火开关

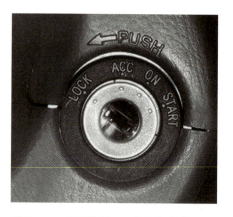

图 9.13　丰田花冠 EX 乘用车点火开关

【拓展图文】

图 9.14　一汽迈腾乘用车点火开关

图 9.15　宝马 3 系第五代乘用车点火开关

2. 推拉式开关

常在载货汽车上采用推拉式开关控制灯光和刮水器。推拉式开关主要由手柄、滑块、触点、外壳、锁止装置等组成，如图9.16所示。操作时，拉动手柄，移动滑块，改变触点的位置使线柱之间断开或接通，从而达到控制外电路的目的。推拉式开关的形式有一挡式、二挡式、三挡式三种。

灯光开关主要用来控制前照灯、仪表灯、牌照灯等照明灯和示廓灯等。有些推拉式灯光开关带有保护装置，如双金属片电路断电器或玻璃管熔断器；有些还带有仪表灯亮度调节电位器，驾驶人可以调节仪表灯的亮度。

灯光开关一般有三个挡位：0挡是断开位置；Ⅰ挡是小灯位置，为仪表灯、牌照灯等照明灯和示廓灯提供电源；Ⅱ挡是前照灯位置，为前照灯、仪表灯、牌照灯等照明灯和示廓灯等提供电源。有些灯光开关在断开位置时还可以旋转，以控制停车示廓灯。

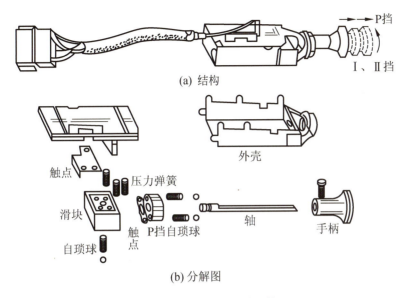

图 9.16 推拉式开关的结构

3. 顶杆式开关

顶杆式开关凭借作用于顶杆上的外力和内部弹簧力来控制触点的闭合及断开，主要用作门灯开关、制动灯开关（机械式）、倒车灯开关等，其结构如图 9.17 所示。

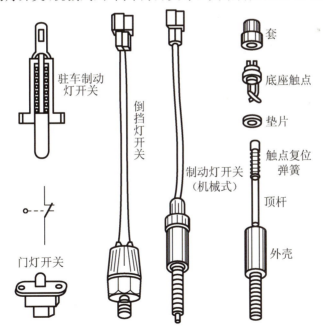

图 9.17 顶杆式开关的结构

4. 扳柄式开关

扳柄式开关常用作转向灯开关和顶灯开关，其结构如图 9.18 所示。

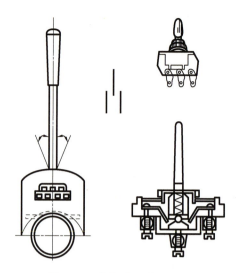

图 9.18 扳柄式开关的结构

5. 翘板式开关

翘板式开关常用作顶灯开关、雾灯开关、危险信号灯开关等，一般带有指示板照明灯，指示板上有表示用途的图形符号，其结构如图 9.19 所示。

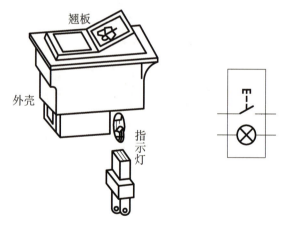

图 9.19 翘板式开关的结构

6. 组合式开关

为了操作方便、保证行车安全，大多数汽车都将转向灯开关、前示位灯开关、前照灯开关、变光开关、刮水器开关、洗涤喷水开关、喇叭按钮(或其中部分开关)等组装在一个组合体内，构成组合式开关。

组合式开关常安装在转向盘下的转向柱上。组合式开关的操作手柄上一般标有表示用途的图形符号。

JK322A 型组合开关(图 9.20)集中了转向灯开关、报警灯开关、灯光开关、前照灯变光开关、刮水器开关、洗涤喷水开关等，其工作挡位及内部连接情况见表 9-4。

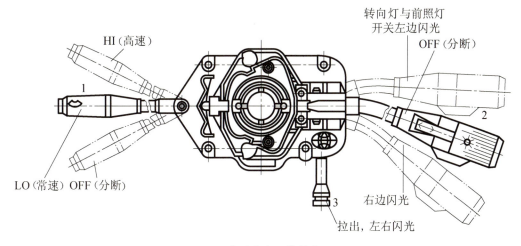

(a) 前后方向工作状态

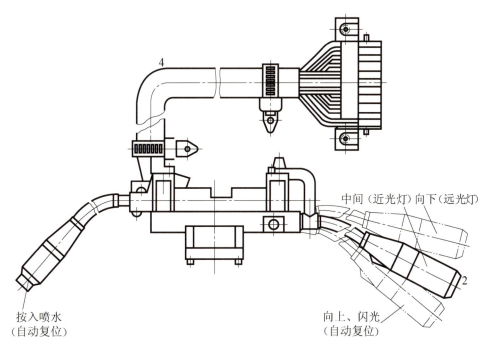

(b) 上下方向工作状态

1—左组合开关(刮水器操作手柄与洗涤喷水开关按钮)；
2—右组合开关(转向灯及前照灯变光操作手柄与灯光开关旋钮)；
3—危险报警灯开关；4—组合开关线束。

图 9.20　JK322A 型组合开关

由于不同组合式开关的结构和控制内容等不尽相同，并且多个接线柱与电源连接，因此在检修和更换时要仔细研究，明确各接线柱的作用，以免产生新的故障。

表 9-4 JK322A 型组合开关的工作挡位及内部连接情况

开关名称与挡位		连接导线颜色																			
		绿/黑	绿/白	绿/黄	绿/蓝	绿/红	绿/橙	绿	黄	红	白	红/黄	红/绿	红/白	白/黑	蓝	蓝/黑	蓝/橙	蓝/红	黑	蓝	绿/红
转向灯开关	左	O—O			O—O																	
	OFF				O—O																	
	右			O—O	O—O																	
报警开关	拉出	O—O	O—O				O—O															
	OFF																					
灯光开关	I							O—O														
	II							O—O—O														
前照灯变光开关	向上								O—O	O—O												
	中间									O—O—O												
	向下										O—O											
刮水器开关	OFF													O—O								
	LO												O—O									
	HI													O—O								
洗涤喷水按钮	按下																		O—O			
喇叭按钮																					O	

注：O—O 表示连接。

9.1.3 保护装置

为了防止汽车电路短路、过载时电气设备和连接导线被大电流烧坏，在电源与电气设备之间串联保护装置。当汽车电路发生过流时，保护装置可迅速断开电路，防止烧坏电气设备和连接导线，并把故障限制在最小范围内，既可减小损失，又便于排查故障。

汽车上常用的保护装置有熔断器、易熔线和双金属电路断路器三种。

1. 熔断器

熔断器（也称保险丝、保险片或熔丝，图9.21）**主要用于短路保护，其材料多为铅锡合金。** 熔断器一般用在负荷不大的电路中，在电路发生短路故障或在电路中电流过载一倍的情况下，其可在数秒内迅速熔断，自动切断电路，实施保护。

图 9.21 熔断器

熔断器按结构形式可分为金属丝式（缠丝式）熔断器、熔管式熔断器、绝缘式熔断器、插片式熔断器、平板式熔断器等，如图9.22所示。熔断器的额定电流见表9-5。

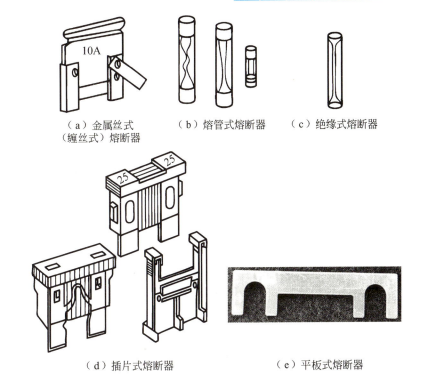

图 9.22 常见的熔断器

表 9-5 熔断器的额定电流

熔断器	额定电流/A
熔管式熔断器、插片式熔断器	2、3、5、7.5、10、15、20、25、30
金属丝式（缠丝式）熔断器	7.5、10、15、20、25、30
平板式熔断器	40、60、120

为便于检查和更换熔断器，常将汽车上各电路的熔断器集中安装，形成熔断器盒（图9.23）。同时，在熔断器盒盖上注明各熔断器的名称、额定电流和位置，并且用不同颜色区分熔断器的容量。

图 9.23 熔断器盒

【拓展图文】

熔断器盒一般布置在仪表板下（只有拆下仪表板下侧的护板才能看到）、仪表板侧面（图9.24）或发动机舱内（图9.25）。

图9.24　一汽大众宝来乘用车熔断器盒

图9.25　别克凯越乘用车熔断器盒

使用熔断器时应注意以下几点。

（1）熔断器熔断后，必须找到故障原因，彻底排除故障。

（2）更换熔断器时，必须与原规格相同，不可随意增大熔断器的容量（额定电流），更不可用普通汽车电线代替熔断器。

（3）熔断器支架与熔断器接触不良时会产生电压降和发热现象，严重时会使熔断器支架扭曲变形直至损坏，安装时要确保接触良好。

2. 易熔线

易熔线（图9.26）**主要用于电路过载保护。**

图9.26　易熔线

易熔线是一种横截面面积一定、能长时间通过较大电流的合金导线。当电流超过易熔线额定电流数倍时，易熔线熔断，以确保电路和电气设备不会损坏。

易熔线的绝缘保护套有棕色、绿色、红色、黑色等不同颜色，以示其不同规格，见表9-6。

表9-6　易熔线的规格

颜色	尺寸/mm	构成	1m长的电阻值/Ω	允许连续通过的电流/A	5s内熔断时的电流/A
棕色	0.3	φ0.32×5股	0.0475	13	～150
绿色	0.5	φ0.32×7股	0.0325	20	～200
红色	0.85	φ0.32×11股	0.0205	25	～250
黑色	1.25	φ0.50×7股	0.0141	33	～300

易熔线比常见的连接导线柔软,长度为50～200mm,主要用于保护电源电路和大电流电路,通常接在蓄电池正极(图9.27)或集中安装在中央接线盒内。易熔线不得捆扎在线束内,也不得被车内其他部件包裹。

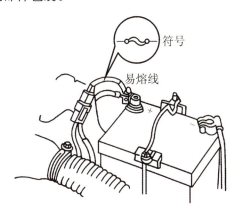

图9.27 接在蓄电池正极的易熔线

3. 双金属电路断路器

双金属电路断路器是利用双金属片受热弯曲变形的特点工作的。双金属片由两片线膨胀系数不同的金属材料制成,当负载电流超过限定值时,双金属片受热变形,使触点分开,切断电路。双金属电路断路器按能否自动复位分为一次作用式双金属电路断路器和多次作用式双金属电路断路器两种。

一次作用式双金属电路断路器的结构如图9.28所示,当负载电流超过限定值时,双金属片受热变形,向上弯曲,使双金属片和触点分开,切断电路。双金属片有一定的弹力,在切断电路温度降低后不能自动复位。若要重新接通电路,则必须按一下按钮,使双金属片受压复位,将触点接通。负载电流的限定值可以通过旋转调整螺钉调整。

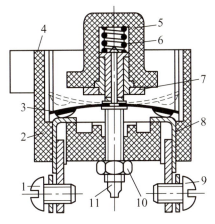

1,9—接线柱;2,8—触点;3—双金属片;4—外壳;5—按钮;
6—弹簧;7—垫圈;10—螺母;11—调整螺钉。

图9.28 一次作用式双金属电路断路器的结构

多次作用式双金属电路断路器的结构和工作原理如图 9.29 所示。当电路过载或短路时，双金属片受热膨胀并弯曲，使触点断开，切断电路。触点断开后，双金属片上没有电流通过，温度降低到一定值后触点重新闭合。当电路中过载、短路或搭铁的故障尚未排除时，多次作用式双金属电路断路器自动使电路时而接通时而切断，起到保护作用。

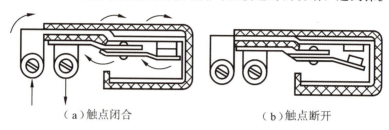

（a）触点闭合　　　　　　　　（b）触点断开

图 9.29　多次作用式双金属电路断路器的结构和工作原理

部分推拉式照明总开关上的双金属电路断路器就是多次作用式双金属电路断路器，驾驶人可以根据不断闪烁的灯光发现故障；在一些乘用车的刮水器和车窗升降电动机等电路中也采用这种断路器。

9.1.4　继电器

继电器可分为专用继电器和一般继电器两类。

专用继电器在开关接通后能自动控制电路通断转换，以实现特定功能，如闪光继电器、机械式间歇继电器等。

一般继电器在开关接通后使电路始终处于接通或断开状态，以减小开关的负荷，保护开关，实现以小（电流）控大（电流）。常用的一般继电器有前照灯继电器、喇叭继电器、起动继电器（图 9.30）、预热继电器（图 9.31）、卸荷继电器等。

如图 9.32 所示，一般继电器由电磁铁、触点、外壳和接线端子或引脚等组成。为了减小继电器线圈断电时产生的自感电动势、保护开关和电子元件，有些一般继电器线圈两端还并联电阻或续流二极管。

图 9.30　起动继电器　　　图 9.31　预热继电器　　　图 9.32　一般继电器的结构

一般继电器按外形可分为圆形继电器（图 9.33）、方形继电器（图 9.34）和矩形继电器三种；按引脚数目可分为三脚继电器、四脚继电器、五脚继电器等。

图9.33　圆形继电器　　　　　　图9.34　方形继电器

按触点不工作时的状态不同，汽车继电器可分为以下三类：第一类继电器在平时（常态下）触点是断开的，继电器动作后触点接通，称为动合型继电器；第二类继电器在平时（常态下）触点是闭合的，继电器动作后触点断开，称为动断型继电器；第三类继电器在平时（常态下）动断触点接通，动合触点断开，如果继电器线圈通电则变成相反状态，这类继电器称为开闭混合型继电器。

为方便使用和接线，在继电器的外壳上都有简明扼要的接线图，如图9.34和图9.35所示。

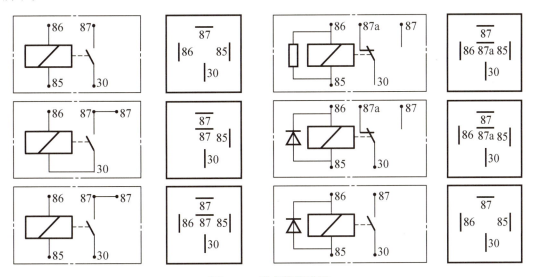

图9.35　继电器接线图

继电器的标称电压有12V和24V两种，线圈电阻分别为65～85Ω和200～300Ω。不同标称电压的继电器不能换用。

9.1.5　中央接线盒

随着电气设备逐渐增多，继电器和熔断器也越来越多，许多汽车将继电器和熔断器等集中安装在一块或多块配电板上，配电板正面装有继电器和熔断器的插头，背面是接线插座，这种配电板及配电板盖称为中央接线盒（图9.36）。

图 9.36 中央接线盒

为了便于检查电路和诊断故障，中央接线盒或安装板上常标有缩写字母，其含义及控制、保护电路见表 9-7。

表 9-7 中央接线盒或安装板上缩写字母的含义及控制、保护电路

缩写字母	含义	控制、保护电路
+B	电源	直接接电源正极
IG、IGN	点火	点火开关控制电路
ACC	附件	辅助电器
GAUG、METER	仪表	仪表、指示灯
CHARGE	充电	充电指示灯
STOP	制动	制动灯及其电路
TAIL	尾灯	尾灯及其电路
FOG	雾灯	雾灯及其电路
TURN	转向	转向灯及其电路
WIPER	刮水器	刮水器及其电路
HEATER	加热器	暖风机、继电器
A/C	空调器	空调器及其电路
PWR、POWER	电力驱动	电动车门、电动车窗、电动座椅
CIG-L、LIGT-TER	点烟器	点烟器电路
DOME、ROOM	顶灯	顶灯、内照灯
HEAD	前照灯	前照灯及其电路

续表

缩写字母	含义	控制、保护电路
DEFOG	后窗除霜	后除霜器
PANEL	仪表	仪表及其电路
HAZ	危急警报	危急报警闪光器
HORN	喇叭	喇叭及其继电器
RADIO	收音机	收音机、放音机
ENGINE	发动机	发动机熄火电磁阀等
EE、ECU-B	电子控制	电子控制器电源
…RELAY	……继电器	控制……
LOCK	门锁	电动门锁
EFI	电控燃油喷射	电控燃油喷射
GLOW	预热	预热装置
BLOWER	风机	电动风扇
ECU-IG	电子控制	点火开关的电源
SPARE	备用	—

9.2 汽车电路的识图

熟悉汽车电路的接线规律,掌握汽车电路识图的一般方法是十分必要的。

9.2.1 汽车电气装置的图形符号、文字符号

1. 汽车电气装置的图形符号

汽车电气装置的图形符号是汽车电气技术领域中最基本的工程语言。常用汽车电气装置的图形符号见表9-8。

汽车电气装置的图形符号分为基本符号、一般符号和明细符号三种。

(1) 基本符号。基本符号不能单独使用,不能表示独立的电气元件,只能说明电路的某些特征。例如,"~"表示交流,"+"表示电源的正极,"-"表示电源的负极,"N"表示中性点(线)。

(2) 一般符号。一般符号是用以表示一类产品和此类产品特征的一种简单符号。例如,⊛是表示指示仪表的一般符号,⊠是表示传感器的一般符号。一般符号广义上代表各类元器件,也可以表示没有附加信息或功能的具体元器件(如一般电阻、电容等)。

(3) 明细符号。明细符号表示一种具体的电气元件。它是由基本符号、一般符号、物理量符号、文字符号等组合派生出来的。例如,⊛是表示仪表的一般符号,当要表示电流或电压的种类和特点时,将"*"处换成"A"或"V"就变成明细符号,Ⓐ表示电流表,Ⓥ表示电压表。

表 9-8 常用汽车电气装置的图形符号

一、常用基本符号

序号	名称	图形符号	序号	名称	图形符号
1	直流	—	6	中性点	N
2	交流	∼	7	磁场	F
3	交直流	≈	8	搭铁	⊥
4	正极	+	9	交流发电机输出接柱	B
5	负极	−	10	磁场二极管输出端	D+

二、导线端子和导线连接

序号	名称	图形符号	序号	名称	图形符号
11	接点	•	15	屏蔽导线	
12	端子	○	16	插头和插座	
13	导线的连接		17	接通的连接片	
14	导线的交叉连接		18	断开的连接片	

三、触点开关

序号	名称	图形符号	序号	名称	图形符号
19	常开、常闭触点		22	旋转多挡开关位置	
20	联动开关		23	点火开关(全部定位)	
21	按钮开关		24	多挡开关、点火开关、起动开关,瞬时位置为 2 挡能自动返回到 1 挡(2 挡不能定位)	

四、电气元件

序号	名称	图形符号	序号	名称	图形符号
25	可变电阻器		32	光敏二极管	
26	热敏电阻器	R_t	33	晶体管	
27	光敏电阻		34	熔断器	
28	电容器		35	易熔线	
29	半导体二极管一般符号		36	触点常开的继电器	
30	稳压二极管		37	触点常闭的继电器	
31	发光二极管		38	带铁芯的电感器	

续表

		五、电气设备			
39	照明灯、信号灯、仪表灯、指示灯	⊗	47	定子绕组星形连接的交流发电机	
40	双丝灯		48	外接电压调节器的交流发电机	
41	组合灯		49	整体式交流发电机	
42	电喇叭		50	直流电动机	
43	扬声器		51	起动机(带电磁开关)	
44	闪光器		52	永磁直流电动机	
45	霍尔效应式点火信号发生器		53	电动刮水器电动机	
46	电磁感应式点火信号发生器		54	蓄电池组	

另外，对标准中没有规定的符号，可以选取标准中给定的基本符号、一般符号和明细符号，按规定的组合原则派生，以构成完整的元件或设备的图形符号，但必须在图样的空白处说明。

2. 汽车电气装置的文字符号

汽车电气装置的文字符号是由电气设备、电气装置和元器件的种类(名称)字母代码和功能(与状态、特征)字母代码组成的，用于表示电气设备、电气装置和元器件的名称、功能、状态、特征。此外，文字符号可与基本图形符号和一般图形符号组合使用，以派生出新的图形符号。

汽车电气装置的文字符号分为基本文字符号和辅助文字符号两类，基本文字符号又分为单字母符号和双字母符号。

(1) 单字母符号将各种电气设备、电气装置和元器件划分为二十三类，每类用一个专用单字母符号表示，如"C"表示电容器类、"R"表示电阻类等。

(2) 双字母符号由一个表示种类的单字母符号与另一字母组合而成，其组合形式应以单字母符号在前,另一字母在后的顺序列出。例如,"R"表示电阻,"RP"表示电位器,"RT"表示热敏电阻;"G"表示电源、发电机、发生器,"GB"表示蓄电池,"GS"表示同步发电机、发生器,"GA"表示异步发电机。

常用的基本文字符号见表 9-9。

表 9-9 常用的基本文字符号

设备、装置元器件种类	举例	基本文字符号		设备、装置元器件种类	举例	基本文字符号	
		单字母	双字母			单字母	双字母
	电桥	A	AB	电阻器	电阻器	R	
	晶体管放大器		AD		变阻器		RP
	集成电路放大器		AJ		电位器		
	印制电路板		AP		热敏电阻器		RT
					压敏电阻器		RV
非电量到电量变换器或电量到非电量变换器	送话器、扬声器、晶体换能器	B		变压器	电流互感器	T	TA
	压力变换器		BP		控制电路电源用变压器		TC
	温度变换器		BT		电力变压器		TM
电容器	电容器	C			电压互感器		TV
保护器件	过电压放电器件、避雷器	F		电子管、晶体管	二极管	V	VD
	熔断器		FU		晶体管		VT
	限压保护器件		FV		晶闸管		VTH
					电子管		VE
发生器、发电机、电源	振荡器	G		端子、插头、插座	连接插头和插座、接线柱、焊接端子板	X	
	发生器						
	同步发电机		GS		连接片		XB
	异步发电机		GA		测试插孔		XJ
	蓄电池		GB		插头		XP
信号器件	声响指示器	H	HA		插座		XS
	光指示器		HL		端子板		XT
	指示灯		HL		电磁铁		YA
电感器、电抗器	感应线圈	L					
	电抗器						
电动机	电动机	M					
	同步电动机		MS				
	力矩电动机		MT				

(3) 辅助文字符号表示电气设备、电气装置和元器件,以及电路的功能、状态和特征。例如,"SYN"表示同步,"L"表示限制左或低,"RD"表示红色,"ON"表示闭合,"OFF"表示断开,等等。

国际上还没有汽车电气设备图形符号、文字符号的统一标准,各汽车生产厂家对某些汽车电气设备所采用的图形符号、文字符号有所不同,但图形符号基本结构是相似的,只要清楚图形符号的基本结构并分析它们的区别,就能避免识读错误。

9.2.2 汽车电路的表达方法

汽车电路的表达方法有接线图、线束图和原理图三种。

1. 接线图

接线图(也称线路图或布线图)是依据汽车电气元件的接线关系,用连接导线从电源、开关、搭铁一一连接起来构成的电路图。

接线图能真实反映电气设备的导线连接情况,便于循线跟踪查找连接导线的分支和节点。现代汽车的电器元件过多、电路过于复杂,很难用一张图纸清晰、完整地表达整车电路。因此,将接线图分成若干幅图纸,各幅图纸之间通过各种文字或符号建立内在联系。

接线图的电路分析过程较为复杂,对读图者的专业知识水平要求较高。

德国大众高尔夫、捷达乘用车的电路接线图共有29幅图纸,图9.37所示为其中的第2幅图纸(2/29)。

2. 线束图

线束图是表达汽车线束各电气元件连接部位、接线柱标记、线头、插接器形状及位置等信息的汽车电路图。

线束图一般不详细描绘线束内部的电线走向,只将露在线束外面的线头与插接器详细编号,并用字母标记出来,是一种突出装配记号的电路表现形式。整车电路线束图常用于汽车厂总装线和修理厂的连接、检修与配线。

图9.38所示为典型的商用车线束图。

3. 原理图

原理图是电路图的简化,其先按规定的图形符号把仪表及各种电气设备按电路原理由上到下合理地连接起来,然后进行横向排列形成电路图。

原理图注重表达汽车电路的控制原理和连接状态,而不注重表达电气元件的实际外形、位置和导线的走向。原理图对了解汽车电气设备的工作原理或工作过程,以及分析故障的大概部位很有用处。图9.39所示为上海桑塔纳乘用车电路原理图。

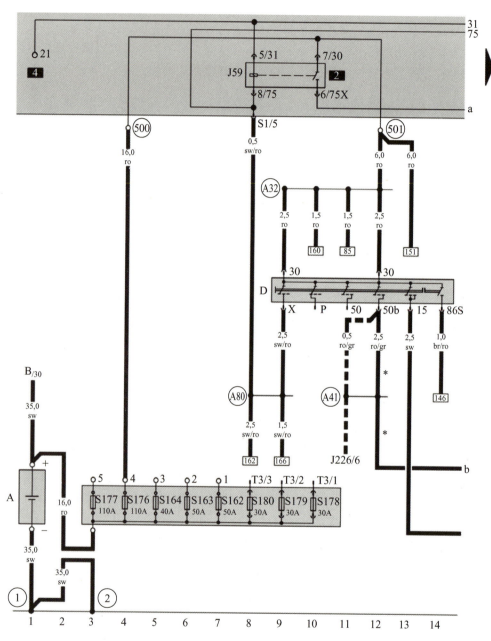

图 9.37 德国大众高尔夫、捷达乘用车的电路接线图的第二幅图纸(2/29)

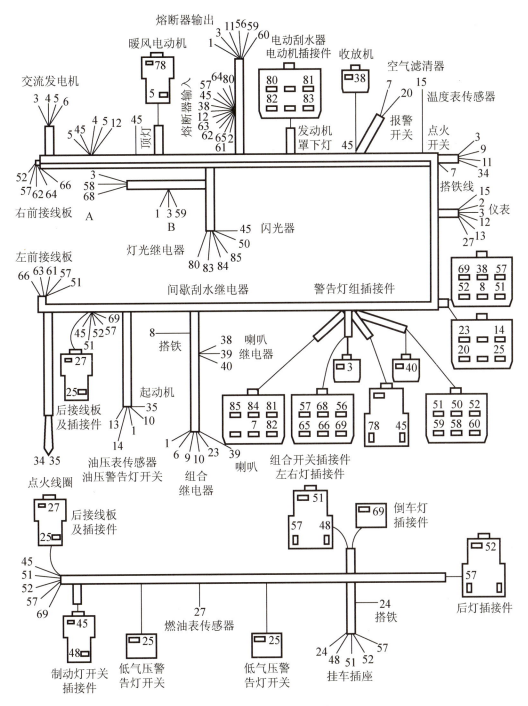

图 9.38 典型的商用车线束图

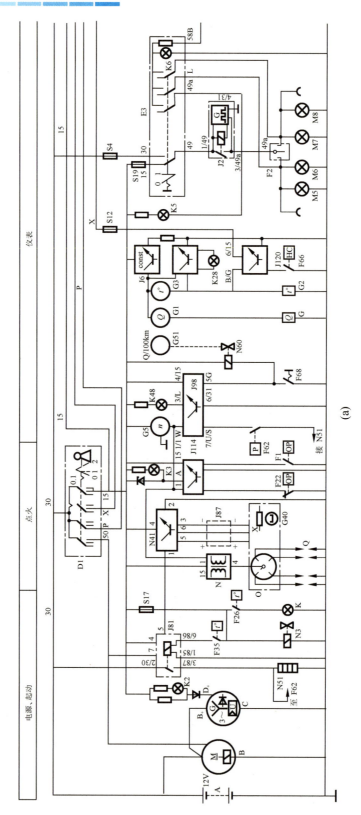

图9.39 上海桑塔纳乘用车电路原理图

(a)

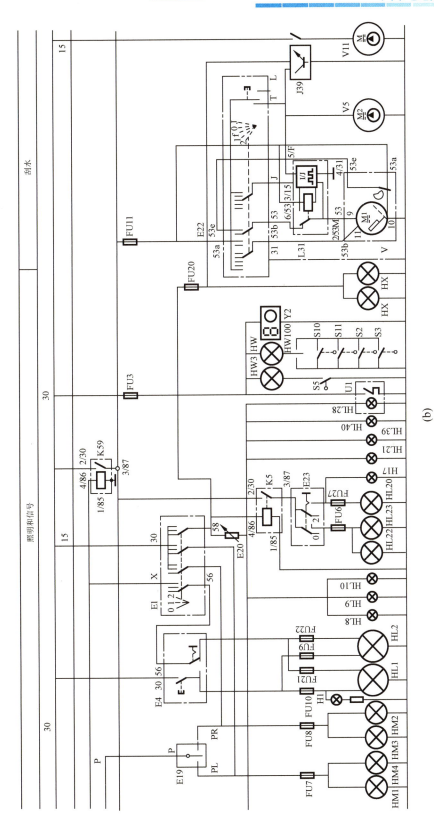

图9.39 上海桑塔纳乘用车电路原理图（续）

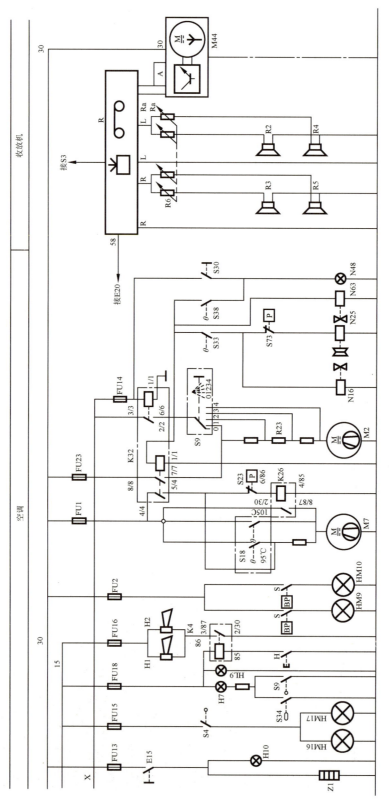

图9.39 上海桑塔纳乘用车电路原理图（续）

9.2.3 汽车电路的接线规律

1. 汽车整车电路的接线规律

汽车电路接线的一般规律是采用单线制，电气设备并联，负极搭铁，电路用颜色不同的电线和编号加以区分，并以点火开关为中心分成多条主干电路。

（1）蓄电池正极线。可以从蓄电池正极线直接引到熔断器盒，也可以从蓄电池正极线直接引到起动机正极接线柱上，再引出较细的正极线到其他电路。

（2）点火、仪表、指示灯线。只有经过点火开关才能接通电路。

（3）专用线。无论发动机工作与否都需要接入的电器（如收放机、点烟器等），由点火开关单独设置一挡予以供电。

（4）起动控制线。起动机主电路的控制开关常用磁力开关来通断。其接线方式有三种：小功率起动机磁力开关的吸拉线圈、保持线圈由点火开关的起动挡控制；大功率起动机的吸拉线圈、保持线圈由起动机继电器控制；装有自动变速器的乘用车，为了保证空挡起动，常将起动控制线串联在空挡起动开关上。

（5）搭铁线。搭铁点分布在汽车全身，与不同金属相接（如铜与铝、铝与铁）形成电极电位差；有些搭铁部位容易沾染泥水、油污或生锈；有些搭铁部位是很薄的钣金薄板，都可能引起搭铁不良，如灯不亮、仪表不起作用、喇叭不响等。所以，有些汽车采用双线搭铁。

2. 电源系统的接线规律

发电机与蓄电池并联，蓄电池负极必须搭铁。蓄电池正极经电流表（或直接）接到发电机正极，蓄电池静止电动势为 11.5~13.5V，发电机输出电压常限定在 13.8~15V（24V 电系为 28~30V）。发电机正常工作时的电压比蓄电池电压高 0.3~3.5V，这主要是为了克服电路压降，使蓄电池充电时既能充足又不至于过度充电。

国产硅整流发电机的接线柱旁均有标记或名称，"+"或"B+"为"电枢"接线柱，此接线柱应与电流表或蓄电池"+"极相连；"F"为"磁场"接线柱，应与交流发电机调节器"磁场"接线柱相连；"E"为"搭铁"接线柱，应与交流发电机调节器的"搭铁"接线柱相连。

3. 起动系统的接线规律

（1）点火开关直接控制起动机的电路。

点火开关在起动挡直接控制起动机的吸拉线圈、保持线圈，多用于 1.2kW 以下的起动机电路；1.5kW 以上起动机的磁力开关线圈的电流大于 40A，用起动继电器触点作为开关。

（2）带起动保护的起动机控制电路。

当点火开关在 0 挡时，电路均断开。当点火开关在 1 挡（未起动）时的控制电路为：发电机励磁→点火线圈→仪表→指示灯。当点火开关在 2 挡时，除接通上述电路外，还要接通起动机继电器电路：蓄电池正极→电流表→点火开关→起动机继电器线圈→继电器常闭触点→搭铁→蓄电池负极→起动机主电路。

与此同时，接触盘将点火线圈旁路触点接通，电流直接通过点火线圈的初级线圈，而不通过附加电阻。

发动机点火工作后,发电机中性点 N 的对地电压(约为发电机端电压的二分之一)使起动继电器中的起动保护继电器常闭触点断开,切断充电指示灯搭铁电路,充电指示灯熄灭,表示发电机工作正常;同时,起动继电器线圈的搭铁电路切断。当发电机正常工作时,即使误将点火开关拨到 2 挡,起动机也不会与飞轮齿圈啮合,可以避免打坏飞轮齿圈与起动机,起到保护起动机的作用。

4. 点火系统的接线规律

汽车点火系统可以分为普通(有触点)点火系统、无触点电子点火系统、计算机控制点火系统等,其工作过程基本按以下顺序循环:初级电路接通→初级电路切断(此时恰好是某缸活塞处于压缩上止点前某→角度)→初级线圈产生自感电动势(约 300V)→次级线圈互感产生脉冲高压(1.5~3kV)→火花塞出现电火花。

无触点电子点火系统的点火模块必须具备的引出线如下:由点火开关控制的电源输入线两条(4 脚、2 脚);由点火信号发生器(点火信号发生器与分电器轴一体)传来的信号输入线三条(5 脚、6 脚、3 脚,其中第 5 脚是供点火信号发生器的电源线);初级电路的输入线、输出线两条(1 脚、2 脚)。

5. 照明系统的接线规律

汽车照明系统一般由前照灯、示位灯、尾灯、牌照灯、仪表灯、室内灯等组成。其中,前照灯又分为远光灯与近光灯,用变光开关控制。

照明灯由灯光开关控制:灯光开关在 0 挡断开,在 1 挡为小灯亮(包括示宽灯、尾灯、仪表灯、牌照灯),在 2 挡为前照灯、小灯同时亮。

灯光系统的电流一般来自蓄电池正极,不受点火开关控制(由于前照灯远光功率较大,常用灯光继电器来控制通断,灯光开关 2 挡用于控制继电器线圈)。

超车灯信号常用远光灯亮灭来表示,发出此信号时不通过灯光开关,这种操作是通过短时接通按钮或脚踏开关来完成的。

现代汽车照明系统常由组合式开关集中控制,组合式开关多装在转向柱上,位于转向盘下侧,驾驶人操作时手可以不离开转向盘。

6. 仪表报警系统的接线规律

所有电气仪表都受点火开关控制。各仪表的表头与其传感器串联,燃油表、冷却液温度表一般还接有仪表稳压器。

电流表串联在发电机正极与蓄电池正极之间。发电机充电电流从电流表正极流入,指针偏向正端;而在蓄电池放电时,指针偏向负端。

以下两种电流不通过电流表:一种是超过电流表量程的负载电流(如起动机、预热塞、喇叭灯电流),另一种是发电机正常工作时向其他负载供电的电流。

当发电机不工作时,蓄电池向其他负载供电的电流必须经过电流表。现代汽车多用充电指示灯代替电流表,其缺点是驾驶人只知道蓄电池的充放电状态,而不知道充放电电流,不易发现过充电。

电压表并联在点火开关之后,只有在点火开关接通时才显示系统电压。12V 电系常用 10~18V 的电压表,24V 电系常用 20~36V 的电压表。

指示灯和报警灯常与仪表装配在总成内或邻近布置，它们与仪表一同受点火开关的工作挡(ON)和起动挡(ST)控制。当点火开关在 ON 挡时，应能检验大多数仪表、指示灯、报警灯是否良好。

指示灯和报警灯的电路接法可分为两种：一种是灯泡（如充电指示灯、手制动指示灯、制动液面报警灯、门未关报警灯、机油压力报警灯、液位过低报警灯等）接点火开关火线，外接传感器开关，若开关接通则与搭铁形成通路，灯亮；另一种是灯泡（如远光指示灯、转向指示灯、座椅安全带未系指示灯、ABS 制动指示灯、巡航控制指示灯等）接地，控制信号来自其他开关的火线端。

汽车仪表常采用双金属片电热丝式结构，表头一般只有两根线。例如，燃油表的两个接线柱是上下排列的，一般情况下应将上接线柱与电源线相连，下接线柱与传感器相连；否则不能正常工作。

此外，双线圈十字交叉、中间有一个磁性指针的仪表，多为三线引出：一条线接点火开关，一条线搭铁，还有一条线接传感器。

机械式仪表（如软轴传动的车速里程表、直接作用的弯管弹簧式制动气压表、油压表及乙醚膨胀式冷却液温度表、油温表等）不与电路相接，这些仪表读数精度较高，要引入许多管路、软轴进入仪表板，拆装麻烦，而且液体容易泄漏，正逐步被电子控制式仪表代替。

7. 信号系统的接线规律

信号系统主要有转向信号、危险警告信号、制动信号、倒车信号、喇叭等，这些信号都是由驾驶人根据道路交通情况向其他车辆和行人发出的，具有较强的随机性，一般用自身开关控制，如制动信号多由制动踏板联动控制；倒车信号多由变速器倒挡轴联动控制，不用驾驶人特意操作即可接通；喇叭按钮多在转向盘上，驾驶人手不离转向盘即可发出信号。

转向灯具有一定的闪烁频率，我国国家标准中规定闪烁频率为 60～120 次/分。转向灯功率为 21～25W，车辆前、后、左、右均有转向灯，大型车辆往往还有侧向转向灯。转向灯电路的一般接法是：转向灯与转向灯开关及转向闪光继电器经危险警告灯开关的常闭触点与点火开关串联，即转向灯是在点火开关处于工作挡(ON)时使用的。

危险警告灯的使用场合如下：本车有故障或危险不能行驶；本车有牵引他车的任务，需要他车注意；本车需要优先通过，需要他车避让。危险警告灯可以在发动机不工作时使用，无须接通点火系统及仪表报警灯。危险警告开关是一个多刀联动开关，在断开点火开关接线的同时接通蓄电池接线，闪光器及灯泡电源直接来自蓄电池，并连接闪光继电器的输出端与左右转向灯。闪光继电器动作时，左右转向灯及指示灯同时发出危险警告信号。

8. 接线注意事项

准备所要接线车型的电路原理图，如果没有电路原理图，那么最好对照实物绘制接线草图，这将给接线检修工作带来很大方便。

因维修需要临时外接电线时必须注意绝缘，以防短路。切勿带电接线。若连接导线损坏，则应用原规格、型号的连接导线更换，连接要可靠，尽量减小连接处的接触电阻。接线完毕，应按原接线要求捆扎处理好。

9.2.4　汽车电路识图方法

1. 善于化整为零

按整车电路系统的各功能及工作原理把整车电气系统划分成若干个独立的电路系统，分别对其进行分析。通常将整车电路分解成电源、起动系统、点火系统、照明系统、信号系统、仪表信息系统等来进行分析。化整为零可以有重点地分析各系统电路具有自身的特点，以其自身的特点为指导分析电路可以降低盲目性。因此，为了阅读方便，现在多数汽车的电路原理图是按各电路系统分别绘制的。

2. 认真阅读图注

阅读局部电路图时，首先必须认真阅读图注。清楚该部分电路包含的电气设备种类、数量等，这样有利于在读图中抓住重点。

3. 熟悉电气元件及配线

分析某个电路系统时，要清楚该电路包括的各部件的功能、作用和技术参数等。

现代汽车的电路如同人的神经，分布在各区域，其复杂程度与日俱增，而电路中的配线插接器、接线盒、继电器、接地点等如同神经的"节点"。所以，熟悉这些电气元件在电路图中的表示符号、位置、连接方式、内部电路，对阅读汽车电路图有很大帮助。

阅读接线图时，要正确判断接点标记、线型和色码标志。标记颜色的字母因语言不同而有区别，如美国、日本及我国采用英文字母，德国采用德语字母。

4. 注意开关的作用

开关是控制电路通断的关键。可以按开关的功能及其不同工作状态来分析电路的工作原理，如点火系统供电，点火开关应处于工作挡或起动挡。

在采用标准画法的电路图中，开关总是处于"0"位，即开关处于断开状态；电子开关（主要包括晶体管及晶闸管等具有开关特性的电子元件）的状态视具体情形而定。

在一些复杂电路控制中，一个主开关往往汇集许多导线，分析汽车电路时应注意以下几个问题。

（1）蓄电池(或发电机)的电流是通过什么路径到达这个开关的，中间是否经过其他开关和熔断器，这个开关是手动的还是电控的。

（2）这个开关控制哪些电气设备，每个被控电气设备的作用分别是什么。

（3）哪些开关的接线柱是直通电源的、哪些是接电气设备的，接线柱旁是否有接线符号、这些符号是否常见。

（4）开关共有几个挡位，在每个挡位中，哪些接线柱有电，哪些接线柱无电。

（5）在被控电气设备中，哪些电气设备应经常接通，哪些应短暂接通；哪些应先接通，哪些应后接通；哪些应单独工作，哪些应同时工作，哪些不允许同时工作。

5. 了解继电器的工作状态

现代汽车电路中经常采用各种继电器对一些复杂电路进行控制。了解继电器的工作状态，特别是一些电子继电器的工作状态，对分析电路很有帮助。

阅读电路图时，可以把含有线圈和触点的继电器看作由线圈工作的控制电路和触点工作的主电路两部分组成的。其中,主电路中的触点只有在线圈电路中有工作电流流过后才能工作。

6. 牢记回路原则

阅读电路图时,应掌握回路原则,即电路中工作电流由电源正极流出,经电气设备后流回电源负极;电路中只有当电流流过电气设备时,电气设备才能工作。

即使掌握了回路原则,在阅读电路图时也要避免犯一些错误。常见的错误如下:电路从电源正极出发,到某电气设备(或再经其他电气设备)又回到了电源正极;把发电机、蓄电池两个电源当成一个电源,电路从这个电源的正极出发,经过电气设备回到另一个电源的负极,这实际上并未构成真正的回路,也就不能产生电流;虽然注意到回路原则,但电流方向是随意的,有时从电源负极出发,经电气设备回到电源正极。

9.3 典型汽车电路分析

为了进一步掌握汽车电路,现以上海桑塔纳乘用车电路系统为例,简要分析其工作原理。

9.3.1 汽车整车电路的全面分析

上海桑塔纳乘用车全车电路原理图参见图9.39,各电器部分的电路纵向排列,清晰明了,从左至右分别是电源、起动、点火、仪表等部分。

整车电气系统主电源分为以下三路。

A路是与蓄电池直接相连,平时一直有电的12V电源线,即在停车或发动机熄火状态下均有电,电路图上编号为30。

B路电源是在点火开关D处于1挡或2挡时,第4掷开关将B路电源接通,它主要向小功率电气设备供电,电路图上编号为15。

C路电源是在点火开关D处于1挡时,第3掷开关接通中间继电器K59,由A路电源经K59的触点向大功率电气设备供电,电路图上编号为X。

9.3.2 汽车各个系统的电路分析

1. 电源电路

上海桑塔纳乘用车的电源由负极接地的12V蓄电池A与内装交流发电机调节器的硅整流交流发电机C并联组成。当点火开关D置于1挡,发动机转速<1200r/min时,其电路为:蓄电池正极→点火开关D第4掷触点→充电指示灯K2→发电机磁场绕组→控制磁场绕组励磁电流的大功率晶体管→搭铁→蓄电池负极。

当发动机转速≥1200r/min时,发电机电压大于蓄电池电压,并向蓄电池充电。由于发电机与蓄电池间的电位差减小,因此充电指示灯K2熄灭,指示发电机工作状况良好。

2. 发动机点火系统电路、仪表与指示灯电路及起动电路

(1) 发动机点火系统电路。

上海桑塔纳乘用车采用霍尔效应式无触点电子点火系统。该点火系统由蓄电池、点火

开关、点火线圈、霍尔效应式无触点分电器、点火控制器、低压导线、高压导线及火花塞等组成。其工作原理是通过点火线圈初级电路的通断，在次级电路上感应出高压电，通过高压电路及正时分配使各缸火花塞跳火。初级电路的通断受点火控制器的控制，而点火控制器依靠点火信号发生器的信号控制。

点火开关 D 置于 1 挡，点火系统初级电路通电，电路为：蓄电池正极→点火开关 D 第 4 掷触头→电路图编号 15 的电路→点火线圈 N"＋"接线柱。然后分两路：一路进入点火线圈内部经初级线圈到"－"接线柱(经绿线)→点火控制器"1"接线柱→点火控制器内部→点火控制器"2"接线柱(经棕线)→发动机机体搭铁(经搭铁线)→蓄电池负极；另一路向点火控制器供电，经点火线圈"＋"接线柱(经黑线)→点火控制器"4"接线柱→点火控制器内部→点火控制器"2"接线柱(经棕线)→发动机机体搭铁(经搭铁线)→蓄电池负极。

第一路的导通和断开受霍尔效应式点火信号发生器的信号控制，电路为：点火控制器"5"接线柱(经红线/黑线)→霍尔效应式点火信号发生器"＋"接线柱，向霍尔效应式点火信号发生器提供电源电压；霍尔效应式点火信号发生器"－"接线柱(经棕线/白线)→点火控制器"3"接线柱；霍尔效应式点火信号发生器"信号"接线柱→点火控制器"6"接线柱(经绿线/白线)，向点火控制器提供信号电压。

当触发叶轮的叶片进入气隙时，霍尔效应式点火信号发生器输出高电位信号，使点火控制器集成电路中末级大功率晶体管导通，点火系统初级电路接通；当触发叶轮的叶片离开气隙时，霍尔效应式点火信号发生器输出低电位信号，使点火器大功率晶体管截止，初级电路被切断，次级电路产生高压电。

该信号在高电位和低电位之间变化，以使初级电路通—断—通—断，从而使点火次级电路感应出高压电，按点火顺序在相应气缸上的火花塞电极间隙中跳火。高压电流走向为：次级线圈→点火线圈"＋"接线柱→点火开关→蓄电池→搭铁→火花塞侧电极、中心电极→分电器盖配电器(旁电极、分火头)→次级线圈。

(2) 仪表与指示灯电路。

在点火系统工作的同时，指示发动机技术状况的仪表与指示灯电路同步工作，电流由蓄电池正极流入以下电路。

发动机油压指示灯 K3→油压检查控制器 J114→$\begin{cases}高压油压开关 F1→搭铁\\低压油压开关 F22→搭铁\end{cases}$

当低压油压开关处油压低于 30kPa 时，低压油压开关 F22 仍然闭合搭铁；当发动机正常工作时的高压油压达不到 180kPa 时，高压油压开关 F1 仍然断开，发动机油压指示灯 K3 亮，指示润滑系统有故障。

若增大节气门开度，使发动机转速≥2000r/min，油压仍不正常，则油压检查控制器 J114 发出蜂鸣报警声，此时应停车检查。

仪表稳压器电路为：

仪表稳压器 J6→燃油表 G1→燃油量传感器 G→搭铁

仪表稳压器 J6→冷却液温度表 G3→温度传感器 G2→搭铁

仪表稳压器 J6→液位报警灯 K28→$\begin{cases}温度传感器 G2→搭铁\\液位控制器 J120→冷却液不足指示器开关\\F66→搭铁\end{cases}$

当冷却液温度超过 124℃或冷却液液位低于限定值时，液位报警灯 K28 亮。

当点火系统与仪表电路通电工作时，通过点火开关 D 的第 4 挡、经熔断器 S17 怠速截止阀 N3 通电，怠速量孔打开，使发动机怠速稳定运转。当点火开关 D 置于 0 挡时，怠速截止阀 N3 断电，怠速量孔关闭，保证发动机很快熄火，并能减少发动机燃烧室的积碳和排气污染。

当发动机冷却液的出口温度低于 65℃时，安装在发动机出水管的温控开关 F35 闭合，进气预热继电器 J81 工作，进气管内的进气预热器 N51 通电加热混合气，改善发动机冷车工作状态。当发动机冷却液的出口温度高于 65℃时，温控开关 F35 自动断开，进气预热器 N51 断电停止工作。

（3）起动电路。

950W 串励式直流起动机 B 由点火开关 D 直接控制。当点火开关处于 2 挡时，点火开关 D 的第 1 挡将起动机的电磁开关线圈与电路图编号为 30 的电源接通，活动铁芯带动拨叉，使电动机驱动齿轮与发动机飞轮齿圈啮合。

与此同时，蓄电池正极向起动机输入强大电流，产生起动转矩，通过单向离合器驱动发动机。发动机工作后，单向离合器开始打滑，此时点火开关 D 立即回到 1 挡，起动机的电磁开关断电，切断起动机电源，起动机驱动齿轮在复位弹簧的作用下脱开发动机的飞轮齿圈而复位。

3. 灯光电路

上海桑塔纳乘用车采用二灯制前照灯。

（1）前照灯。

前照灯 HL1、HL2 受车灯开关 E1 及变光和超车灯组合式开关 E4 控制。当向上拨动 E4 手柄时，E4 手柄接通 A 路（电路图编号为 30）电源的电路，经熔断器 FU9、FU10 接通前照灯远光灯灯丝，此时远光灯及远光指示灯 H1 亮，在松开 E4 手柄时，E4 手柄在复位弹簧的作用下自动断电，此为点动作用，以示超车。

车灯开关 E1 处在 2 挡时，A 路（电路图编号 30）电源经点火开关 D 的第 3 挡→编号 X 的电路→车灯开关 E1 的第 1 挡→变光和超车灯组合式开关 E4，接通近光灯或远光灯。

（2）小灯、尾灯及停车灯。

车灯开关 E1 处在 1 挡或 2 挡时，A 路（电路图编号 30）电源通过车灯开关 E1 的第 2 挡、第 3 挡，点亮小灯与尾灯共用的 HM1、HM4、HM3、HM2。车灯开关 E1 处在 0 挡时，小灯与尾灯熄灭。

当车辆停驶时，点火开关 D 处在 0 挡时，A 路（电路图编号 30）电源经点火开关 D 的第 2 挡传到第 1 挡 3 位的停车开关 E19。停车开关 E19 拨至左侧时，点亮左侧小灯 HM1 和左侧尾灯 HM4；拨至右侧时，点亮右侧小灯 HM3 和右侧尾灯 HM2，此时均作为停车灯。

（3）报警灯及转向灯。

上海桑塔纳乘用车的报警灯及转向灯共用一组灯泡，左、右、前、后灯 M5、M6、M7、M8 共四灯。当灯光开关 E1 处于 1 挡或 2 挡时，灯光开关 E1 的第 4 挡将 A 路（电路图编号 30）电源引到灯光亮度调节电位器 E20 及危险报警灯开关 E3 接线柱，点亮危险报警指示灯 K6，危险报警灯开关 E3 处在 0 挡时，M5、M6、M7、M8 起转向灯作用，其电路为：A 路（电路图编号 30）电源正极→点火开关 D 的第 4 挡→熔断器 S19→危险报警灯开关 E3 的第 1 挡→闪光继电器 J2→转向灯开关 F2→转向灯 M5、M6 或 M7、M8→搭铁→

蓄电池负端，此时转向指示灯K5工作。

当危险报警灯开关E3处在1挡时，A路（电路图编号30）电源通过熔断器S4→危险报警灯开关E3的第1挡→闪光器J2→危险报警灯开关E3的第2、3、4挡→报警灯M5、M6、M7、M8→搭铁→蓄电池负极。四灯同时闪光，以示报警，此时危险报警指示灯K6和转向指示灯K5工作。

（4）牌照灯及雾灯。

车灯开关E1处于0挡时，牌照灯HX灭；车灯开关E1处于1挡或2挡时，A路（电路图编号30）电源通过车灯开关E1的第4挡、熔断器FU20，牌照灯HX亮。

车灯开关E1处于1挡或2挡时，第4挡接通雾灯继电器K5，A路（电路图编号30）电源通过中间继电器K59、雾灯继电器K5的触点传到雾灯开关E23。雾灯开关E23处于0挡时，雾灯灭；处于1挡时，经雾灯开关E23的第1挡、熔断器FU6，点亮雾灯HL22、HL23；雾灯开关E23处于2挡时，雾灯HL22及HL23仍亮，经雾灯开关E23的第2挡、熔断器FU27，点亮后雾灯HL20和雾灯指示灯H17。

（5）车顶灯及后备箱照明灯。

接通蓄电池正极的A路（电路图编号30）电源，经过熔断器FU3到顶灯HW，由顶灯开关的第1挡3位控制。顶灯开关拨至左侧时，顶灯HW亮；拨至右侧时，顶灯灭；拨在中间时，由四个并联的门控开关S10、S11、S2、S3控制。当任一车门打开时，相应车门开关闭合，顶灯亮，唯有全部车门均关闭时顶灯熄灭。

后备箱照明灯HW3由后备箱盖结合处的开关控制。在后备箱盖打开时，开关S5闭合，后备箱照明灯HW3亮；反之则灭。

（6）仪表板照明灯、时钟照明灯、点烟器照明灯、除霜器开关照明灯、雾灯开关照明灯、空调开关板照明灯。

两只仪表板照明灯（HL9、HL10）、时钟照明灯（HL8）、点烟照明灯（HL28）、除霜器开关照明灯（HL39）、雾灯开关照明灯（HL40）、空调开关板照明灯（HL21）均由车灯开关E1控制，由A路（电路图编号30）电源供电。车灯开关E1处于1挡或2挡时，经过与车灯开关E1的第4挡相连的电位器E20的调压，获得所需的亮度。

4. 喇叭与冷却风扇电路

喇叭与冷却风扇电路由点火开关D控制B路（电路图编号15）电源，通过熔断器FU16给喇叭H1、H2通电发音。

冷却风扇电动机M7为双速直流电动机，位于冷凝器、散热器后面。当冷却液温度高于95℃时，温控开关S18闭合，A路（电路图编号30）电源经熔断器FU1、冷却风扇电动机M7低速接线柱通电，冷却风扇以中速（1600r/min）运转。

在冷却液温度高于105℃时，温控开关S18的高温触点闭合，风扇电动机M7的高速接线柱通电，冷却风扇以高速（2400r/min）运转。接通空调开关S30、环境温度开关S38时，空调继电器K32通电吸合，空调系统工作，A路（电路图编号30）电源熔断器FU1、风扇电动机M7的低速接线柱通电，冷却风扇以中速运转。

当高压管路中的制冷剂压力高于1500kPa时，储液干燥器上的高压开关S23闭合，冷却继电器K26吸合，使冷却风扇电动机M7的高速接线柱通电，冷却风扇以高速运转，加强冷凝器的冷却效果，提高制冷系统的制冷效率。

5. 空调系统电路

上海桑塔纳乘用车的空调系统由取暖和制冷两部分组成。发动机的冷却液为取暖热源，由手动开关控制采暖。新鲜空气鼓风机 M2 的电路为：A 路（电路图编号 30）电源正极→熔断器 FU23→由 C 路（电路图编号 X）电源控制的空调继电器 K32 的触点→单掷 5 位鼓风机开关 S9→调速电阻 R23 及鼓风机 M2→搭铁→蓄电池负极。经鼓风机开关 S9 控制串入鼓风机不同数值的电阻，可以获得四种风速。

当外界气温高于 10℃ 时，新鲜空气入口处的环境温度开关 S38 闭合，新鲜空气电磁阀 N63 通电工作，关闭新鲜空气的入口，车内空气进入内循环，为使用制冷系统自动做好准备。按下空调开关 S30，空调开关指示灯 H48 亮，新鲜空气电磁阀 N63 通电，强制车内空气进入内循环。

空调开关 S30 闭合时，C 路（电路图编号 X）电源经熔断器 FU14、空调开关 S30 触点、环境温度开关 S38、蒸发器温控开关 S33 及位于储液干燥器上的低压开关 S73，给压缩机的电磁离合器 N25 通电，压缩机运转，制冷系统工作。

当冷风口的温度降到 0℃ 时，蒸发器表面冷风口的温控开关 S33 断开，电磁离合器 N25 断电分离，压缩机停止运转。在冷风口温度高于 2℃ 时，温控开关 S33 闭合，压缩机又工作，维持一定的制冷温度并防止蒸发器结霜。

在温控开关 S33 闭合时，怠速稳定电磁阀 N16 与电磁离合器一起通电，适当增大怠速供油量，提高发动机的转速，增大驱动空调压缩机所需的发动机功率，避免发动机因超负荷而熄火。

当制冷系统低压侧管路压力低于 200kPa 时，低压开关 S73 断开，压缩机电磁离合器断电分离，空调压缩机停止工作。

9.4 汽车电路检修

虽然汽车电气系统的故障多种多样，但产生故障的原因与检修方法有许多共性，掌握这些共性知识对电路检修会大有益处。

9.4.1 汽车电气系统的工作条件

汽车电气系统的工作条件可概括为大范围的温度和湿度变化、电压的波动、电气设备间的相互干扰、剧烈的振动及灰尘和潮气的侵蚀等。

1. 大范围的温度和湿度变化

大范围的温度变化包括两方面：一方面是外界环境温度变化；另一方面是工作温度变化，它与电气元件工作时间、布置位置及电气元件自身的发热条件、散热条件有密切关系。对于电子元件，较高的工作温度是造成其过热损坏的主要原因。

湿度较大的环境会增大水分子对电子元件的浸润作用，使其绝缘性能和工作性能下降。

2. 电压的波动

汽车电气系统的电压波动可分为两种：一种是正常范围内的波动，即从蓄电池端电压到交流发电机调节器起作用的电压之间的波动；另一种是过电压，过电压将对汽车上的电子设备带来极大危害。过电压可分为非瞬变性过电压和瞬变性过电压两类。

非瞬变性过电压主要是交流发电机调节器失灵或其他原因引起发电机励磁电流未经交流发电机调节器，使交流发电机电压升高到非正常值。如果不及时排除这种故障，则整个充电系统的电压会一直处于不正常的高压，过电压有时甚至超过100V。非瞬变性过电压会使蓄电池电解液"沸腾"，电气设备烧毁。

瞬变性过电压对汽车电子元件危害最大，其产生主要有以下几种情况。

(1) 当停车关闭点火开关时，发电机的磁场绕组与蓄电池之间通路瞬间切断，从而在磁场绕组中感应出呈指数规律变化的负电压，其反向峰值为－100～－50V。若该脉冲没有被蓄电池吸收，则极易引起电子元件的损坏。

(2) 汽车运行中，发电机与蓄电池之间的连接导线意外松脱，或者在没有蓄电池的情况下突然断开其他负载，发电机端电压瞬间可升高很多，极限情况下可达100V以上，并且可维持0.1s左右。对一些过电压敏感的电子元件，这样的过电压足以造成其误动作或损坏。

(3) 切换电感性负载（如喇叭、电动机、电磁离合器等）时，将在电路中产生高频振荡，振荡的峰值电压可达200V以上。其持续时间较短（300μs左右），一般不会引起电子元件损坏；但对于具有高频响应的控制系统（如电控燃油喷射系统），往往会引起其误动作。

3. 电气设备间的相互干扰

电气设备的工作方式不同，它们之间会彼此干扰。通常将汽车上所有电气设备能在车上正常工作而不干扰其他电气设备正常工作的能力称为电磁兼容性。

在实际中，电气设备间的相互干扰是不可避免的。对汽车电气系统来说，重要的是电磁兼容性。任何因素激发的振荡都会通过连接导线等以电磁波的方式发射出去，这势必对其他电子系统产生电磁干扰。

因此，汽车上应用的计算机等都应具有良好的屏蔽措施，一旦屏蔽被破坏，就会导致其工作异常。

4. 其他

汽车行驶中不可避免地会产生振动和冲击，它将造成电子设备的机械性损坏，如脱线、脱焊、触点抖动、搭铁不良等。灰尘及潮气的侵蚀也会导致接触不良、绝缘性能下降。

9.4.2 汽车电气系统故障种类

汽车电气系统故障总体上可分为两类：一类是电气设备故障，另一类是电路故障。

1. 电气设备故障

电气设备故障是指电气设备丧失原有性能，包括电气设备的机械损坏、烧毁，电子元件的击穿、老化、性能减退。在实际使用和维修中，常由电路故障造成电气设备故障。电气设备故障一般是可修复的，但一些不可拆卸的电气设备出现故障后只能更换。

2. 电路故障

电路故障包括断路、短路、接线松脱、接触不良或绝缘不良等。电路故障有时容易出现一些假象，给故障诊断带来困难。例如，如果某搭铁线与车身出现接触不良，就有可能造成电气设备开关失控，电气设备工作出现混乱。这是因为有些搭铁线为多个电气设备共用，一旦该搭铁线出现接触不良，它就把多个电气设备的工作电路联系到一起，可能通过其他电路找到搭铁途径，造成一个或多个电气设备工作异常。

9.4.3　检修汽车电路注意事项

检修汽车电路时的注意事项如下。

（1）拆卸和安装电子元件时，应切断电源。

（2）更换熔断器时，必须保证新的熔断器与原规格相同，切勿用连接导线替代。

（3）正确拆卸连线导线插接器（插头与插座）。为了防止插接器在汽车行驶中脱开，所有插接器均采用闭锁装置。要拆开插接器时，首先解除闭锁，然后把插接器脱开，不允许在未解除闭锁的情况下用力拉拽连接导线，这样会损坏闭锁或连接导线。

（4）在检修传统汽车电路故障时，往往采用"试火"的方法逐一判断故障部位。在装有电子元件的汽车上不允许使用这种方法，否则会给某些电路和电子元件造成损害。

（5）在发动机工作时，不允许拆卸蓄电池接线。对于装有电控装置的汽车，不要采用该方法判断发电机是否发电。

（6）不允许使用欧姆表及万用表的 R×100 以下低阻欧姆挡检测小功率晶体管，以免电流过载损坏晶体管。

（7）更换晶体管时，应首先接入基极；拆卸时，应最后拆下基极。

9.4.4　汽车电路诊断方法

汽车电路发生的主要故障有断路、短路、电气设备损坏等。为了迅速、准确地诊断故障，下面介绍几种常用的汽车电路诊断方法。

1. 直观诊断法

汽车电气设备发生故障时，有时会出现冒烟、火花、异响、焦臭、发热等异常现象。这些现象可通过人的眼、耳、鼻、身感觉到，从而直接判断出故障所在部位。

例如，在汽车行驶过程中，突然发现转向灯与转向指示灯均不亮，用手一摸，发现闪光器发热烫手，则说明闪光器烧坏。

2. 断路法

汽车电气设备发生搭铁（短路）故障时，可用断路法判断。将怀疑有搭铁故障的电路段断路后，根据电气设备中的搭铁故障是否存在来判断电路搭铁的部位和故障原因。

例如，在汽车行驶时，若听到电喇叭长鸣，则可以将继电器"按钮"接线柱上的连接导线拆开，此时如果电喇叭停止鸣响，则说明电喇叭按钮至继电器这段电路中有搭铁故障。

3. 短路法

汽车电气设备中出现断路故障时，还可用短路法判断。将怀疑有断路故障的电路段短接后,观察仪表指针变化或电气设备的工作状况,从而判断该电路中是否存在断路故障。

例如,怀疑汽车电路中的各种开关有故障,可用连接导线将开关短接来判断开关是否有故障。

4. 试灯法

试灯法的原理是用一只小功率汽车用灯泡作为试灯,检查电路中有无断路故障。

例如,用试灯的一端与交流发电机的"电枢"接线柱连接,另一端搭铁。如果试灯不亮,则说明蓄电池至交流发电机"电枢"接线柱间有断路现象;如果试灯亮,则说明该段电路良好。

5. 仪表法

观察汽车仪表板上的电流表、冷却液温度表、燃油表、机油压力表等的指示情况,判断电路中有无故障。

例如,发动机处于冷态,接通点火开关时,如果冷却液温度表指示满刻度位置不动,则说明冷却液温度传感器有故障或该电路有搭铁。

6. 高压试火法

对高压电路进行搭铁试火,观察电火花状况,判断点火系统的工作情况。具体方法如下:取下点火线圈或火花塞上的高压导线,将其对准火花塞或缸盖等,距离约为5mm;然后接通起动开关,转动发动机,看其跳火情况。如果火花强烈,呈天蓝色,并且跳火声较大,则说明点火系统工作基本正常;反之,则说明点火系统工作不正常。

7. 低压搭铁试火法

低压搭铁试火法是指拆下电气设备接线的某一线端对汽车的金属部分(搭铁)碰试,根据产生的火花判断故障。这种方法比较简单,是汽车电工经常使用的方法。低压搭铁试火法可分为直接搭铁和间接搭铁两种。

直接搭铁是指未经过负载而直接搭铁,根据产生的火花来判断电路或负载是否有故障的方法。例如,要判断点火线圈至蓄电池一段电路是否有故障,可以拆下点火线圈上连接点火开关的线头,在汽车车身或车架上刮碰,如果有强烈的火花,则说明该段电路正常;如果无火花,则说明该段电路有断路故障。

间接搭铁是指将汽车电器的某一负载搭铁,根据产生的微弱火花来判断电路或负载是否有故障的方法。例如,将传统点火系统断电器连接线搭铁(回路经过点火线圈初级电路),如果有火花,则说明这段电路正常;如果无火花,则说明这段电路有断路。

低压搭铁试火法不能在装有 ECU 的汽车上应用。

8. 模拟法

模拟法是指通过模拟电路故障发生时的环境和条件,显现暂时消失的故障,进而确定故障点的诊断方法。

在汽车电路维修实践中,经常会遇到一些不稳定的间歇性故障,故障没有规律,时有时无。对于这类故障,可以采用模拟法诊断。

常用的模拟法有振动模拟法(图 9.40)、热敏感模拟法(图 9.41)、冷冻模拟法(图 9.42)、浸水模拟法(图 9.43)、电负荷模拟法(图 9.44)等。在汽车电路故障诊断中灵活、熟练地运用这些方法，往往可以事半功倍。

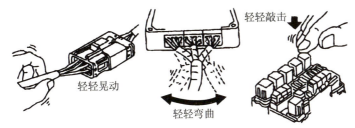

图9.40 振动模拟法

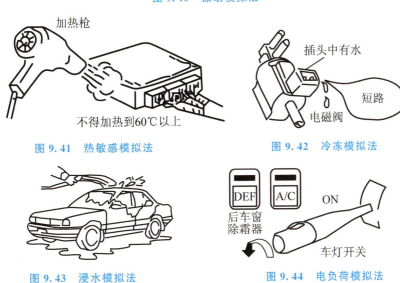

图9.41 热敏感模拟法　　　　　　图9.42 冷冻模拟法

图9.43 浸水模拟法　　　　　　　图9.44 电负荷模拟法

9. 专用检测仪器法

随着汽车电气设备日趋复杂，在维修中，特别是维修装置电子设备较多的车辆，使用一些专用检测仪器是十分必要的。

复习思考题

1. 汽车电路的表达方法有哪几种？
2. 常见的汽车电路保护装置有哪些？
3. 常用的汽车电路检修方法有哪些？

【在线答题】

参 考 文 献

边焕鹤, 2005. 汽车电器与电子设备 [M]. 北京: 人民交通出版社.

德国 BOSCH 公司, 2004. BOSCH 汽车工程手册: 第5版 [M]. 顾柏良, 等译. 2版. 北京: 北京理工大学出版社.

蹇小平, 麻友良, 2006. 汽车电器与电子技术 [M]. 北京: 人民交通出版社.

凌永成, 2015. 汽车维修技术与设备 [M]. 2版. 北京: 北京大学出版社.

凌永成, 2016. 汽车检测诊断技术 [M]. 2版. 北京: 清华大学出版社.

凌永成, 2018. 汽车工程概论 [M]. 2版. 北京: 清华大学出版社.

凌永成, 2020. 汽车空调技术 [M]. 2版. 北京: 机械工业出版社.

凌永成, 2022. 车载网络技术 [M]. 2版. 北京: 机械工业出版社.

凌永成, 2022. 智能汽车技术 [M]. 北京: 机械工业出版社.

凌永成, 2023. 汽车运行材料 [M]. 北京: 机械工业出版社.

凌永成, 李雪飞, 2008. 实用汽车电工手册 [M]. 北京: 清华大学出版社.

孙仁云, 付百学, 2006. 汽车电器与电子技术 [M]. 北京: 机械工业出版社.